普通学校特殊需要学生课程评估工具

评估手册 四年级 语文 数学 英语

Curriculum Assessment Tools for Students with Special Needs in General Primary Schools

王 辉　宋修玲　著

编写团队（按姓氏笔画排序）
王淑琴　王　霞　刘　婷　刘加芳
刘晓慧　芮代琴　李月月　吴振兰
宋晓杰　张　华　张　琳　茅　成
赵　莉　赵　敏　顾　静　钱正慧
翁丽丽　唐宁宁　黄永志　彭益珍

南京大学 出版社

用专业的力量建构"适合每位儿童"的教育

党的"十九大"郑重宣告，中国特色社会主义进入了新时代。坚持教育公益性原则，深化教育改革，促进教育公平，是建设高质量教育的基本遵循；从"面向每个人的教育"走向"适合每个人的教育"是完善新时代基础教育的重大课题。特别是在我国大力推进融合教育的当下，如何有针对性地解决普通学校特殊需要学生的特殊需要问题，开展有效的"适合每个人的教育"，成为21世纪普通教育与特殊教育共同关注、探索的话题。

南京市教育局继国家随班就读教改实验区后，再向有质量的融合教育挺进。委托南京市教研室与南京特殊教育师范学院合作，组建研究团队，站在新的历史起点，探索在普通学校实施普惠性的有质量的特殊教育。南京市教研室在市教育局的直接领导下，整合各方的专业力量，在充分调研的基础上，成立"随班就读学校课程与教学调整"种子教师工作坊，以"特殊需要儿童教育诊断与评估"为主题，采用"做中学"的方式，对包括该研究团队成员在内的全市随班就读学校的骨干资源教师和巡回指导教师进行了系统培训。在学习、实践与研究的过程中，为了解决制约随班就读教育质量的关键问题——特殊需要学生课程评估工具的缺乏，该研究团队历经四年时间，攻坚克难，研制了这套评估工具。这在随班就读领域具有专业性、示范性、推广性意义。

这套课程评估工具包括语文、数学、英语三门学科，分课程评估手册和评估材料两部分，适用于普通小学中随班就读的学生以及其他有特殊需要的学生。依据这套课程评估工具，任课教师可以了解学生已具有的先备知识、技能及下一阶段的学习目标，据此规范地制订特殊需要学生的个别化教育计划、各学科学期教学计划，并设计与实施有效的课堂教学。

该研究团队经过四年多对随班就读课堂教学的探索，从课程专业的角度来看，基于本套课程评估工具研制所取得的经验，至少有以下几点值得推广：

第一，编制了适用于普通学校中有特殊需要学生的学习标准，弥补了国内空白。针对目前普通学校中有特殊需要学生的学习标准之缺失，该研究团队依据国家义务教育课程标准，编制了有特殊需要学生的学习表现标准，让普通学校的教师在学业评估时有标准可依。

第二，引领普通学校教师开展基于标准的评价，提升了教师课程素养。针对当前中小学教师普遍存在的"只会教，不会评"的问题，该研究团队依据上述的表现标准，开发小学语文、数学、英语三个学科的课程评估手册、评估材料，为普通学校的教师对有特殊需要的学生开展课程评估提供了支架，为融合教育课程与教学的调整提供了依据。

第三，推进有效教学的核心技术，改善了教学质量。该团队培训教师依据上述表现标准编制了各个阶段的教学方案，实施教—学—评一致的教学，确保普通学校"在促进教育公平的前提下提高教学质量"。

第四，创设有特殊需要学生"人人出彩"的机会，促进了教育公平。该团队依据国家课程标准编制分级目标，教师可以根据学生的特殊需要开展评价，学生及其家长也可以根据实际情况确定目标，这有助于有特殊需要的学生在普通学校学习阶段找到成就感，增强其自我效能感。

不过，对于教师借鉴、使用此研究成果时有一点建议，那就是教师在使用经过分解或转化之后的分科分级目标进行教学时，要避免陷入孤立、琐碎地"对标"的误区，注重评估学生在真实情境下问题解决的综合表现，从目标整合的角度关注学生关键能力、必备品格与价值观念的养成；要超越基于知识点的"双向细目表"，探索素养导向的真实情境的问题解决，进一步引领学科育人方式的变革。

期待这套基于标准的课程评估工具在我国融合教育课程与教学改革中发挥重要的推进作用，也期待该研究团队继续扮演专业引领者的角色，为我国普特融合的教育事业多做贡献！

华东师范大学课程与教学研究所所长
崔允漷

前　言

完善特殊教育保障机制，提高特殊教育质量，促进教育公平，是《中华人民共和国国民经济和社会发展第十四个五年规划和2035年远景目标纲要》以及《深化新时代教育评价改革总体方案》的重要精神。为了保障特殊需要学生平等受教育权利，引领教师上好每一节课、关爱每一个学生，促进教师专业发展，完善提高融合教育中特殊需要学生教育评估机制，我们探索研制了《普通学校特殊需要学生课程评估工具》，分为《评估手册》和《评估材料》两个部分。

《评估手册》和《评估材料》是一套专供在普通学校学习的特殊需要学生使用的课程本位评估工具。这套评估工具是在南京市教育局委托下，由南京市教学研究室与南京特殊教育师范学院合作，选拔南京市普通学校、特教学校各学科部分骨干教师组建研究团队，在南京特殊教育师范学院王辉教授的全程指导下基于义务教育课程标准和个别化教育理念研发而成。这也是在全国融合教育快速发展的大背景下，为回应随班就读学校亟待解决的课程与教学调整问题而做的行动探索。

2015年，南京市成为国家特殊教育改革实验区之一，重点开展"加强残障儿童少年随班就读工作"实验。在南京市教育局的直接领导下，陆续开展了理念宣传、机构建设、机制建立、资源配置、师资培训等一系列工作，融合教育理念逐步推广，随班就读的社会公共服务体系和特殊教育支持保障逐步完善，随班就读工作局面全面展开。随之而来，对随班就读学生教什么、怎么教、怎样评等关乎教育教学质量的问题不可回避地被提上了议事日程。

2016年，受南京市教育局委托，南京市教学研究室与南京特殊教育师范学院合作，把"随班就读学校课程与教学调整"作为提升融合教育教学质量研究的重点进行攻关。经过了国内外考察学习和对本地情况的调研摸底，我们逐渐从纷繁复杂的矛盾中厘清：评估是课程与教学调整的逻辑起点，没有科学的评估，课程与教学调整就没有科学的依据。不了解特殊需要学生具有了哪些先备知识、技能与学习能力以及有何特殊需要，就无法找到特殊需要学生学习的起点、制订适切的学习目标，就无法在教学目标、教学内容、教学策略、教学评价等方面形成一致性和整体性。唯有抓住了评估，才能纲举目张，理顺随班就读课程与教学中的种种矛盾，实现有质量或高质量的发展。

2018年，我们在全市遴选出40位巡回指导教师和资源教师，成立了"南京市随班就读课程与教学调整工作坊"。五年多的时间，在王辉教授的引领和指导下，以形成专业、系统的随班就读课程与教学调整模式、调整流程和调整策略为目标，以特殊儿童教育诊断与评估为起点，用"做中学"的方式开展了系统性的培训和实践探索活动。

培训与实践过程中我们认识到，国内目前仅有解决特殊需要学生的筛查性评估和心理能力发展状况评估的工具及方法，缺乏现成的基于国家课程标准的随班就读学生学业成就的评估工具。没有现成可用的学业评估工具怎么办，大家达成共识：自研！因此基于国家课程标准和个别化教育理念，为普校特殊需要学生研编本土的学业评估工具成为整个探索过程中需要攻克的难关。

在学业评估工具研制探索的过程中，我们首先尝试了自下而上、较为便捷的思路，即用现成的单元和期中、期末试卷作为评估工具，希望从测试结果分析出学生的学业水平现状和下一阶段的学习目标。可是各区域、学校试卷从难度上与课标要求并不完全一致，从内容上也无法涵盖所有，导致测试出来的结果无法准确、全面反映学生的现有学业水平；同时，试卷缺乏难易梯度，测试结果无法为教学目标的制订提供科学的依据。尝试以后，大家认识到研制学业评估工具无捷径可走，必须转换思路，迎难而上去攻关。王辉教授又带领我们采用自上而下的方式，即分解课程标准中的各阶段目标，从学科核心素养角度细化到行为目标，根据行为目标和特殊需要学生特点来编制评估项目，再根据评估项目来确定评估内容和方法，编选试题和评估材料，确定评估标准等。通过学生在试题上的表现，来判断每项知识或技能的掌握状况，从而确定特殊需要学生现有学业水平、可接近性学习目标，为下一阶段学习目标的制定提供依据。

从思路确定到评估工具成型，再经历实践验证与反馈修订，是一个极其艰难又意义非凡的过程。五年多的时间，二十几位普教、特教各学科的骨干教师，数十个假日周末，或现场或网络，上百次的学习、讨论，多少次修改，已经难以计数。大家从研读课标、解析目标、研究评估工具的结构、确定评估手册与评估材料的规格及样例编码，到科学规范地制定目标，反复斟酌编制评估材料，甚至每一幅图片的拍摄选择，都经历了无数次观点碰撞、脑力激荡，一次次陷入困顿，又一次次取得突破。王辉教授诲人不倦，不断帮助老师们转变思路：评估不是考试；评估不是教学。老师们也从最初想当然认为"学生会了就是会了，不会就是不会"，到最后大家自觉认识到"学生会了（题目做对了）不一定是真的会（核心能力建立起来），学生不会（做错了）不一定完全不会（完全没有此项能力）"，评估工具正是帮助我们去寻找学生真正的能力起点和学习目标。可以说工具研制的过程是对课程标准系统的学习研究过程，是对课程与教学全新的认识过程，也是对学生学习再发现的过程，更是教师们跳出传统思路，转变思维，努力超越自我的过程。就这样，才有了呈现在大家面前的这套适用于普通小学特殊需要学生的课程《评估手册》和《评估材料》。

一种工具的使用往往代表的是一种思维方式的引入。希望本套课程评估工具能帮助我们重新认识司空见惯的课堂教学和学生学习，让所有有特殊需要的孩子，不仅是残障儿童，都能被看见，这是实现每个孩子都能得到适合的教育的第一步。

感谢南京市教育局和南京市教研室对本项研究的全力支持，感谢我的同事，南京市教研室小学数学教研员朱宇辉老师、小学语文教研员徐艳老师、小学英语教研员张海燕老师给与鼓励和指导；感谢我们的教研同行，秦淮区教师发展中心小学语文教研员张晶媚老师、原浦口区教研室主任李嘉夫老师和浦口区小学数学教研员赵学武老师的精心指导；感谢南京市特殊教育指导中心、各区特殊教育指导中心，尤其是秦淮区特殊教育指导中心王淑琴校长的协助；感谢许许多多融合教育实验学校，如南京市后标营小学、南京市朝天宫民族小学、南京市中山小学的大力支持。评估工具研制的过程是一个普通教育与特殊教育教研的融合以及双方教师融合的过程。感谢南京大学出版社丁群编辑为本工具的审校付出了辛勤的劳动。在评估材料中我们使用了大量义务教育教科书中的内容和图片，在此也表示衷心感谢！

尤其感谢南京特殊教育师范学院王辉教授的倾心指导与引领。理论最大的价值，在于改变实践。对于所有的参与者来说，王辉教授带给我们的不仅是开阔的视野、先进的理论和方法，更重要的是改革的勇气和探索的自信。

我国教育已进入整体抓质量的新阶段，对于提高随班就读教育教学质量来说，万里长征我们才迈出第一步，期待有更多的伙伴一起加入这个富有挑战性的探索大潮。

南京市教学研究室特殊教育教研员
宋修玲

编写说明

《普通学校特殊需要学生课程评估工具》（以下简称《评估工具》）是一套专供在普通学校学习的特殊需要学生使用的课程本位的评估工具，包括《评估手册》和《评估材料》两个部分。

一、适用对象

本套课程评估工具适用于普通学校义务教育小学阶段的随班就读学生，以及学习困难/障碍、情绪与行为障碍等其他有特殊需要的学生。

二、研制思路

本套课程评估工具研制的指导思想是"以生为本"；研制的直接依据是普通学校义务教育阶段的国家课程标准（2011年版）（以下简称《课标》）和现行的各科教材。本套课程评估工具研制原则如下：

1.突出以中小学义务教育课程标准为基本指南的原则。贯彻落实立德树人根本宗旨，遵循《课标》基本要求，进行系统性、协同性的整体设计。各科课程《评估手册》中的领域与目标体系以《课标》为本，体现出学科逻辑和年段特点，构建起学科能力系统，通过评估，实现学生的特殊需要与普通学校教学无缝无痕贯通衔接。

2.突出尊重特殊需要学生差异性的原则。坚持个别化教育理念，充分尊重和遵循特殊需要学生多样化的身心特点和学习发展规律，分层次、多样性地编制评估项目，并根据评估项目做出不同内容和评估方法安排。强调多元化、个别化评估，服务特殊需要学生个性化成长。

3.突出挖掘潜能与全面发展的原则。坚信每一个特殊需要学生在各个领域都有发展的潜能，只要提供适合的教育，都能充分成长。各学科《评估工具》重视多学科、多领域、全面、深度剖析特殊需要学生学科核心素养和能力水平，逐项分析并提出针对性的发展建议，引导教师全面深入了解学生，积极平等地关切特殊需要学生的成长，促进特殊需要学生的全面发展。

4.突出适用所有特殊需要学生的普惠性与通用性原则。采用全方位通用设计理念，根据课程本位评估的方法，按照国家普通中小学课程方案、课程标准和统一教材要求，做了学习领域的划分和目标的分解、细化，普惠性地服务普通学校各类特殊需要学生。

5.突出工具操作的实用性原则。坚持服务于普通学校特殊需要学生教育评估的目标，以规范性、工具性为特色，在目标分解、评估项目、评估内容和方法、评估结果与分析、结论与建议以及评估材料选配等设计上，重视教师操作便利性的需要，方便评估使用。

6.突出促进提高教师融合教育专业知识与技能的原则。根据大班集体教学的现实和专职资源教师匮乏的实际，以服务于教师在大班集体教学中课程和教学调整为目标，重视通过《评估工具》为教师提供可借鉴、可操作的依据，引领教师上好每一节课，切实关爱到每一个特殊需要学生。

三、内容与结构

本《评估手册》包括小学语文、小学数学、小学英语3门课程，每门课程的《评估手册》分别配备了对应的《评估材料》，供评估者配套使用。

每门课程的《评估手册》都包含评估标准、使用指南和评估领域三个部分。每个评估领域的内容以表格形式列出，包括一级目标、二级目标、三级目标（仅数学分解到三级目标）、评估项目、评估内容和方法，以及评估记录、评估结果与分析、结论与建议，如下图。

识字与写字领域

姓名：_____ 年级：_____ 评估者：_____ 评估日期：_____

一级目标	二级目标	评估项目		评估内容/方法	评估记录	评估结果与分析		结论与建议
		序号	项目			得分	分析	
1 能认识250个常用汉字	1.1 能认读250个常用汉字	1	认读250个常用汉字	1-1 认读汉字（250个，见材料一）				
		2	在提示下认读250个常用汉字	2-1 看图片/词语，认读汉字（65个，见材料二）				
				2-2 看动作/词语，认读汉字（11个，见材料三）				
				2-3 听读音，找出汉字（174个，见材料四）				

四、评估方法

在评估中要坚持多元、开放、整体的评估原则。采用的评估方法主要有：操作解答、书面（口头）测验、作业分析、日常观察等。不同的评估项目所需要的评估方法不尽相同，评估者可根据需要灵活选择。

在评估过程中要充分考虑学生的特殊需要，调整评估的方式方法以适合学生。如有语言障碍的学生，不能用口语表达，也可以用手势比划出结果；有视觉障碍的学生需提供助视器等辅助设备。

为保证评估效度，应尽量保证前后评估人员的一致性。

五、评估标准

评估者在使用各科《评估手册》和《评估材料》对特殊需要学生进行评估时，要根据评估标准进行准确评判。本套评估工具的评估标准分为"3、2、1、0"四个等级分数，每个等级的分数代表着不同的表现水平。

3分：独立完成单一知识/技能；或独立完成多重知识/技能100%。

2分：独立完成或在单一支持下完成多重知识/技能60%及以上；或在单一支持下完成单一知识/技能。

1分：独立完成或在多重支持下完成多重知识/技能20%～60%以内；或在多重支持下完成单一知识/技能。

0分：独立完成或在多重支持下完成多重知识/技能20%以下；或在多重支持下无法完成单一知识/技能。

评估者根据学生的表现，给予学生单一提示或者多重提示，每种提示不超过3次，同时给出对应分值。

五、评估与应用

对特殊需要学生评估时，根据评估标准对《评估手册》中的每个评估项目评定相应的等级分值，并将评估结果中的3分项、2分项和1分项分别汇总梳理。3分项代表被评估的特殊需要学生已经具有了相应的先备知识和技能，这是学生学习的起点和基础；2分项和1分项代表被评估的特殊需要学生在支持或提示下可以完成这些项目，这些项目所对应的目标就是特殊需要学生在该门课程学习上的最近发展区，这些目标就成为特殊需要学生的可接近性学习目标。

根据学生学习需要的迫切性，在可接近性学习目标中选择确定该生在该门课程上的学期学习目标和单元学习目标。评估手册中的一级目标即为学期层级目标，评估手册中的二级目标即为单元/月层级目标。将特殊需要学生的个人学期学习目标和单元学习目标确定后，结合班级的学科教学计划，将特殊需要学生的学期学习目标和单元学习目标分解、嵌入到班级学期教学计划以及每个单元、每个课时中，并根据该生的学习目标对班级的课程与教学进行调整，以适应该特殊需要学生。

一个学期学习结束后，再对特殊需要学生实施课程评估，将此次评估的结果与前次评估的结果进行对照、比较，分析该生一学期的学习目标是否达成，学习效果和教师教学成效如何。同时，借此评估确定下一阶段的学习目标，并依此进行课程与教学调整。以此，周而复始。

通过本套课程评估工具评估所得的评估结果，一方面可作为确定特殊需要学生已有先备知识、技能和教学起点的依据；另一方面可作为确定特殊需要学生的学习目标（包括学期、单元、周、课时目标），为制定个别化教育计划（简称IEP）和教学计划的依据；此外，评估结果还可以作为学校教育教学、管理与评价的依据。

本《评估手册》和《评估材料》作为融合教育学校教师课程调整、教学设计实施和教学评价的参考，可以根据特殊需要学生的学习需要和学习进程，科学、灵活、创造性地使用。

目 录

语文·四年级（上册）

使用指南 ·· 3

识字与写字领域 ······································ 7

阅读领域 ··· 11

口语交际领域 ·· 20

习作领域 ··· 22

语文·四年级（下册）

使用指南 ··· 29

识字与写字领域 ····································· 33

阅读领域 ··· 37

口语交际领域 ·· 47

习作领域 ··· 50

数学·四年级（上册）

使用指南·· 56

数与代数领域·· 62

图形与几何领域·· 76

统计与概率领域·· 89

数学·四年级（下册）

使用指南·· 99

数与代数领域·· 107

图形与几何领域·· 132

英语·四年级（上册）

使用指南·· 156

听做领域·· 160

说唱领域·· 163

认读领域·· 166

书写领域·· 168

英语·四年级（下册）

使用指南·· 172

听做领域·· 175

说唱领域·· 178

认读领域·· 182

书写领域·· 184

语文·四年级
（上册）

编写人员：

彭益珍　钱正慧　赵　莉　顾　静　唐宁宁　王淑琴
张　琳　张　华

学　　校：_____　　年　　级：_____
姓　　名：_____　　出生日期：_____
评 估 者：_____　　评估时间：_____

评估标准：

　　3分：独立完成单一知识/技能；或独立完成多重知识/技能100%。

　　2分：独立完成或在单一支持下完成多重知识/技能60%及以上；或在单一支持下完成单一知识/技能。

　　1分：独立完成或在多重支持下完成多重知识/技能20%~60%以内；或在多重支持下完成单一知识/技能。

　　0分：独立完成或在多重支持下完成多重知识/技能20%以下；或在多重支持下无法完成单一知识/技能。

使用指南

一、设计思路

四年级上册语文课程评估手册共分为识字与写字、阅读、口语交际、习作四个领域,每个领域的目标由一级目标和二级目标组成,每个二级目标下设置评估项目。本册共计4个领域、16个一级目标、31个二级目标、64个评估项目。识字与写字领域一级目标4个,二级目标6个,评估项目11项;阅读领域一级目标6个,二级目标14个,评估项目28项;口语交际领域一级目标2个,二级目标3个,评估项目6项;习作领域一级目标4个,二级目标9个,评估项目18项。一级目标来自义务教育语文课程标准,二级目标是结合人民教育出版社四年级上册语文教材对一级目标分解而来。每个二级目标下设计有2~4个评估项目,同一个二级目标下的评估项目是按照由独立到提示或难易度排列。例如:二级目标"3.1能书写250个汉字"下,有4个评估项目,"7.听写250个常用汉字",这是评估学生能否听写,能听写多少;"8.仿写250个常用汉字",这是评估学生能否仿写,能仿写多少;"9.描写250个常用汉字",这是评估学生能否描写,能描写多少;"10.用其他的方式写250个常用汉字",这是评估学生用书空、指写等合适的方式书写汉字,能写出多少。每个评估项目后都列出了评估内容/方法,说明评估什么、用什么评估、怎么评估。

二、操作方法

评估时,评估者先从第一个评估项目开始,如果被评估的学生在该评估项目上全部通过,直接跳到下一个二级目标的评估项目1继续评估,依此类推。对通过的项目在评估手册的"评估记录"栏中记录评估结果,例如:"听写250个常用汉字",如果学生能全部独立书写出,就根据评分标准在"评估结果与分析"得分栏中记3分,分析栏中说明该生已经100%掌握四年级上册250个常用汉字的书写,学习目标已达成,建议该生可以进入下一册常用汉字的书写学习。如果学生能独立书写150个,正确率60%,记2分;如果学生只能独立书写50个,正确率20%,记1分,分析栏中说明该生未能全部掌握,只能独立书写60%或20%,剩余的40%或80%不能独立书写,建议进行提示再评估,如仿写、描写汉字或用其他的方式书写。

如果被评估的学生在评估项目1(独立完成项目)没有全部通过,其中没有通过的评估内容就进入评估项目2(提示下完成项目)继续评估。如果在单一提示下完成,属于2分项;如果在两种或两种以上提示下完成，属于1分项；如果在多重提示下仍然无法完成，属于0分项，都在评估材料中标注评估结果。将处于最近发展区的2分项和1分项分别汇总，填写在评估手册的"评估结果与分析"栏中，并做分析。2分项和1分项是学生可接近性学习目标，从中优先选择迫切需要学习的项目，作为下一阶段的学习目标，填写在"结论与建议"中。

三、评估列举

（一）识字与写字领域

该领域有250个常用汉字，每个汉字在本手册中都有固定编号。例如：汉字"鼎"，编号为"1"。在材料一中，如学生不能独立认读，评估者则可在材料二（2-1词语和图片）中依据编号快速找到"鼎"这个字，以评估学生是否能通过看图片/拼音/词语等提示认读出该字。本册生字编号顺序为，1-65号是材料二的汉字，66-76号是材料三的汉字，77-250号是材料四的汉字。

1. 二级目标1.1中，"1. 认读250个常用汉字"是评估学生能否独立认读，能认读多少，能读对多少。"2. 在提示下认读常用250个汉字"是评估学生不能独立认读时，可以通过让学生看词语、拼音、图片、动作等方法帮助学生完成评估。

2. 二级目标1.2中，"3. 表达"是指学生可通过说出、比划出、画出等方式表达常用字词的意思。"4. 在提示下"是指用语言、动作等方式帮助学生完成评估。

3. 二级目标2.1中，"5. 按正确坐姿写字"评估学生是否养成了良好的书写习惯。学生在完成二级目标3.1评估项目时，教师观察、记录即可。

4. 二级目标3.1中，"7. 书写听到的汉字"听写内容见材料十中的250个汉字。"10. 用其他的方式"是指学生可以用书空、指写等合适的方式书写汉字完成评估。

5. 二级目标4.1中，是评估学生能否用钢笔在横线上规范地书写端正美观的一段文字。

（二）阅读领域

1. 二级目标1.1中，"读准"指不读错字，发音准确。"在提示下"指评估者通过手指课文内容，范读等方法帮助学生完成评估。

2. 二级目标1.2中，"读通"指不丢字、添字，把句子完整、流利地读出来。"在提示下"指评估者通过手指课文内容，范读等方法帮助学生完成评估。

3. 二级目标1.3中，"有感情"指朗读时正确处理重音、停顿，运用适当的语调、速度和节奏，并能恰当、自然地流露感情。"在提示下"指评估者通过手指课文内容、范读、手势提示、表情提示等方法帮助学生完成评估。

4. 二级目标3.1中，"在提示下"指评估者引导学生理清故事发展的脉络，评估者提示语例：这个故事的起因、经过和结果分别是什么？

5. 二级目标4.2中，"在提示下"指评估者引导学生评价人物形象，评估者提示语例：你觉得调达是知恩图报还是恩将仇报？

6. 二级目标5.1中，"在提示下"指通过评估者背上半句，学生背下半句等方法帮助学生完成评估。

（三）口语交际领域

1. 口语交际领域主要通过日常观察、询问的方式进行评估，如评估者较熟悉学生，可根据学生日常表现直接评分。如不了解，则可根据评估手册、材料进行评估。四年级上册评估材料参照教材，有的交流主题进行了调整，如材料一《我们与动物》；有的去掉对话框中的提示语，如材料二《安慰》；有的对讲述要求进行了删减，仅配有少量图片提示，如材料三《讲历史人物故事》。

2. 二级目标1.1和1.2的评估项目都是围绕"参与讨论一个话题"，但评估的侧重点不同，1.1侧重评估学生是否能判断别人的发言与讨论的话题相关；1.2侧重评估学生是否能围绕一个话题，选择合适的方式发表自己的观点，评估者要注意把控好。

3. 二级目标1.1评估时，建议更多的是利用日常观察，了解学生在参与讨论一个话题时，能否能判断别人的发言与讨论的话题相关。

4. 二级目标1.2中，"在提示下"指评估者通过问题、语调、手势或动作，帮助学生设身处地地想一想对方的心情，再考虑怎样安慰他人。

（四）习作领域

1. 二级目标1.1中，"写出某个地方的特色"指能从不同的角度把印象深刻的某个地方的特别之处写清楚。"在提示下"指评估者通过谈话启发、提供词汇等方法帮助学生完成评估。

2. 二级目标1.2中，"写出熟悉的人物的突出特点"指能把自己熟悉的人物最突出、最明显的特点写清楚。"在提示下"指评估者通过语言描述、提供范例或词汇等方法帮助学生完成评估。

3. 二级目标1.3中，"按顺序写出所经历的事件、感受"指能按一定的顺序写一件事情，写清楚事情的经过和当时的感受。"在提示下"指评估者通过谈话启发、提供词汇等方法帮助学生完成评估。

4. 二级目标1.4中，"用观察日记记录事物的变化"指能连续观察事物，用两三篇观察日记记录观察对象的变化。"在提示下"指评估者指导学生连续观察一种事物的变化，通过语言描述、提供范例或词汇等方法帮助学生完成评估。

5. 二级目标1.5中，"根据要求写出想象中的故事"指能按照要求，发挥想象编写一个故事。"在提示下"指评估者通过谈话启发、提供词汇等方法帮助学生完成评估。

6. 二级目标2.1中，"用正确的格式写出信件内容"指用正确的格式写一封信，做到内容清楚。"在提示下"指评估者通过谈话启发、提供范例等方法帮助学生了解书信的格式、写法，完成评估。

7. 二级目标2.2中，"正确填写信封或正确填写邮箱地址和邮件主题"指能按要求正确填写信封或者能利用计算机等电子设备正确填写邮箱地址和邮件主题。"在提示下"指评估者通过谈话启发、提供范例等方法帮助学生了解的填写信封的注意事项，完成评估；或者通过动作演示、语言描述等方法帮助学生利用计算机等电子设备正确填写邮箱地址和邮件主题，完成评估。

8. 二级目标3.1中，"在习作中运用积累的词语"指学生在习作中运用自己平时积累的词语。"在提示下"指评估者通过谈话启发，引导学生在习作中运用自己积累的词语。可以通过日常观察学生习作的方式进行评估。

9. 二级目标4.1中，"根据读者反馈建议修改自己作文的内容"指学生在与同伴、与老师交流的过程中，发现自己作文的问题所在，能根据读者反馈把自己想写的内容写得更清楚明白。"在提示下"指评估者通过谈话启发，引导学生根据读者反馈把自己想写的内容写得更清楚明白。可以通过日常观察学生习作的方式进行评估。

识字与写字领域

姓名：_____ 年级：_____ 评估者：_____ 评估日期：_____

一级目标	二级目标	评估项目		评估记录	评估结果与分析		结论与建议
		序号	评估内容/方法		得分	分析	
1 能认识250个常用汉字	1.1 能认读250个常用汉字	1	认读250个常用汉字	1-1 认读汉字（250个，见材料一）			
		2	在提示下认读250个常用汉字	2-1 看图片/词语，认读汉字（65个，见材料二）			
				2-2 看动作/词语，认读汉字（11个，见材料三）			
				2-3 听读音，找出汉字（174个，见材料四）			

7

（续表）

一级目标	二级目标	评估项目		评估内容/方法	评估记录	评估结果与分析		结论与建议
		序号	项目			得分	分析	
	1.2 能表达249个常用字词和20个多音字的意思	3	根据语境表达249个常用字词和20个多音字的意思	3-1 说出/比划出/画出常用字词和多音字的意思（249个常用字词，20个多音字，见材料五）				
		4	在提示下，根据语境表达249个常用字词和20个多音字的意思	4-1 用动作演示常用字词的意思（11个，见材料六）				
				4-2 用语言描述常用字词的意思（221个常用字词，20个多音字，见材料七）				
				4-3 对照汉字，找出相应的图片（17个，见材料八）				

（续表）

一级目标	二级目标	评估项目		评估内容/方法	评估记录	评估结果与分析		结论与建议
		序号	项目			得分	分析	
2 能按正确姿势写字	2.1 能按正确坐姿写字	5	按正确坐姿写字	日常观察				
	2.2 能按正确握笔姿势写字	6	按正确握笔姿势写字	日常观察				
3 会写250个汉字	3.1 能书写250个汉字	7	听写250个常用汉字	7-1 书写听到的汉字（见材料九）				
		8	仿写250个常用汉字	8-1 仿写汉字（见材料十）				

9

（续表）

一级目标	二级目标	评估项目		评估内容/方法	评估记录	评估结果与分析		结论与建议
		项目	序号			得分	分析	
4 能用钢笔熟练地书写规范、端正、整洁的汉字	4.1 能用钢笔熟练地在横格中书写汉字	描写250个常用汉字	9	9-1 描写汉字（见材料十一）				
		用其他的方式写250个常用汉字	10	10-1 选用合适的方式写出汉字				
		用钢笔在横格中书写一段话	11	11-1 书写一段话（见材料十二）				

阅读领域

姓名：_____ 年级：_____ 评估者：_____ 评估日期：_____

一级目标	二级目标	评估项目		评估内容	评估记录	评估结果与分析		结论与建议
		序号	项目			得分	分析	
1 能用普通话正确、流利、有感情地朗读课文	1.1 能读准字音	1	正确地朗读所学的课文	1-1 朗读课文《九寨沟》第3自然段、《九色鹿》第8自然段（见材料一）				
		2	在提示下正确地朗读所学的课文	2-1 评估者指导下朗读课文《九寨沟》第3自然段、《九色鹿》第8自然段（见材料一）				
	1.2 能读通课文	3	通顺地朗读所学的课文	3-1 朗读课文《九寨沟》第3自然段、《九色鹿》第8自然段（见材料一）				
		4	在提示下通顺地朗读所学的课文	4-1 评估者指导下朗读课文《九寨沟》第3自然段、《九色鹿》第8自然段（见材料一）				

（续表）

一级目标	二级目标	评估项目		评估内容	评估记录	评估结果与分析		结论与建议
		序号	项目			得分	分析	
	1.3 能有感情地朗读课文	5	有感情地朗读所学的课文	5-1 朗读课文《九寨沟》第3自然段、《九色鹿》第8自然段（见材料一）				
		6	在提示下有感情地朗读所学的课文	6-1 评估者指导下朗读课文《九寨沟》《九色鹿》第3自然段、《九色鹿》第8自然段（见材料一）				
2 能理解文章句中词句的意思，体会文章中关键词句表达情意的作用	2.1 能说出/比划出阅读文章时想象到的画面、声音、味道等	7	说出/比划出阅读中想象到的画面、声音、味道等	7-1 默读文章《九色鹿》，说出/比划出印象最深的画面（见材料二）				
		8	在提示下说出/比划出阅读中想象到的画面、声音、味道等	8-1 默读文章《九色鹿》第8自然段，在评估者指导下说出/比划出印象最深的画面（见材料一）				

（续表）

一级目标	二级目标	评估项目		评估内容	评估记录	评估结果与分析		结论与建议
		序号	项目			得分	分析	
	2.2 能找出文章中准确、生动的词句	9	找出文章中准确、生动的词句	9-1 默读文章《九色鹿》，说出/比划出文章中准确生动的词句（见材料二）				
3 能初步把握文章的主要内容，体会文章表达的思想感情，能对文章中不理解的地方提出疑问		10	在提示下找出文章中准确、生动的词句	10-1 默读文章《九色鹿》第8自然段，在评估者指导下说出/比划出文章中准确生动的词句（见材料一）				
	3.1 能说出/比划出由几件事或几件事构成的文章的主要内容	11	说出/比划出文章的主要内容	11-1 说出/比划出《九色鹿》的主要内容				
		12	在提示下说出/比划出文章的主要内容	12-1 在评估者指导下，说出/比划出《九色鹿》的主要内容（见材料二）				

13

（续表）

一级目标	二级目标	评估项目		评估内容	评估记录	评估结果与分析		结论与建议
		序号	项目			得分	分析	
	3.2 能用批注的方法阅读文章	13	边阅读边标画出相应的词句或写出批语	13-1 默读文章《九色鹿》，说出/比划出相应背信弃义的原因，并写出自己的感受（见材料二）				
		14	在提示下边阅读边标画出相应的词应的词或写出批语	14-1 默读文章《九色鹿》第6、7自然段，在评估者指导下说出/比划出调达为什么背信弃义，进而告密，并写出/比划出自己的感受（见材料三）				
	3.3 能针对文章中不理解的地方提出问题	15	针对文章中不理解的地方说出/比划出自己的问题	15-1 默读文章《九色鹿》，说出/比划出不理解的词句或问题（见材料二）				
		16	在提示下针对文章中不理解的地方说出/比划出自己的问题	16-1 默读文章《九色鹿》第6、7自然段，在评估者指导下说出/比划出不理解的词句或问题（见材料三）				

（续表）

一级目标	二级目标	评估项目		评估内容	评估记录	评估结果与分析		结论与建议
		序号	项目			得分	分析	
4 能复述叙事性作品的大意，与他人交流自己的阅读感受	4.1 能简要复述叙事性作品	17	简要复述故事	17-1 默读文章《九色鹿》，简要复述九色鹿的故事（见材料二）				
		18	在提示下简要复述故事	18-1 默读文章《九色鹿》，在提示下简要复述九色鹿的故事（见材料四）				
	4.2 能说出/比划出自己对文章中人物心情和人物形象的感受	19	说出/比划出自己对文章中人物心情和人物形象的感受	19-1 默读文章《九色鹿》，说出对文章中人物的感受（见材料二）				
		20	在提示下说出/比划出对文章中人物心情和人物形象的感受	20-1 默读文章《九色鹿》第6、7自然段，在评估者指导下说出/比划出对人物的感受（见材料三）				

(续表)

一级目标	二级目标	评估项目		评估内容	评估记录	评估结果与分析		结论与建议
		序号	项目			得分	分析	
5 能诵读优秀诗文，领悟诗文大意	5.1 能背诵优秀诗文9首	21	背诵所学的优秀诗文9首	21-1 背诵《鹿柴》《暮江吟》《题西林壁》《雪梅》《嫦娥》《凉州词》《夏日绝句》《别董大》（见材料五）				
		22	在提示下背诵所学的优秀诗文9首	22-1 在评估者指导下，背诵《鹿柴》《暮江吟》《题西林壁》《雪梅》《嫦娥》《凉州词》《夏日绝句》《别董大》（见材料五）				
	5.2 能借助注释，了解诗文大意	23	根据想象，说出/比划出所学的诗文大意	23-1 朗读古诗《暮江吟》，根据想象，说出/比划出这首诗的大意				
		24	在提示下根据想象，说出/比划出所学的诗文大意	24-1 朗读古诗《暮江吟》，在提示下，根据想象，说出/比划出这首诗的大意（见材料六）				

(续表)

评估项目			评估内容	评估记录	评估结果与分析		结论与建议
一级目标	二级目标	序号	项目			得分	分析	
6 能积累阅读和生活中获得的优美词语、精彩句段	6.1 能说出/比划出阅读中积累的词语	25	说出/比划出阅读中积累的词语	25-1 读词语，说出/比划出想象到的画面（见材料七）				
				25-2 读词语，说出/比划出想到的人物或故事（见材料七）				
				25-3 读词语，说出/比划出词语的意思（见材料七）				
				25-4 读词语，说出这些词一般用来形容哪些人（见材料七）				
				25-5 在括号里填上合适的字（见材料七）				

（续表）

一级目标	二级目标	评估项目		评估记录	评估结果与分析		结论与建议
		序号	项目		得分	分析	
		26	在提示下说出/比划出阅读中积累的词语				
			26-1 读词语，在提示下，说出/比划出想象到的画面（见材料七）				
			26-2 读词语，在提示下，说出/比划出想到的人物或故事（见材料七）				
			26-3 读词语，在提示下，说出/比划出词语的意思（见材料七）				
			26-4 读词语，在提示下，说出/比划出这些词一般用来形容哪些人（见材料七）				
			26-5 评估者指导下在括号里填上合适的字（见材料七）				

(续表)

一级目标	二级目标	评估项目		评估内容	评估记录	评估结果与分析		结论与建议
		序号	项目			得分	分析	
	6.2 能说出/比划出阅读中积累的句段	27	说出/比划出阅读中积累的句段	27-1 接读名言（见材料八）				
				27-2 照样子写句子（见材料八）				
		28	在提示下说出/比划出阅读中积累的句段	28-1 评估者指导下，接读名言（见材料八）				
				28-2 评估者指导下，照样子写句子（见材料八）				

口语交际领域

姓名：_____ 年级：_____ 评估者：_____ 评估日期：_____

一级目标	二级目标	序号	项目	评估内容/方法	评估记录	评估结果与分析		结论与建议
						得分	分析	
1 在讨论时，能把握别人说话的主要内容，就不同的意见与人商讨	1.1 在讨论时，能判断别人的发言是否与讨论的话题相关	1	参与讨论一个话题，判断别人的发言是否与讨论的话题相关	1-1 日常观察、询问或见材料一				
		2	参与讨论一个话题，在提示下判断别人的发言是否与讨论的话题相关	2-1 日常观察、询问或见材料一				
	1.2 在讨论时，能围绕一个话题，选择合适的方式发表自己的观点	3	围绕一个话题，参与讨论，选择合适的方式发表自己的观点	3-1 日常观察、询问或见材料二				
		4	围绕一个话题，在提示下选择合适的方式发表自己的观点	4-1 日常观察、询问或见材料二				

（续表）

评估项目			评估内容/方法	评估记录	评估结果与分析		结论与建议
一级目标	二级目标	序号 项目			得分	分析	
2 能具体生动地讲述故事	2.1 能完整、生动地讲述故事	5 使用恰当的语气等完整、生动地讲述故事	5-1 日常观察、询问或见材料三				
		6 在提示下使用恰当的语气等完整、生动地讲述故事	6-1 日常观察、询问或见材料三				

习作领域

姓名：_____ 年级：_____ 评估者：_____ 评估日期：_____

一级目标	二级目标	评估项目		评估内容/方法	评估记录	评估结果与分析		结论与建议
		序号	项目			得分	分析	
1 能根据对周围世界的观察，写清楚觉得有趣或印象最深、最受感动的见闻、感受和想象	1.1 能写出某个地方的特色	1	写出自己印象深刻的某个地方的特色	1-1 写一写自己的家乡（见材料一）				
		2	在提示下写出自己印象深刻的某个地方的特色	2-1 在提示下写一写自己的家乡（见材料一）				
	1.2 能写出熟悉的人物的突出特点	3	写出熟悉的人物的突出特点	3-1 写一写自己的同学（见材料二）				
		4	在提示下写出熟悉的人物的突出特点	4-1 在提示下写一写自己的同学（见材料二）				

（续表）

一级目标	二级目标	评估项目		评估内容/方法	评估记录	评估结果与分析		结论与建议
		序号	项目			得分	分析	
	1.3 能按顺序写出所经历的事件，感受	5	按事情发展顺序写一件事	5-1 写一件印象深刻的事（见材料三）				
				5-2 写一次游戏（见材料四）				
				5-3 写一件感受强烈的事（见材料五）				
		6	在提示下按事情发展顺序写一件事	6-1 在提示下写一件印象深刻的事（见材料三）				
				6-2 在提示下写一次游戏（见材料四）				
				6-3 在提示下写一件感受强烈的事（见材料五）				

（续表）

一级目标	二级目标	评估项目		评估内容/方法	评估记录	评估结果与分析		结论与建议
		序号	项目			得分	分析	
	1.4 能用观察日记记录事物的变化	7	用观察日记记录事物的变化	7-1 写观察日记（见材料六）				
		8	在提示下用观察日记记录事物的变化	8-1 在提示下写观察日记（见材料六）				
	1.5 能根据要求写出想象中的故事	9	根据要求写出想象中的故事	9-1 写一个想象中的故事（见材料七）				
		10	在提示下根据要求写出想象中的故事	10-1 在提示下写一个想象中的故事（见材料七）				

（续表）

一级目标	二级目标	序号	项目	评估内容/方法	评估记录	评估结果与分析		结论与建议
						得分	分析	
2 能用简短的书信进行交流	2.1 能用正确的格式写出信件内容	11	用正确的格式写出信件内容	11-1 写一封信（见材料八）				
		12	在提示下用正确的格式写出信件内容	12-1 在提示下写一封信（见材料八）				
	2.2 能正确填写信封或正确填写邮箱地址和邮件主题	13	正确填写信封或正确填写邮箱地址和邮件主题	13-1 填写信封（见材料九）				
		14	在提示下正确填写信封或正确填写邮箱地址和邮件主题	14-1 在提示下填写信封（见材料九）				

（续表）

评估项目			评估内容/方法	评估记录	评估结果与分析		结论与建议
一级目标	二级目标	序号 项目			得分	分析	
3 能在习作中运用自己平时积累的语言材料	3.1 能在习作中运用积累的词语	15 用所积累的词语写作	日常习作观察				
		16 在提示下用所积累的词语写作					
4 能自己修改习作和互相修改习作中存在的问题	4.1 能根据读者反馈建议修改自己习作的内容	17 根据读者反馈建议修改自己作文的内容	日常习作观察				
		18 在提示下根据读者反馈建议修改自己作文的内容					

语文·四年级
（下册）

编写人员：

张 琳　张 华　唐宁宁　彭益珍　王淑琴　赵 莉
顾 静　钱正慧

学　校：_____　　年　级：_____
姓　名：_____　　出生日期：_____
评估者：_____　　评估时间：_____

评估标准：

　　3分：独立完成单一知识/技能；或独立完成多重知识/技能100%。

　　2分：独立完成或在单一支持下完成多重知识/技能60%及以上；或在单一支持下完成单一知识/技能。

　　1分：独立完成或在多重支持下完成多重知识/技能20%~60%以内；或在多重支持下完成单一知识/技能。

　　0分：独立完成或在多重支持下完成多重知识/技能20%以下；或在多重支持下无法完成单一知识/技能。

使用指南

一、设计思路

四年级下册语文课程评估手册共分为识字与写字、阅读、口语交际、习作四个领域，每个领域的目标由一级目标和二级目标组成，每个二级目标下设置评估项目。本册共计4个领域、14个一级目标、33个二级目标、64个评估项目。识字与写字领域一级目标4个，二级目标7个，评估项目12项；阅读领域一级目标6个，二级目标13个，评估项目26项；口语交际领域一级目标2个，二级目标5个，评估项目10项；习作领域一级目标2个，二级目标8个，评估项目16项。一级目标来自义务教育语文课程标准，二级目标是结合人民教育出版社四年级下册语文教材对一级目标分解而来。每个二级目标下设计有2~4个评估项目，同一个二级目标下的评估项目是按照由独立到提示或难易度排列。例如：二级目标"3.1能书写250个汉字"下，有4个评估项目，"7.听写250个常用汉字"，这是评估学生能否听写，能听写多少；"8.仿写250个常用汉字"，这是评估学生能否仿写，能仿写多少；"9.描写250个常用汉字"，这是评估学生能否描写，能描写多少；"10.用其他方式写250个常用汉字"，这是评估学生用书空、指写等合适的方式书写汉字，能写出多少。每个评估项目后都列出了评估内容/方法，说明评估什么、用什么评估、怎么评估。

二、操作方法

评估时，评估者先从第一个评估项目开始，如果被评估的学生在该评估项目上全部通过，直接跳到下一个二级目标的评估项目1继续评估，依此类推。对通过的项目在评估手册的"评估记录"栏中记录评估结果，例如："听写250个常用汉字"，如果学生能全部独立书写出，就根据评分标准在"评估结果与分析"得分栏中记3分，分析栏中说明该生已经100%掌握四年级上册250个常用汉字的书写，学习目标已达成，建议该生可以进入下一册常用汉字的书写学习。如果学生能独立书写150个，正确率60%，记2分；如果学生只能独立书写50个，正确率20%，记1分，分析栏中说明该生未能全部掌握，只能独立书写60%或20%，剩余的40%或80%不能独立书写，建议进行提示再评估，如仿写、描写汉字或用其他的方式书写。

如果被评估的学生在评估项目1（独立完成项目）没有全部通过，其中没有通过的评估内容就进入评估项目2（提示下完成项目）继续评估。如果在单一提示下完成，属于2分项；如果在两种或两种以上提示下完成，属于1分项；如果在多重提示下仍然无法完成，属于0分项，都在评估材料中标注评估结果。将处于最近发展区的2分项和1分项分别汇总，填写在评估手册的"评估结果与分析"栏中，并做分析。2分项和1分项是学生可接近性学习目标，从中优先选择迫切需要学习的项目，作为下一阶段的学习目标，填写在"结论与建议"中。

三、评估列举

（一）识字与写字领域

该领域有250个常用汉字，每个汉字在本手册中都有固定编号。例如：汉字"鲸"，编号为"1"。在材料一中，如学生不能独立认读，评估者则可在材料二（2-1词语和图片）中依据编号快速找到"鲸"这个字，以评估学生是否能通过看图片/拼音/词语等提示认读出该字。本册生字编号顺序为，1-38号是材料二的汉字，39-54号是材料三的汉字，55-250号是材料四的汉字。

1. 二级目标1.1中，"1. 认读250个常用汉字"是评估学生能否独立认读，能认读多少，能读对多少。"2. 在提示下认读250个常用汉字"是评估学生不能独立认读时，可以通过让学生通过看词语、拼音、图片、动作等方法帮助完成评估。

2. 二级目标1.2中，"3. 表达"是指学生可通过说出、比划出、画出等方式表达常用字词的意思。"4. 在提示下"是指用语言、动作等方式帮助学生完成评估。

3. 二级目标2.1中，"5. 按正确坐姿写字"评估学生是否养成了良好的书写习惯。学生在完成二级目标3.1评估项目时，教师观察、记录即可。

4. 二级目标3.1中，"7. 书写听到的汉字"听写内容见材料十中的250个汉字。"10. 用其他的方式"是指学生可以用书空、指写等合适的方式书写汉字完成评估。

5. 二级目标4.1和4.2中，是评估学生能否用钢笔规范地横写或竖写端正美观的一段汉字。

（二）阅读领域

1. 二级目标1.1中，"读准"指不读错字，发音准确。"在提示下"指评估者通过手指课文内容，范读等方法帮助学生完成评估。

2. 二级目标1.2中，"读通"指不丢字、添字，把句子完整、流利地读出来。"在提示下"指评估者通过手指课文内容，范读等方法帮助学生完成评估。

3. 二级目标1.3中，"有感情"指朗读时正确处理重音、停顿，运用适当的语调、速度和节奏，并能恰当、自然地流露感情。"在提示下"指评估者通过手指课文内容、范读、手势提示、表情提示等方法帮助学生完成评估。

4. 二级目标3.1中，"在提示下"指评估者引导学生概括文章的主要内容，评估者提示语例：谁在什么时候做了什么事？

5. 二级目标3.3中，"在提示下"指评估者引导学生提出不懂的问题，评估者提示语例：竺爷爷为什么要知道第一朵杏花是哪天开放的？

6. 二级目标5.1中，"在提示下"指通过评估者背上半句、学生背下半句等方法帮助学生完成评估。

（三）口语交际领域

1. 口语交际领域主要通过日常观察、询问的方式进行评估，如评估者较熟悉学生，可根据学生日常表现直接评分。如不了解，则可根据评估手册、材料进行评估。四年级下册评估材料参照教材，有的去掉图片和交流要求，如材料一《转述》；有的去掉举例和图片，如材料二《说新闻》、材料三《自我介绍》。

2. 二级目标1.2要比1.1难，评估者可以根据学生实际情况，选择评估顺序，如果学生直接通过1.2的评估，1.1就不用再评估了。

3. 二级目标2.1中，讲述新闻要做到"准确、清楚、连贯地"，缺一不可，如果其中某个要求需要提示或无法达成，评估者在评估记录中要进行记录和分析。

4. 二级目标2.2中，"在提示下"指评估者通过问题引导学生说说自己对某则新闻的感受和想法。

5. 二级目标2.3评估时，建议更多的是利用日常观察，了解学生根据不同的对象和目的自我介绍的情况。

（四）习作领域

1. 二级目标1.1中，"按游览顺序写出景物的特点"指能按游览顺序写一个地方，把印象深刻的景物作为重点，写出特色。"在提示下"指评估者通过谈话启发、提供词汇等方法帮助学生完成评估。

2. 二级目标1.2中，"写出给自己带来快乐感受的地方"指能写一处喜爱的地方，表达出自己快乐的感受。"在提示下"指评估者通过谈话启发、提供词汇等方法帮助学生完成评估。

3. 二级目标1.3中，"从多个方面写出人物特点"指能从外貌、性格、爱好和特长等方面写出人物的特点，并能用具体的事例说明。"在提示下"指评估者通过谈话启发、提供词汇等方法帮助学生完成评估。

4. 二级目标1.4中，"按顺序写出所经历事件的过程和体会"指能按一定的顺序把做事情的过程写清楚，并写出做事情的体会。"在提示下"指评估者通过谈话启发、提供词汇等方法帮助学生完成评估。

5. 二级目标1.5中，"写出动物的特点"指能从多个方面介绍一种动物，写出动物的特点。"在提示下"指评估者通过谈话启发、提供图片、视频、词汇等方法帮助学生完成评估。

6. 二级目标1.6中，"写出自己想象中的事物"指能展开奇思妙想，把所想的事物写清楚。"在提示下"指评估者通过谈话启发、提供词汇等方法帮助学生完成评估。

7. 二级目标1.7中，"根据所给的故事创编新故事"指能借助熟悉的故事展开丰富的想象，创编新故事。"在提示下"指评估者通过谈话启发、提供词汇等方法帮助学生完成评估。

8. 二级目标2.1中，"根据习作要求给同学作文的内容提出修改意见"指能与同伴交换习作，根据习作要求交流评改，并提出修改意见。"在提示下"指评估者通过谈话启发，引导学生根据习作要求评改同伴的作文，并提出修改意见。可以通过日常观察学生习作的方式进行评估。

识字与写字领域

姓名：_____ 年级：_____ 评估者：_____ 评估日期：_____

一级目标	二级目标	评估项目		评估内容/方法	评估记录	评估结果与分析		结论与建议
		序号	项目			得分	分析	
1 能认识250个常用汉字	1.1 能认读250个常用汉字	1	认读250个常用汉字	1-1 认读汉字（250个，见材料一）				
		2	在提示下认读250个常用汉字	2-1 看图片/词语，认读汉字（38个，见材料二）				
				2-2 看动作/词语，认读汉字（16个，见材料三）				
				2-3 听读音，找出汉字（196个，见材料四）				

（续表）

一级目标	二级目标	评估项目		评估内容/方法	评估记录	评估结果与分析		结论与建议
		序号	项目			得分	分析	
	1.2 能表达248个常用字词和18个多音字的意思	3	根据语境表达248个常用字词和18个多音字的意思	3-1 说出/比划出/画出常用字词和多音字的意思（248个常用字词，18个多音字，见材料五）				
		4	在提示下，根据语境表达248个常用字词和18个多音字的意思	4-1 用动作演示常用字词的意思（16个，见材料六）				
				4-2 用语言描述常用字词的意思（222个常用字词，18个多音字，见材料七）				
				4-3 对照汉字，找出相应的图片（10个，见材料八）				

(续表)

一级目标	二级目标	评估项目		评估内容/方法	评估记录	评估结果与分析		结论与建议
		序号	项目			得分	分析	
2 能按姿势正确写字	2.1 能按正确坐姿写字	5	按正确坐姿写字	日常观察				
	2.2 能按正确握笔姿势写字	6	按正确握笔姿势写字	日常观察				
3 会写250个汉字	3.1 能书写250个汉字	7	听写250个常用汉字	7-1 书写听到的汉字（见材料九）				
		8	仿写250个常用汉字	8-1 仿写汉字（见材料十）				

语文·四年级（下册）

35

（续表）

一级目标	二级目标	评估项目		评估内容/方法	评估记录	评估结果与分析		结论与建议
		序号	项目			得分	分析	
4 能用钢笔熟练地书写规范、端正、整洁的汉字	4.1 能用钢笔熟练地横写汉字	9	描写250个常用汉字	9-1 描写汉字（见材料十一）				
		10	用其他的方式写250个常用汉字	选用合适的方式写出汉字				
		11	用钢笔横写一段话	11-1 书写一段话（见材料十二）				
	4.2 能用钢笔竖写汉字	12	用钢笔竖写一句格言	12-1 书写一句格言（见材料十三）				

阅读领域

姓名：_____ 年级：_____ 评估者：_____ 评估日期：_____

一级目标	二级目标	评估项目		评估记录	评估结果与分析		结论与建议
		序号	项目	评估内容		得分	分析	
1 能用普通话正确、流利、有感情地朗读课文	1.1 能读准字音	1	正确地朗读所学的课文	1-1 朗读课文《第一朵杏花》、《黄河的主人》第2~5自然段、第1~2自然段（见材料一）			
		2	在提示下正确地朗读所学的课文	2-1 评估者指导下朗读课文《第一朵杏花》、《黄河的主人》第2~5自然段、第1~2自然段（见材料一）			
	1.2 能读通课文	3	通顺地朗读所学的课文	3-1 朗读课文《第一朵杏花》、《黄河的主人》第2~5自然段、第1~2自然段（见材料一）			
		4	在提示下通顺地朗读所学的课文	4-1 评估者指导下朗读课文《第一朵杏花》、《黄河的主人》第2~5自然段、第1~2自然段（见材料一）			

（续表）

一级目标	二级目标	评估项目		评估记录	评估结果与分析		结论与建议
		序号	项目	评估内容		得分	分析
	1.3 能有感情地朗读课文	5	有感情地朗读所学的课文	5-1 朗读课文《第一朵杏花》《黄河的主人》第2~5自然段，第1~2自然段（见材料一）			
		6	在提示下有感情地朗读所学的课文	6-1 评估者指导下朗读课文《第一朵杏花》《黄河的主人》第2~5自然段，第1~2自然段（见材料一）			
2 能理解文章中词句的意思，体会文章中关键词句表达情意的作用	2.1 能找出文章中表达情意的关键词句	7	找出文章中表达情意的关键词句	7-1 读《第一朵杏花》，从文中找出能体现科学研究各答对待一丝不苟的词句（见材料二）			
		8	在提示下文章中找出表达情意的关键词句	8-1 读《第一朵杏花》，在提示下从文中找出能体现各答对待科学研究一丝不苟的词句（见材料二）			

(续表)

一级目标	二级目标	评估项目		评估内容	评估记录	评估结果与分析		结论与建议
		序号	项目			得分	分析	
	2.2 能说出/比划出文章中关键词句表达情意的作用	9	说出/比划出文章中关键词句表达情意的作用	9-1 说出/比划出这句话中带点词语的作用（见材料二）				
		10	在提示下说出/比划出文章中关键词句表达情意的作用	10-1 在提示下说出/比划出这句话中带点词语的作用（见材料二）				
3 能初步把握文章的主要内容，能体会文章表达的思想感情，能对文章中不理解的地方提出疑问	3.1 能说出/比划出长文章的主要内容	11	说出/比划出长文章的主要内容	11-1 说出/比划出《第一朵杏花》的主要内容（见材料二）				
		12	在提示下说出/比划出长文章的主要内容	12-1 评估者指导下说出/比划出《第一朵杏花》的主要内容（见材料二）				

（续表）

一级目标	二级目标	序号	项目	评估内容	评估记录	评估结果与分析		结论与建议
						得分	分析	
	3.2 能说出/比划出文章表达的思想感情	13	说出/比划出文章表达的思想感情	13-1 说出/比划出《第一朵杏花》表达的思想感情（见材料二）				
		14	在提示下说出/比划出文章表达的思想感情	14-1 在提示下说出/比划出《第一朵杏花》表达的思想感情（见材料二）				
	3.3 能针对长文章中不理解的地方提出问题	15	针对长文章中不理解的地方说出/比划出自己的问题	15-1 默读《第一朵杏花》，提出不懂的问题（见材料二）				
		16	在提示下针对长文章中不理解的地方说出/比划出自己的问题	16-1 默读《第一朵杏花》，评估者指导下提出不懂的问题（见材料二）				

（续表）

评估项目		评估内容	评估记录	评估结果与分析		结论与建议
一级目标	二级目标			得分	分析	
	序号 项目					
4 能与他人交流自己的阅读感受	4.1 能说出/比划出文章中人物的品质	17 说出/比划出文章中人物的品质	17-1 说出/比划出《第一朵杏花》中竺爷爷的品质（见材料二）			
		18 在提示下说出/比划出文章中人物的品质	18-1 在提示下说出/比划出《第一朵杏花》中竺爷爷的品质（见材料二）			
5 能诵读优秀诗文，领悟诗文大意	5.1 能背诵优秀诗文11首	19 背诵所学的优秀诗文11首	19-1 背诵诗文《四时田园杂兴（其二十五）》《宿新市徐公店》《清平乐·村居》《卜算子·咏梅》《蜂》《独步寻花》《囊萤夜读》《江畔独坐敬亭山》《芙蓉楼送辛渐》《塞下曲》《墨梅》（见材料三）			

（续表）

一级目标	二级目标	评估项目		评估内容	评估记录	评估结果与分析		结论与建议
		序号	项目			得分	分析	
	5.2 能借助注释，了解诗文大意	20	在提示下背诵所学的优秀诗文11首	20-1 评估者指导下背诵诗文《四时田园杂兴（其二十五）》《宿新市徐公店》《清平乐·村居》《卜算子·咏梅》《江畔独步寻花》《蜂》《萤火虫》《独坐敬亭山》《芙蓉楼送辛渐》《塞下曲》《墨梅》（见材料三）				
		21	根据想象，说出/比划出所学的诗文大意	21-1 读《宿新市徐公店》，想象这首诗描绘的情景（见材料三）				
		22	在提示下根据想象，说出/比划出所学的诗文大意	22-1 读《宿新市徐公店》和插图，联系注释想象这首诗描绘的情景（见材料三）				

(续表)

评估项目			评估内容	评估记录	评估结果与分析		结论与建议
一级目标	二级目标	序号	项目			得分	分析
6 能积累阅读和生活中获得的优美词语、精彩句段	6.1 能说出/比划出阅读中积累的词语	23	说出/比划出阅读中积累的词语	23-1 选两三个词语，说出/比划出你体会到的乡村和城市生活的不同（见材料四）			
				23-2 选一两个词语，说出/比划出它的含义（见材料四）			
				23-3 选一两个词语，说出/比划出它指的是哪一类人（见材料四）			
				23-4 选两三个成语，说出/比划出它们的故事和含义（见材料四）			

（续表）

一级目标	二级目标	评估项目		评估内容	评估记录	评估结果与分析		结论与建议
		序号	项目			得分	分析	
		24	在提示下说出/比划出阅读中积累的词语	24-1 选两三个词语，结合图片说出/比划出你体会到的乡村和城市生活的不同（见材料五）				
				24-2 评估者指导下选一两个词语，说出/比划出它的含义（见材料四）				
				24-3 评估者指导下选一两个词语，说出/比划出指的是哪一类人（见材料四）				
				24-4 选两三个成语，结合图片说出/比划出它们的故事和含义（见材料五）				

（续表）

一级目标	二级目标	评估项目		评估内容	评估记录	评估结果与分析		结论与建议
		项目	序号			得分	分析	
	6.2 能说出/比划出阅读中积累的句段	说出/比划出阅读中积累的句段	25	25-1 照样子，写一个事物（见材料六）				
				25-2 接读名言（见材料六）				
				25-3 照样子，改写句子（见材料六）				
				25-4 照样子，选择一个情境，说一组连续的动作（见材料六）				

（续表）

一级目标	二级目标	评估项目		评估内容	评估记录	评估结果与分析		结论与建议
		序号	项目			得分	分析	
		26	在提示下说出/比划出阅读中积累的句段	26-1 照样子，看图片，写一个事物（见材料七）				
				26-2 评估者指导下接读名言（见材料六）				
				26-3 评估者指导下照样子，改写句子（见材料六）				
				26-4 评估者通过动作提示学生说一组连续的动作（见材料六）				

口语交际领域

姓名：_____　　年级：_____　　评估者：_____　　评估日期：_____

评估项目			评估内容/方法	评估记录	评估结果与分析		结论与建议
一级目标	二级目标	序号 项目			得分	分析	
1 听人说话能把握主要内容，并能简要转述	1.1 能记录、整理所听到的他人说话的重要信息	1 记录、整理所听到的他人说话的重要信息	1-1 日常观察、询问或见材料一				
		2 在提示下记录、整理所听到的他人说话的重要信息	2-1 日常观察、询问或见材料一				
	1.2 能准确完整、有条理的说出他人说话的主要内容	3 准确、完整、有条理说出他人说话的主要内容	3-1 日常观察、询问或见材料一				

(续表)

评估项目			评估内容/方法	评估记录	评估结果与分析		结论与建议
一级目标	二级目标	序号 项目			得分	分析	
2 能清楚明白地讲述见闻，说出自己的感受和想法	2.1 能准确清楚、连贯地讲述新闻	4 在提示下准确、完整、有条理地说出他人说话的主要内容	4-1 日常观察、询问或见材料一				
		5 准确、清楚、连贯地讲述新闻	5-1 日常观察、询问或见材料二				
		6 在提示下准确、清楚、连贯地讲述新闻	6-1 日常观察、询问或见材料二				
	2.2 能说出所了解的新闻的感受和想法	7 说出所了解的新闻的感受和想法	7-1 日常观察、询问或见材料二				

(续表)

一级目标	二级目标	评估项目		评估内容/方法	评估记录	评估结果与分析		结论与建议
		序号	项目			得分	分析	
	2.3 能根据不同的对象和目的介绍自己	8	在提示下说出所了解的新闻的感受和想法	8-1 日常观察、询问或见材料二				
		9	根据不同的对象和目的介绍自己	9-1 日常观察、询问或见材料三				
		10	在提示下根据不同的对象和目的介绍自己	10-1 日常观察、询问或见材料三				

习作领域

姓名：_____ 年级：_____ 评估者：_____ 评估日期：_____

一级目标	二级目标	评估项目		评估内容/方法	评估记录	评估结果与分析		结论与建议
		序号	项目			得分	分析	
1 能根据对周围世界的观察、感受和想象，写清楚自己的见闻、感受和想象	1.1 能按游览顺序写出景物的特点	1	按游览的顺序写出景物的特点	1-1 按游览顺序写一处景物（见材料一）				
		2	在提示下按游览的顺序写出景物的特点	2-1 在提示下按游览顺序写一处景物（见材料一）				
	1.2 能写出给自己带来快乐感受的地方	3	写出给自己带来快乐感受的一个地方	3-1 写一处自己的小天地（见材料二）				
		4	在提示下写出给自己带来快乐感受的一个地方	4-1 在提示下写一处自己的小天地（见材料二）				

（续表）

一级目标	二级目标	评估项目		评估内容/方法	评估记录	评估结果与分析		结论与建议
		序号	项目			得分	分析	
	1.3 能从多个方面写出人物特点	5	从多个方面写出人物的特点（如外貌、性格、爱好等）	5-1 写一个自己的好朋友（见材料三）				
		6	在提示下从多个方面写出人物的特点（如外貌、性格、爱好等）	6-1 在提示下写一个自己的好朋友（见材料三）				
	1.4 能按顺序写出所经历事件的过程和体会	7	按顺序写出所经历事件的过程和体会	7-1 写一件自己学做的事情（见材料四）				
		8	在提示下按顺序写出所经历事件的过程和体会	8-1 在提示下写一件自己学做的事情（见材料四）				

（续表）

一级目标	二级目标	评估项目		评估内容/方法	评估记录	评估结果与分析		结论与建议
		序号	项目			得分	分析	
	1.5 能写出动物的特点	9	写出熟悉动物的特点	9-1 写一个熟悉的动物（见材料五）				
		10	在提示下写出熟悉动物的特点	10-1 在提示下写一个熟悉的动物（见材料五）				
	1.6 能写出自己想象中的事物	11	写出自己想象中的事物	11-1 写想象中的事物（见材料六）				
		12	在提示下写出自己想象中的事物	12-1 在提示下写想象中的事物（见材料六）				

（续表）

一级目标	二级目标	评估项目		评估内容/方法	评估记录	评估结果与分析		结论与建议
		序号	项目			得分	分析	
	1.7 能根据所给的故事创编新故事	13	根据所给的故事创编新故事	13-1 创编一个新故事（见材料七）				
		14	在提示下根据所给的故事创编新故事	14-1 在提示下创编一个新故事（见材料七）				
2 能自己修改和互相修改习作中存在的问题	2.1 能根据习作要求给同学作文的内容提出修改意见	15	根据习作要求给同学作文的内容提出修改意见	日常习作观察				
		16	在提示下根据习作要求给同学作文提出修改意见					

数学·四年级
（上册）

编写人员：

芮代琴　刘加芳　翁丽丽　宋晓杰　刘　婷　李月月
赵　敏　茅　成　吴振兰

学　校：_____　　年　级：_____
姓　名：_____　　出生日期：_____
评估者：_____　　评估时间：_____

评估标准：

　　3 分：独立完成单一知识 / 技能；或独立完成多重知识 / 技能 100%。

　　2 分：独立完成或在单一支持下完成多重知识 / 技能 60% 及以上；或在单一支持下完成单一知识 / 技能。

　　1 分：独立完成或在多重支持下完成多重知识 / 技能 20% ~ 60% 以内；或在多重支持下完成单一知识 / 技能。

　　0 分：独立完成或在多重支持下完成多重知识 / 技能 20% 以下；或在多重支持下无法完成单一知识 / 技能。

使用指南

一、设计思路

四年级上册数学课程评估手册一共分为数与代数、图形与几何、统计与概率三个领域，每个领域的目标由一级目标、二级目标和三级目标组成。数与代数领域一级目标3个，二级目标10个，三级目标22个，评估项目45项；图形与几何领域一级目标2个，二级目标8个，三级目标23个，评估项目46项；统计与概率领域一级目标2个，二级目标8个，三级目标16个，评估项目32个。一级目标、二级目标均来自第二学段（4~6年级）义务教育数学课程标准，三级目标是结合现行四年级上册数学教材对二级目标分解而来。每个三级目标下设计有2~3个评估项目，同一个三级目标下的评估项目是按照由独立到提示或按难易度排列。

例如：数与代数领域中，三级目标"1.1.2 能笔算两、三位数除以两位数的除法（"四舍"调商）"对应两个评估项目，"1. 正确计算两、三位数除以两位数的题目"，这是评估学生能否独立且正确计算两、三位数除以两位数的题目；"2. 在提示下，正确计算两、三位数除以两位数的题目，"这是评估学生不能独立计算两、三位数除以两位数的题目时，在评估者给予语言、动作等提示下，能否计算出两、三位数除以两位数的题目。每个评估项目后都列出了相对应的评估内容/方法，说明评估什么、用什么评估、怎么评估。

二、操作方法

评估时，评估者先从第一个评估项目开始，如果被评估学生在该评估项目上全部通过，则直接跳到下一个三级目标的评估项目"1"继续评估，依次类推。对通过的项目在评估手册的"评估记录"栏中记录评估结果，例如："正确计算两、三位数除以两位数的题目"，这一评估材料中有两种题型，可以直接评估4-2的题目，如果学生能独立且正确完成4道题目，虽然没有评估4-1，但依然可以根据评分标准在得分栏中记3分，在"评估结果与分析"栏中说明该生已经具备能笔算两、三位数除以两位数的除法（"四舍"调商）的计算能力，学习目标已达成，这也是该生的现有能力水平，建议该生可以进入后面关联知识的学习。

如果被评估的学生在评估项目1（独立完成项目）4-2中的题目没有全部通过，就可以评估4-1中两题，若独立完成有困难，就进入评估项目2（提示下完成项目）继续评估未通过的评估内容。如果在单一提示下完成多重知识的60%及以上记2分；如果在两至三种提示下完成多重知识的20%~60%，记1分；如果在多重提示下完成多重知识的20%以下，记为0分；同时在评估材料中标注没有通过的评估题目，将评估结果填写在评估手册的"评估结果与分析"栏中，并做分析，这是学生可接近性学习目标，从中优先选择迫切需要学习的项目，作为下一阶段的学习目标，填写在"结论与建议"中。

三、评估例举

（一）数与代数领域

1. 三级目标1.1.1中，"在提示下"是指语言、视觉等提示方式，如60÷20，语言提示：去掉60和20后面的0，再算一算；视觉提示：划去/遮住相应的0，帮助评估对象完成评估。

2. 三级目标1.1.2中，"在提示下"是指语言、视觉等提示方式，如下面算式，语言提示：99比被除数95大，商怎么样？（商大了）应该怎么调？（3调为2）；视觉提示：在95旁边写小，99旁边写大，3旁边写（　　），提示商要调几，帮助评估对象完成评估。

$$\begin{array}{r} 3 \\ 33\overline{\smash{)}95} \\ \underline{99} \end{array}$$

5-2的习题可以用5-1的形式来提示。

3. 三级目标1.1.3中，"在提示下"是指语言、视觉等提示方式，如下面算式，语言提示：余数18和除数18一样大，商怎么样？（商小了）应该怎么调？（2调3）；视觉提示：圈出余数和除数18，36旁边写要变大，2旁边写（　　），提示商要调几，帮助评估对象完成评估。

$$\begin{array}{r} 2 \\ 18\overline{\smash{)}54} \\ \underline{36} \\ 18 \end{array}$$

7-2的习题可以用7-1的形式来提示。

4. 三级目标1.1.4中，"在提示下"是指语言、视觉等提示方式，如5400÷300=18，540÷30=＿＿＿＿，54÷3=＿＿＿＿；语言提示：被除数5400与540，除数300与30，他们是如何变化的，商会有什么变化？视觉提示：写出5400÷10→540，提示继续写除数和商的变化关系，帮助评估对象完成评估。

5. 三级目标1.1.5中，"在提示下"是指语言、视觉等提示方式，如计算960÷70=＿＿＿＿，语言提示：960÷70可以看成96÷7来计算，商相同，余数要添加1个0；视觉提示：在余数的旁边画横线提示补0，帮助评估对象完成评估。

6. 三级目标1.2.1中，"在提示下"是指语言、视觉等提示方式，如估一估670÷20商是（　）位数，语言提示：圈出670的前两位数，并问：67除以20，够不够20除？商写在十位上，商是几位数？（两位数）；视觉提示：圈出67和20，写出它们的大小关系，想商是几位数，帮助评估者完成评估。

7. 三级目标1.3.1中，"在提示下"是指语言、视觉等提示方式，如口算640÷80=（　），语言提示：评估者辅助读评估材料六，被评估者仿说；视觉提示：80×（　）=640可改为80×8=（　），640连续减多少个80，结果为0，可以改为算式640-80-80-80-80-80-80-80-80=（　），标出8个80，帮助评估对象完成评估。

8. 三级目标1.3.2中，"在提示下"是指语言、视觉等提示方式，如笔算164÷39=（　），语言提示：除数39可以看作多少来试商，商几？余数是几？视觉提示：写出164÷39的计算过程，提示填写，帮助评估对象完成评估。

9. 三级目标1.4.1和1.4.2中，"在提示下"是指语言、动作等提示方式，如一本故事书有350页，小明每天读25页，小明多少天能读完这本书？语言提示：1天读25页，2天读多少页？350页要多少天读完，就是求350里面有多少个25，可以怎样算；动作提示：可以准备一本书，让评估对象按题目要求分一分，再写出算式，帮助评估对象完成评估。

10. 三级目标1.5.1中，"在提示下"指评估者通过语言或动作等提示方式，如语言提示：评估者说"中"字，引导学生说出"中括号"，帮助学生完成评估。

11. 三级目标1.5.2、1.5.3和1.5.4中，"在提示下"指评估者通过语言或视觉标记等提示方式，如语言提示：综合算式的运算法则是先算乘除，后算加减，有括号的先算括号里面。或用"＿＿＿"划出先计算的部分，帮助学生完成评估。

12. 三级目标1.6.1中，如果学生能独立完成1.5.2、1.5.3和1.5.4项目中的题目，此目标就直接通过。"在提示下"同上（序号11内容）。

13. 三级目标1.7.1中，"在提示下"指评估者通过语言或视觉标记等提示方式，如第（1）题，请学生说一说图意，问：求亮亮的图书比乐乐多多少本，要先求亮亮的图书有多少本。第（2）题，问：要求合唱组的人数是美术组的几倍，先算出美术组的人数。引导学生先分步列式计算，再写成综合算式，帮助学生完成评估。

14. 三级目标2.1.1和2.2.1中，"在提示下"指评估者通过语言描述、画图、列表等提示方式，如语言提示：根据苹果8筐，每筐25千克这两个条件可以求出什么问题；或者要求"梨比苹果少购进多少千克"必须先求什么，帮助学生完成评估。

15. 三级目标2.1.2和三级目标2.2.2中"在提示下"指评估者通过语言、画图等提示方式，如语言提示：8时距离甲地160千米，10时距离甲地320千米，从8时到10时经过了多长时间，从160千米到320千米走了多少路程，可以求出什么，帮助学生完成评估。

16. 三级目标2.2.3中，"在提示下"指评估者利用前几道题目的解答过程，通过语言、动作等提示帮助学生完成评估。

17. 三级目标3.1.1中，"在提示下"是指语言、视觉等提示方式，如"健康平安健康平安健康平安……"语言提示：这组文字中的哪些字在重复出现？视觉材料提示：圈出两组重复的字，帮助评估对象完成评估。

18. 三级目标3.1.2中，"在提示下"是指语言、视觉等提示方式，如儿童节快到了，四（3）班的同学们准备用27朵彩色拉花来装饰教室，如果按照"3红2黄"的规律排列，那么他们应该准备多少个红色拉花？多少个黄色拉花？语言提示：27朵彩色拉花按照什么规律排列？27朵彩色拉花中有几组这样的规律，可以用什么方法来计算？视觉提示：圈出3红2黄的规律，用彩笔画出这27朵彩色拉花，并出示27〇（3〇2），想数量关系，帮助评估对象完成评估。

（二）图形与几何

1. 三级目标1.1.1中，"在提示下"指评估者结合实例或者实物图片通过语言等提示方式，如语言提示：指着图片上的物体问，哪里是这个物体的前面、后面、左面、右面等，帮助学生完成评估。

2. 三级目标1.1.2和1.1.3中，"在提示下"指评估者结合实例或者实物通过语言或动作等提示方式，如动作提示：利用小正方体摆一摆、画一画、说一说等，帮助学生完成评估。

3. 三级目标1.2.1中，"在提示下"指评估者通过语言或者动作演示等提示方式，如语言提示：手指着图例问，哪条是线段？有几个端点？射线呢？直线呢？帮助学生完成评估。

4. 三级目标1.2.2中，"在提示下"指评估者通过语言或者动作演示等提示方式，如动作提示：先画出一条线段，然后擦去一个端点，接着再擦去一个端点，最后向两端延伸，让孩子体会，帮助学生完成评估。

5. 三级目标1.3.1中，"在提示下"指评估者结合图例通过语言等提示方式，如语言提示：可以指着图询问，图中A、B两点之间的距离是哪段？帮助学生完成评估。

6. 三级目标1.4.1和1.4.2中,"在提示下"指评估者结合图例通过语言或动作等提示方式,如语言提示:问,角的顶点和两条边在哪里?说一说他们分别是什么角?帮助学生完成评估。

7. 三级目标1.4.3中,"在提示下"指评估者通过语言或者动作演示等提示方式,如语言提示:指着图例询问,这个角是180°,是什么角?这个角旋转了一周,叫什么角?

8. 三级目标1.5.3考察学生是否能利用直尺和三角尺画一条直线的垂线,其中"在提示下"指评估者通过语言或动作等提示方式,如动作提示:教师摆放好尺子,帮助学生完成评估。

9. 三级目标1.5.4考察学生是否能利用直尺画出一条直线的平行线,其中"在提示下"指评估者通过语言或动作等提示方式,如动作提示:教师摆放好尺子,帮助学生完成评估。

10. 三级目标1.5.6中,"在提示下"指评估者结合图通过语言或动作等提示方式,如动作提示:教师摆放好尺子,帮助学生完成评估。

(三)统计与概率

1. 三级目标1.1.1和1.1.2中,"在提示下"是指教师用语言或动作等提示,如语言提示:这个统计表统计的内容是关于什么的呢?制表时间在哪里呀?提示学生观察统计表的结构,帮助学生完成评估。

2. 三级目标1.2.1中,"在提示下"是指教师用语言或动作等提示,如语言提示:我们从1号队员开始统计,146在哪个范围呢?动作提示:为学生示范1-2号队员身高如何通过画正字统计在表中,帮助学生完成评估。

3. 三级目标1.2.2中,"在提示下"是指教师用语言或动作等提示,如语言提示:数一数130-139那一栏正字画了多少笔,帮助学生完成评估。

4. 三级目标1.2.3中,"在提示下"是指教师用语言或动作等提示,如语言提示:你观察一下130-139的条形图是什么样的;动作提示:给学生指一指制表时间等,帮助学生完成评估。

5. 三级目标1.2.4中,"在提示下"是指教师用语言或动作等提示,如语言提示:你观察一下表格,6397在哪里?它表示的是什么呢?动作提示:给学生圈一圈统计表中"珠江"两个字,帮助学生完成评估。

6. 三级目标1.2.5中,"在提示下"是指教师用语言或动作等提示,如语言提示:你观察一下统计图,3在哪里?它表示的是什么?动作提示:给学生圈一圈统计图中"星期二"三个字,帮助学生完成评估。

7. 三级目标1.3.1中,"在提示下"是指教师用语言或动作等提示,如语言提示:平均是什么意思？平均数代表什么呢？引导学生思考，帮助学生完成评估。

8. 三级目标1.3.2中，"在提示下"是指教师用语言或动作等提示，如语言提示：该怎么计算平均数呢？先算总和，再怎样？帮助学生完成评估。

9. 三级目标1.4.1中，"在提示下"是指教师用语言或动作等提示，如语言提示：通过比较什么可以发现男生成绩好还是女生成绩好？帮助学生完成评估。

10. 三级目标1.4.2中，"在提示下"是指教师用语言或动作等提示，如语言提示：这袋苹果一共有多少个？帮助学生完成评估。

11. 三级目标1.5.1中，"在提示下"是指教师用语言或动作等提示，如语言提示：平均是什么意思呢？动作提示：圈出题目关键词"平均"，引导学生思考，帮助学生完成评估。

12. 三级目标1.5.2中，"在提示下"是指教师用语言或动作等提示，如语言提示：可能代表什么意思？动作提示：圈出题目关键词"可能"，引导学生思考，帮助学生完成评估。

13. 三级目标2.1.1中，"在提示下"是指教师用语言或动作等提示，如语言提示：1号袋子里面有红球么？可能摸到红球么？帮助学生完成评估。

14. 三级目标2.2.1中，"在提示下"是指教师用语言或动作等提示，如语言提示：1号袋子里面都有什么颜色的球？帮助学生完成评估。

15. 三级目标2.3.1中，"在提示下"是指教师用语言或动作等提示，如语言提示：1号袋子里面红球和黄球数量一样么？什么颜色的球最多呢？引导学生思考，帮助学生完成评估。

数与代数领域

姓名：_____ 年级：_____ 评估者：_____ 评估日期：_____

一级目标	二级目标	三级目标	评估项目		评估内容/方法	评估记录	评估结果与分析		结论与建议
			序号	项目			得分	分析	
1 能运算万以内的数	1.1 能计算两、三位数除以两位数的除法	1.1.1 能口算整十数、几百几十除以整十数的除法	1	熟练口算整十数、几百几十除以整十数的题目	1-1 口算下面各题（见材料一）				
			2	正确口算整十数、几百几十除以整十数的题目	2-1 口算下面各题（见材料一）				
			3	在提示下，正确口算整十数、几百几十除以整十数的题目	3-1 口算下面各题（见材料一）（语言/动作/视觉材料等提示）				

（续表）

一级目标	二级目标	三级目标	评估项目		评估内容/方法	评估记录	评估结果与分析		结论与建议
			序号	项目			得分	分析	
		1.1.2 能笔算两、三位数除以两位数的除法（"四舍"调商）	4	正确计算两、三位数除以两位数的题目	4-1 根据试商的情况，说出各题应商几，再用竖式计算（见材料二）				
					4-2 先说说把除数分别看作几十来试商，再计算，带*的要验算（见材料二）（语言/动作等提示）				
			5	在提示下，正确计算两、三位数除以两位数的题目	5-1 根据试商的情况，说出各题应商几，再用竖式计算（见材料二）				
					5-2 先看说把除数分别看作几十来试商，再计算，带*的要验算（见材料二）（语言/动作/视觉材料等提示）				

（续表）

一级目标	二级目标	三级目标	评估项目		评估内容/方法	评估记录	评估结果与分析		结论与建议
			序号	项目			得分	分析	
		1.1.3 能笔算两、三位数除以两位数的除法（"五入"调商）	6	正确计算两、三位数除以两位数的题目	6-1 根据试商情况，说出各题应商几，再计算（见材料三）				
					6-2 先说说把除数分别看作几十来试商，再计算，带*的要验算（见材料三）				
			7	在提示下，正确计算两、三位数除以两位数的题目	7-1 根据试商情况，说出各题应商几，再计算（见材料三）（语言/动作等提示）				
					7-2 先说说把除数分别看作几十来试商，再计算，带*的要验算（见材料三）（语言/动作/视觉材料等提示）				

（续表）

一级目标	二级目标	三级目标	评估项目		评估内容/方法	评估记录	评估结果与分析		结论与建议
			序号	项目			得分	分析	
		1.1.4 能说出商不变的规律，能运用简便方法计算被除数和除数末尾都有0的除法	8	结合具体题目，说出/比划出商不变的规律，并运用规律计算被除数和除数末尾都有0的除法	8-1 根据每组第一题的商，直接写出下面两题的得数（见材料四）				
					8-2 计算下面各题，带*的要验算（见材料四）				
			9	在提示下，结合具体题目，说出/比划出商不变的规律，并运用规律计算被除数和除数末尾都有0的除法	9-1 根据每组第一题的商，直接写出下面两题的得数（见材料四）（语言/动作等提示）				
					9-2 计算下面各题，带*的要验算（见材料四）（语言/动作/视觉材料等提示）				

（续表）

一级目标	二级目标	三级目标	评估项目		评估内容/方法	评估记录	评估结果与分析		结论与建议
			序号	项目			得分	分析	
	1.2 能结合具体情境，选择适当的单位进行估算	1.2.1 能估算两、三位数除以两位数的结果	10	结合具体题目，估算两、三位数除以两位数的结果	10-1 估一估，算一算（见材料五）				
			11	在提示下，结合具体题目，估算两、三位数除以两位数的结果	11-1 估一估，算一算（语言/动作等提示）				
	1.3 能交流自己的算法，并表达自己的想法	1.3.1 能说出/比划出整十数，几百几十数除以整十数的口算算法（整除）	12	结合具体题目，说出/比划出整十数，几百几十数除以整十数的口算算法	12-1 填一填（见材料六）				
			13	在提示下，结合具体题目，说出/比划出整十数，几百几十数除以整十数的口算算法	13-1 填一填（见材料六）（语言/动作/视觉材料等提示）				

（续表）

一级目标	二级目标	三级目标	评估项目		评估内容/方法	评估记录	评估结果与分析		结论与建议
			序号	项目			得分	分析	
		1.3.2 能说出/比划出两、三位数除以两位数的笔算法	14	结合具体题目，说出/比划出两、三位数除以两位数的笔算算法	14-1 填空（见材料七）				
	1.4 能用两、三位数除以两位数解决生活中的简单的实际问题	1.4.1 能根据图意/题意，用两、三位数除以两位数解答简单的实际问题	15	在提示下，结合具体题目，说出/比划出两、三位数除以两位数的笔算算法	15-1 填空（见材料七）（语言/动作/视觉材料等提示）				
			16	结合情境图或题目，用两、三位数除以两位数的除法列式计算解答问题	16-1 根据图意/题意列式计算，解决问题（见材料八）				
			17	在提示下，结合情境图或题目，用两、三位数除以两位数的除法列式计算解答问题	17-1 根据图意/题意列式计算，解决问题（见材料八）（语言/动作/视觉材料等提示）				

（续表）

一级目标	二级目标	三级目标	评估项目		评估内容/方法	评估记录	评估结果与分析		结论与建议
			序号	项目			得分	分析	
		1.4.2 能根据图意/题意，用连除解答简单的实际问题	18	结合情境图或题意，用连除解答简单的实际问题	18-1 根据要求，列式解答问题（见材料九）				
			19	在提示下，结合情境图或题意，用连除解答简单的实际问题	19-1 根据要求，列式解答问题（见材料九）（语言/动作/视觉材料等提示）				
	1.5 认识中括号，能进行简单的整数四则混合运算（以两步为主，不超过三步）	1.5.1 能正确说出/比划出中括号的名称	20	正确说出中括号的名称	20-1 说出[ ]的名称				
			21	在提示下，正确说出中括号的名称	21-1 说出[ ]的名称（语言/动作等提示）				

（续表）

一级目标	二级目标	三级目标	评估项目		评估内容/方法	评估记录	评估结果与分析		结论与建议
			序号	项目			得分	分析	
		1.5.2 能计算不含括号的三步混合运算	22	正确计算不含括号的三步混合运算的题目	22-1 计算（见材料十）				
			23	在提示下，计算不含括号的三步混合运算的题目	23-1 计算（见材料十）（语言/动作等提示）				
		1.5.3 能计算有小括号的三步混合运算	24	正确计算有小括号的三步混合运算的题目	24-1 计算（见材料十一）				
			25	在提示下，计算有小括号的三步混合运算的题目	25-1 计算（见材料十一）（语言/动作等提示）				

(续表)

一级目标	二级目标	三级目标	评估项目		评估内容/方法	评估记录	评估结果与分析		结论与建议
			序号	项目			得分	分析	
		1.5.4 能计算含有中括号的三步混合运算	26	正确计算含有中括号的三步混合运算的题目	26-1 计算（见材料十二）				
	1.6 能经历与他人交流各自算法的过程，并能表达自己的想法	1.6.1 能说出/比划出/写出三步混合运算的运算顺序	27	在提示下，计算含有中括号的三步混合运算的题目	27-1 计算（见材料十二）（语言/动作等提示）				
			28	结合算式，说出/比划出/写出三步混合运算的运算顺序	28-1 说出带*算式的运算顺序（见材料十、材料十二）				
			29	在提示下，结合算式，说出/比划出/写出三步混合运算的运算顺序	29-1 说出带*算式的运算顺序（见材料十、材料十二）（语言/动作等提示）				

(续表)

一级目标	二级目标	三级目标	评估项目		评估记录	评估结果与分析		结论与建议
			序号	项目		得分	分析	
				评估内容/方法				
2 能解决简单的实际问题	1.7 能分析稍复杂的实际问题的数量关系,并列综合算式解答有关的三步计算的实际问题	1.7.1 能列综合算式解答相关的三步计算的实际问题	30	列综合算式解答相关的三步计算实际问题	30-1 列综合算式,解决问题(见材料十三)			
			31	在提示下,列综合算式解答相关的三步计算实际问题	31-1 列综合算式,解决问题(见材料十三)(语言/动作等提示)			
	2.1 能从条件和问题出发分析简单实际问题的数量关系	2.1.1 能用从条件出发的策略分析"两积之和"、"两积之差"的实际问题的数量关系	32	根据具体情境,从条件出发分析或问题出发分析"两积之和"、"两积之差"的数量关系	32-1 根据题意和图表信息,解决问题(见材料十四)			

71

（续表）

一级目标	二级目标	三级目标	评估项目		评估内容/方法	评估记录	评估结果与分析		结论与建议
			序号	项目			得分	分析	
		2.1.2 能用从条件出发分析"归一问题"的策略解决"归一问题"的数量关系	33	在提示下，根据具体情境，从条件出发分析"两积之和"、"两积之差"的数量关系	33-1 根据题意和图表信息，解决问题（见材料十四）（语言/动作等提示）				
			34	根据具体情境，能用从条件出发的策略解答"归一问题"的数量关系	34-1 根据题意和图表信息，解决问题（见材料十五）				
					34-2 根据题意解决问题（见材料十五）				
			35	在提示下，根据具体情境，能用从条件出发的策略解答"归一问题"的数量关系	35-1 根据题意和图表信息，解决问题（见材料十五）（语言/动作等提示）				
					35-2 根据题意解决问题（见材料十五）（语言/动作等提示）				

(续表)

一级目标	二级目标	三级目标	序号	评估项目 项目	评估内容/方法	评估记录	评估结果与分析 得分	分析	结论与建议
	2.2 能从条件和问题出发探寻解题思路,能掌握解决问题的一般步骤	2.2.1 能用从条件出发的策略解答"两积之和"、"两积之差"的三步计算的实际问题	36	根据具体情境,能用从条件出发的策略解答"两积之和""两积之差"三步实际问题	36-1 解决问题(见材料十四)				
			37	在提示下,根据具体情境,能用从条件出发的策略解答"两积之和""两积之差"三步计算实际问题	37-1 解决问题(语言/动作等提示)				
		2.2.2 能用从条件出发的策略解答"归一问题"等的三步计算的实际问题	38	根据具体情境,能用从条件出发的策略解答"归一问题"等的三步计算的实际问题	38-1 根据题意和图表信息,解决问题(见材料十五)				
					38-2 根据题意解决问题(语言/动作等提示)				

（续表）

一级目标	二级目标	三级目标	评估项目		评估内容/方法	评估记录	评估结果与分析		结论与建议
			序号	项目			得分	分析	
		2.2.3 能说出/比划出解决问题的一般步骤	39	在提示下，根据具体情境，能用从条件出发解决问题的策略解答"归一问题"等的三步计算的实际问题	39-1 根据题意和图表信息，解决问题（见材料十五）（语言/动作等提示）				
					39-2 根据题意解决问题（见材料十五）（语言/动作等提示）				
			40	说出/比划出解决问题的一般步骤	40-1 结合上题材料，说一说解决问题的一般步骤（见材料十五）				
			41	在提示下，说出/比划出解决问题的一般步骤	41-1 结合上题材料，说一说解决问题的一般步骤（见材料十五）（语言/动作等提示）				

(续表)

一级目标	二级目标	三级目标	评估项目		评估内容/方法	评估记录	评估结果与分析		结论与建议
			序号	项目			得分	分析	
3 探索规律	3.1 探索给定情境中隐含的规律或变化趋势	3.1.1 结合具体情境，能说出/比划出简单周期现象中的排列规律	42	结合具体情境，说出/比划出简单周期现象中的排列规律	42-1 用适当的方式表述简单的周期规律（见材料十六）				
			43	在提示下，结合具体情境，说出/比划出简单周期现象中的排列规律	43-1 用适当的方式表述简单的周期规律（见材料十六）（语言/视觉材料/动作等提示）				
		3.1.2 结合具体情境，能说出/比划出周期规律中某个序号代表的是什么物体	44	结合具体情境，说出/比划出周期规律中某个序号代表的物体	44-1 运用周期规律，解决问题（见材料十七）				
			45	在提示下，结合具体情境，说出/比划出周期规律中某个序号代表的物体	45-1 运用周期规律，解决问题（见材料十七）（语言/视觉材料/动作等提示）				

图形与几何领域

姓名：_____　　年级：_____　　评估者：_____　　评估日期：_____

一级目标	二级目标	三级目标	评估项目		评估记录	评估结果与分析		结论与建议
			序号	评估内容/方法		得分	分析	
1 能认识图形	1.1 能辨认从不同方向（前面、侧面、上面）看到的物体的形状图	1.1.1 能说出/比划出物体的前面、右面、上面	1	结合实例说出/指出物体的前面、右面、上面 1-1 回答问题（见材料一）				
			2	在提示下，结合实例说出/指出物体的前面、右面、上面（语言/动作提示）2-1 回答问题（见材料一）				

（续表）

一级目标	二级目标	三级目标	评估项目		评估内容/方法	评估记录	评估结果与分析		结论与建议
			序号	项目			得分	分析	
		1.1.2 能说出/比划出由几个相同的正方体摆成的长方体和正方体的前面、右面、上面的形状	3	结合实物图，说出/指出/画出由几个相同的正方体摆成的长方体和正方体的前面、右面、上面的形状	3-1 摆一摆，画一画（见材料二）				
			4	在提示下，结合实物图，说出/指出/画出由几个相同的正方体摆成的长方体和正方体的前面、右面、上面的形状	4-1 摆一摆，画一画（见材料二）（语言/动作提示）				

（续表）

一级目标	二级目标	三级目标	评估项目		评估内容/方法	评估记录	评估结果与分析		结论与建议
			序号	项目			得分	分析	
		1.1.3 能说出/比划出由几个相同的正方体摆成的组合体的前面、右面、上面的形状	5	结合图例，说出/指出由几个相同的正方体摆成的组合体的前面、右面、上面的形状	5-1 看一看，连一连（见材料三）				
			6	在提示下，结合图例，说出/指出由几个相同的正方体摆成的组合体的前面、右面、上面的形状	6-1 看一看，连一连（见材料三）（语言/动作提示）				

（续表）

一级目标	二级目标	三级目标	评估项目		评估内容/方法	评估记录	评估结果与分析		结论与建议
			序号	项目			得分	分析	
	1.2 结合实例了解线段、射线和直线	1.2.1 能说出/比划出射线和直线的特征	7	结合图例，说出/比划出射线和直线的特征	7-1 填空（见材料四）				
			8	在提示下，结合图例，说出/比划出射线和直线的特征	8-1 填空（见材料四）（语言/动作提示）				
		1.2.2 能说出/比划出线段、射线和直线之间的联系和区别	9	结合图例，说出/比划出线段、射线和直线的联系和不同点	9-1 填空（见材料四）				
			10	在提示下，结合图例，说出/比划出线段、射线和直线的联系和不同点	10-1 填空（见材料四）（语言/动作提示）				

（续表）

一级目标	二级目标	三级目标	评估项目		评估内容/方法	评估记录	评估结果与分析		结论与建议
			序号	项目			得分	分析	
	1.3 体会两点间所有连线中线段最短，知道两点间的距离	1.3.1 能说出/比划出两点间的距离的含义	11	结合图例，说出/比划出两点间的距离的含义	11-1 回答问题（见材料五）				
			12	在提示下，结合图例，说出/比划出两点间的距离的含义	12-1 回答问题（见材料五）（语言/动作提示）				
	1.4 知道与了解平角、丁角、平角、钝角、直角、锐角之间的大小关系	1.4.1 能说出/比划出角的特征	13	结合图例，说出/比划出角的特征	13-1 看图回答问题（见材料六）				
			14	在提示下，结合图例，说出/比划出角的特征	14-1 看图回答问题（见材料六）（语言/动作提示）				

（续表）

一级目标	二级目标	三级目标	评估项目		评估内容/方法	评估记录	评估结果与分析		结论与建议
			序号	项目			得分	分析	
		1.4.2 能说出/比划出锐角、直角、钝角的特征	15	结合图例，说出/比划出锐角、直角、钝角的特征	15-1 说一说，填一填（见材料七）				
			16	在提示下，结合图例，说出/比划出锐角、直角、钝角的特征	16-1 说一说，填一填（语言/动作提示）				
		1.4.3 能在具体情境中，指出/说出平角、周角	17	结合具体情境，说出/指出平角和周角	17-1 说一说，填一填（见材料八）				
			18	在提示下，结合具体情境中，说出/指出平角和周角	18-1 说一说，填一填（语言/动作提示）				

（续表）

一级目标	二级目标	三级目标	评估项目		评估内容/方法	评估记录	评估结果与分析		结论与建议
			序号	项目			得分	分析	
		1.4.4 能用量角器量出角的度数	19	用量角器量出角的度数	19-1 用量角器量出上面角的度数（见材料七）				
			20	在提示下，用量角器量出角的度数	20-1 用量角器量出上面角的度数（见材料七）（语言/动作提示）				
		1.4.5 能用量角器画出指定度数的角	21	用量角器画出指定度数的角	21-1 用量角器分别画出30°、45°和120°的角（见材料九）				
			22	在提示下，用量角器画出指定度数的角	22-1 用量角器分别画出30°、45°和120°的角（见材料九）（语言/动作示范等提示）				

（续表）

一级目标	二级目标	三级目标	评估项目		评估内容/方法	评估记录	评估结果与分析		结论与建议
			序号	项目			得分	分析	
	1.5 结合生活情境了解平面上两条直线的平行和垂直的关系	1.5.1 能说出/比划出平面上两条直线的相交（垂直）关系	23	结合图例，说出/比划出平面上两条直线是相交（垂直）的关系	23-1 回答问题（见材料十）				
			24	在提示下，结合图例，说出/比划出同一平面上两条直线是相交（垂直）的关系	24-1 回答问题（见材料十）（语言/动作提示）				
		1.5.2 能说出/比划出平面上两条直线的平行关系	25	结合图例，说出/比划出平面上两条直线是互相平行的关系	25-1 回答问题（见材料十一）				
			26	在提示下，结合图例，说出/比划出平面上两条直线是互相平行的关系	26-1 回答问题（见材料十一）（语言/动作提示）				

（续表）

一级目标	二级目标	三级目标	评估项目		评估内容/方法	评估记录	评估结果与分析		结论与建议
			序号	项目			得分	分析	
		1.5.3 能用直尺和三角尺画垂线	27	用直尺和三角板画一条直线的垂线	27-1 用直尺和三角板画出下面直线的垂线（见材料十二）				
			28	在提示下，用直尺和三角板画一条直线的垂线	28-1 用直尺和三角板画出下面直线的垂线（见材料十二）（语言/动作提示）				
		1.5.4 能用直尺和三角板画平行线	29	用直尺和三角板画一条直线的平行线	29-1 用直尺和三角板画出下面直线的平行线（见材料十二）				
			30	在提示下，用直尺和三角板画一条直线的平行线	30-1 用直尺和三角板画出下面直线的平行线（见材料十二）（语言/动作提示）				

（续表）

一级目标	二级目标	三级目标	序号	项目	评估内容/方法	评估记录	得分	分析	结论与建议
		1.5.5 能结合图例，说出/比划出点到直线的距离	31	结合图例，说出/比划出点到直线的距离	31-1 回答问题（见材料十三）				
			32	在提示下，结合图例，说出/比划出点到直线的距离	32-1 回答问题（见材料十三）(语言/动作提示)				
		1.5.6 能确定和测量点到直线的距离	33	确定和测量点到直线的距离	33-1 画出点 A 到直线的垂直线段，并量出点 A 到直线的距离（见材料十四）				
			34	在提示下，确定和测量点到直线的距离	34-1 画出点 A 到直线的垂直线段，并量出点 A 到直线的距离（见材料十四）(语言/动作提示)				

（续表）

一级目标	二级目标	三级目标	评估项目		评估内容/方法	评估记录	评估结果与分析		结论与建议
			序号	项目			得分	分析	
2 测量	2.1 通过实例了解体积（包括容积）的意义及度量单位升、毫升	2.1.1 能结合实例，说出/比划出容量的含义	35	结合实例，说出/比划出容量的含义	35-1 回答问题（见材料十五）				
			36	在提示下，结合实例，说出/比划出容量的含义	36-1 回答问题（见材料十五）（语言/动作提示）				
		2.1.2 能在具体情境中，说出/比划出1升的容量	37	结合操作，说出/比划出1升的容量	37-1 实践操作（见材料十六）				
			38	在提示下，结合操作，说出/比划出1升的容量	38-1 实践操作（见材料十六）（语言/动作提示）				

（续表）

一级目标	二级目标	三级目标	评估项目		评估内容/方法	评估记录	评估结果与分析		结论与建议
			序号	项目			得分	分析	
		2.1.3 能在具体情境中，说出/比划出1毫升的容量	39	结合操作，说出/比划出1毫升的容量	39-1 实践操作（见材料十六）				
			40	在提示下，结合操作，说出/比划出1毫升的容量	40-1 实践操作（见材料十六）（语言/动作提示）				
	2.2 能进行单位升、毫升之间的换算	2.2.1 能说出/比划升和毫升之间的进率	41	说出/比划出升和毫升之间的进率	41-1 说一说，填一填（见材料十七）				
			42	在提示下，说出/比划出升和毫升之间进率	42-1 说一说，填一填（见材料十七）（语言/动作提示）				

（续表）

一级目标	二级目标	三级目标	序号	评估项目 项目	评估内容/方法	评估记录	评估结果与分析		结论与建议
							得分	分析	
		2.2.2 能进行升和毫升之间的单位换算	43	进行升和毫升之间的单位换算	43-1 填空（见材料十八）（语言/动作提示）				
			44	在提示下，进行升和毫升之间的单位换算	44-1 填空（见材料十八）（语言/动作提示）				
	2.3 能在具体情境中恰当地选择容量单位	2.3.1 能结合生活经验，选择升和毫升作单位表示容量的多少	45	结合生活经验，选择升和毫升作单位表示容量的多少	45-1 在括号里填上"升"或"毫升"（见材料十八）（语言/动作提示）				
			46	在提示下，结合生活经验，选择升和毫升作单位表示容量的多少	46-1 在括号里填上"升"或"毫升"（见材料十八）（语言/动作提示）				

统计与概率领域

姓名：_____ 年级：_____ 评估者：_____ 评估日期：_____

一级目标	二级目标	三级目标	评估项目		评估内容/方法	评估记录	评估结果与分析		结论与建议
			序号	项目			得分	分析	
1 简单数据统计过程	1.1 认识统计表和条形统计图	1.1.1 能结合实例，说出/比划出统计表的名称及结构	1	结合实例，说出/比划出统计表的名称及结构	1-1 观察表格并填空（见材料一）				
			2	在提示下，结合实例，说出/比划出统计表的名称及结构	2-1 观察表格并填空（见材料一）（语言/动作等提示）				
		1.1.2 能结合实例，说出/比划出条形统计图的名称及结构	3	结合实例，说出/比划出条形统计图的名称及结构	3-1 观察统计图并填空（见材料二）				
			4	在提示下，结合实例，说出/比划出条形统计图的名称及结构	4-1 观察统计图并填空（见材料二）（语言/动作等提示）				

（续表）

一级目标	二级目标	三级目标	评估项目		评估内容/方法	评估记录	评估结果与分析		结论与建议
			序号	项目			得分	分析	
	1.2 能用统计表、条形统计图，直观、有效地表示数据	1.2.1 能分段整理数据	5	根据具体情境按要求分段整理数据	5-1 用划"正"字的方法按要求分段整理数据（见材料三）				
			6	在提示下，根据具体情境按要求分段整理数据	6-1 用划"正"字的方法整理数据（见材料三）（语言/动作等提示）				
		1.2.2 能用统计表直观、有效地表示数据	7	用统计表直观、有效地表示数据	7-1 根据整理好的数据完成统计表（见材料三）				
			8	在提示下，用统计表直观、有效地表示数据	8-1 根据整理好的数据完成统计表（见材料三）（语言/动作等提示）				
		1.2.3 能用条形统计图直观、有效地表示数据	9	用条形统计图直观、有效地表示数据	9-1 根据整理好的统计表制作条形统计图（见材料三）				

（续表）

一级目标	二级目标	三级目标	评估项目		评估内容/方法	评估记录	评估结果与分析		结论与建议
			序号	项目			得分	分析	
		1.2.4 能结合具体情境下的统计表对简单数据进行分析和解释	10	在提示下，用条形统计图直观、有效地表示数据	10-1 根据整理好的条形统计图制作条形统计图（见材料三）（语言/动作等提示）				
			11	说出/比划出具体情境下统计表中数据的含义	11-1 看表回答问题（见材料一）				
			12	在提示下，说出/比划出具体情境下统计表中数据的含义	12-1 看表回答问题（见材料一）（语言/动作等提示）				
		1.2.5 能结合具体情境下的条形统计图对简单数据进行分析和解释	13	说出/比划出具体情境下条形统计图中数据的含义	13-1 看图回答问题（见材料二）				
			14	在提示下，说出/比划出具体情境下条形统计图中数据的含义	14-1 看图回答问题（见材料二）（语言/动作等提示）				

（续表）

一级目标	二级目标	三级目标	评估项目		评估内容/方法	评估记录	评估结果与分析		结论与建议
			序号	项目			得分	分析	
	1.3 初步理解平均数的意义，会求平均数	1.3.1 能结合具体情境说出/比划出平均数的意义	15	结合具体情境说出/比划出平均数的意义	15-1 按要求选方法（见材料四）				
			16	在提示下，结合具体情境说出/比划出平均数的意义	16-1 按要求选方法（见材料四）（语言/动作等提示）				
		1.3.2 能结合具体情境，算出简单数据的平均数	17	结合具体情境，算出简单数据的平均数	17-1 看图回答问题（见材料四）				
			18	在提示下，结合具体情境，算出简单数据的平均数	18-1 看图回答问题（见材料四）（语言/动作等提示）				

（续表）

一级目标	二级目标	三级目标	评估项目		评估内容/方法	评估记录	评估结果与分析		结论与建议
			序号	项目			得分	分析	
	1.4 能应用平均数解释一些生活现象，解决一些简单实际问题	1.4.1 能用平均数描述、分析和比较数据，解释简单生活现象	19	通过比较平均数，说出/比划出简单生活现象	19-1 看图回答问题（见材料四）				
			20	在提示下，通过比较平均数，说出/比划出简单生活现象	20-1 看图回答问题（见材料四）（语言/动作等提示）				
		1.4.2 能用平均数解决具体情境中的简单问题	21	用平均数解决具体情境中的简单问题	21-1 根据题意，列式计算（见材料五）				
			22	在提示下，用平均数解决具体情境中的简单问题	22-1 根据题意，列式计算（见材料五）（语言/动作等提示）				

（续表）

一级目标	二级目标	三级目标	评估项目		评估内容/方法	评估记录	评估结果与分析		结论与建议
			序号	项目			得分	分析	
	1.5 能解释统计结果，根据结果作出简单的判断和预测，并能进行交流	1.5.1 能结合生活经验，解释统计结果	23	结合生活经验，在具体情境下解释统计结果	23-1 回答问题（见材料六）				
			24	在提示下，结合生活经验，在具体情境下解释统计结果	24-1 回答问题（语言/动作等提示）				
		1.5.2 能根据计算结果，进行简单的判断和预测	25	根据统计结果，进行简单的判断和预测	25-1 回答问题（见材料六）				
			26	在提示下，根据统计结果，进行简单的判断和预测	26-1 回答问题（语言/动作等提示）				

（续表）

一级目标	二级目标	三级目标	评估项目		评估内容/方法	评估记录	评估结果与分析		结论与建议
			序号	项目			得分	分析	
2 能认识随机现象发生的可能性	2.1 结合具体情境，了解简单的随机现象	2.1.1 能结合具体情境，用"一定""不可能""可能"描述简单事件发生的确定性和不确定性	27	结合具体情境，说出/比划出事件发生的确定性和不确定性	27-1 回答问题（见材料七）				
			28	在提示下，结合具体情境，说出/比划出事件发生的确定性和不确定性	28-1 回答问题（见材料七）（语言/动作等提示）				
	2.2 能列出简单的随机现象中所有可能发生的结果	2.2.1 在具体情境中能简单列举随机现象中所有可能发生的结果	29	说出/比划出具体情境中随机现象所有可能发生的结果	29-1 回答问题（见材料七）				
			30	在提示下，说出/比划出具体情境中随机现象所有可能发生的结果	30-1 回答问题（见材料七）（语言/动作等提示）				

(续表)

一级目标	二级目标	三级目标	评估项目		评估内容/方法	评估记录	评估结果与分析		结论与建议
			序号	项目			得分	分析	
	2.3 通过试验、游戏等活动，感受随机现象结果发生的可能性是有大小的，能对一些简单的随机现象发生的可能性大小作出定性描述，并能进行交流	2.3.1 在具体情境中，能对一些简单的随机现象发生的可能性的大小做出定性描述	31	说出/比划出具体情境中随机现象发生的可能性大小	31-1 回答问题（见材料七）				
			32	在提示下，说出/比划出具体情境中随机现象发生的可能性大小	32-1 回答问题（见材料七）（语言/动作等提示）				

数学·四年级
（下册）

编写人员：

芮代琴　刘加芳　刘　婷　赵　敏　宋晓杰　翁丽丽

李月月　茅　成　吴振兰

学　　校：_____　　年　　级：_____
姓　　名：_____　　出生日期：_____
评 估 者：_____　　评估时间：_____

评估标准：

3分：独立完成单一知识/技能；或独立完成多重知识/技能100%。

2分：独立完成或在单一支持下完成多重知识/技能60%及以上；或在单一支持下完成单一知识/技能。

1分：独立完成或在多重支持下完成多重知识/技能20%～60%以内；或在多重支持下完成单一知识/技能。

0分：独立完成或在多重支持下完成多重知识/技能20%以下；或在多重支持下无法完成单一知识/技能。

使用指南

一、设计思路

四年级下册数学课程评估手册一共分为数与代数、图形与几何两个领域，每个领域的目标由一级目标、二级目标和三级目标组成。数与代数领域一级目标3个，二级目标10个，三级目标42个，评估项目85项；图形与几何领域一级目标4个，二级目标11个，三级目标35个，评估项目70项。一级目标、二级目标均来自第二学段（4~6年级）义务教育数学课程标准，三级目标是结合现行三年级上册数学教材对二级目标分解而来。每个三级目标下设计有2~3个评估项目，同一个三级目标下的评估项目是按照由独立到提示或按难易度排列。

例如：图形与几何领域中三级目标"1.1.1能说出／比划出三角形的含义和特征，并能识别三角形"下，有两个评估项目，"1.说出／比划出三角形的基本特点"，这是评估学生能否独立说出或者比划出"三角形有三条边、三个角、三个顶点，是由三条线段首尾相接围成的图形"这一特点；"2.在提示下，说出／比划出三角形的基本特点"这是评估学生在不能独立说出或者比划出三角形的基本特点时，在评估者语言、动作等提示下，能否说出或比划出三角形的基本特点。每个评估项目后列出了对应的评估内容/方法，说明评估什么、用什么评估、怎么评估。

二、操作方法

评估时，评估者先从第一个评估项目开始，如果被评估学生在该评估项目上全部通过，直接跳到下一个三级目标的评估项目"1"继续评估，依次类推。对通过的项目在评估手册的"评估记录"栏中记录评估结果，例如："说出／比划出三角形的基本特点"，这一项目是多重知识评估，如果学生能说出或比划出"材料一"中的填空题和判断所给图形是不是三角形所有题目，根据评分标准，在得分栏记3分，在"评估结果与分析"栏中说明该生已经掌握三角形的基本特点，学习目标已达成，这也是学生的现有能力水平，建议该生可以进入后面关联知识的学习。

如果被评估学生在评估项目1（独立完成项目）没有全部通过，就进入评估项目2（提示下完成项目）继续评估未通过的评估内容。如果在单一提示下完成多重知识的60%及以上，记2分；如果在两至三种提示下完成多重知识的20%~60%，记1分；如果在多重提示下完成多重知识的20%以下，记0分；同时在评估材料中标注没有通过的评估题目。将评估结果填写在评估手册的"评估结果与分析"栏中并做分析。2分项和1分项是学生可接近性学习目标，从中优先选择迫切需要学习的项目，作为下一阶段的学习目标，填写在"结论与建议"中。

三、评估例举

（一）数与代数领域

1. 三级目标1.1.1中，"在提示下"是指语言、视觉等提示方式，如：一万一万地数，从六百九十五万数到七百零三万。语言提示：像这样数，九百六十五万，九百六十六万，九百六十七万，你接着数；视觉提示：评估者在算盘上拨出并说出六百九十五万，接着在万位上拨一颗珠问现在是多少万？继续拨珠数，在操作700万拨珠时，评估者再提示满十进一换珠法，帮助学生完成评估。

2. 三级目标1.1.2中，"在提示下"是指语言、动作等提示方式，如填写数位顺序表，语言提示：评估者指着数位顺序表说个位、十位，接着是哪一位呢，提示学生说下去；动作提示：在右边个位上打上☆，填写"个位、十位"，学生接着说/填写，帮助完成评估。

3. 三级目标1.1.3中，"在提示下"是指语言、视觉等评估方式，如：6个千万、2个万和7个十组成的数是（　　）。语言提示：6个千万就是在算盘上先找到千万位，再在千万位上拨6个珠，照这个方法，请你在算盘上继续拨珠再说出这个数；视觉提示：评估者在算盘图千万位上写6，让评估对象仿照着继续写，说出是什么数，帮助学生完成评估。

4. 三级目标1.1.4中，"在提示下"是指语言、视觉等提示方式，如7579238198读作：_____。语言提示：从右边开始，4个数字一组分一分，再读出这个数；视觉提示：评估者用斜线分出数级，如757/9238/198，标出个级、万级、亿级，提示学生完成评估。

5. 三级目标1.1.5中，"在提示下"是指语言、视觉等提示方式，如三千零六亿二千零三十万写作：_____。语言提示：三千零六亿就是在亿级上写3006，二千零三十万怎么写呢？视觉提示：圈出"亿"和"万"字，提示评估对象写出亿前面的数，万前面的数及万后面的数，帮助学生完成评估。

6. 三级目标1.1.6中，"在提示下"是指语言、视觉等提示方式，如在算盘上拨出/在算盘图上涂出63856385。语言提示：指63856385的个位上的"5"，在算盘上拨5颗珠/在算盘图上涂5颗珠，请你接着做；视觉提示：把这些数字贴在/写在算盘/算盘图上，提示操作，帮助学生完成评估。

7. 三级目标1.1.7中，"在提示下"是指语言、视觉等提示方式，如用"万"作单位改写

41000000，用"亿"作单位改写680000000000。语言提示：把41000000右边4个0去掉，可写作4100万，680000000000右边8个0去掉，可写作6800亿，像这样继续改写各个数；视觉提示：评估者在41000000右边划掉4个0，再添"万"字，680000000000右边划掉8个0，再添"亿"字，仿照此方法继续改写，帮助学生完成评估。

8. 三级目标1.1.8中，"在提示下"是指语言、视觉等提示方式，如比较380亿和38070000000的大小。语言提示：把38070000000改写成用亿做单位的数，再比一比；视觉提示：380亿=380 0000 0000，提示再比一比，帮助学生完成评估。

9. 三级目标1.1.9中，"在提示下"是指语言、视觉等提示方式，如区分准确数与近似数。语言提示：用"约、大约、接近"等词语表述的数是近似数；读一读，找出近似数；视觉提示：先圈出一个近似数中的表述词语，如"大约"，帮助学生完成评估。

10. 三级目标1.1.10中，"在提示下"是指语言、视觉等提示方式，评估者用语言或画标识等提示，如用"四舍五入"法求一个数的近似数。语言提示：结合某一个数，描述用"四舍五入"求一个数的近似数的方法；视觉提示：圈出千位上/千万位上的数，提示学生想"四舍五入"法求近似数的方法，帮助完成评估。

11. 三级目标1.2.1中，"在提下示"是指语言、动作等提示方式，语言提示：说出克、千克、吨之间的进率，引导推理；视觉提示：圈出题中数字，写出推理关系，帮助学生完成评估。

12. 三级目标2.1.1中，"熟练口算"指的是学生在正确算出得数的前提下，能达到每分钟4~6题；"正确口算"指的是只要正确算出得数即可，速度上没有过高要求；"在提示下"指评估者通过语言或动作等提示方式，帮助学生完成评估。

13. 三级目标2.1.2中，用竖式进行计算，学生既要规范书写竖式，也要正确计算，并要在横式后面写上得数，则为正确完成一道题目。"在提示下"指评估者通过语言或动作等提示方式，如语言提示：写竖式时要位数多的放在上面，数位对齐，先乘个位，再乘十位，帮助学生完成评估。

14. 三级目标2.2.1中，"在提示下"指评估者通过语言或动作等提示方式，如语言提示：可以把0盖住，先算（ ）×（ ）？然后再把盖住的0添上去，帮助学生完成评估。

15. 三级目标2.2.2中，"在提示下"指评估者通过语言或动作等提示方式，如语言提示：先算6×128，就表示（ ）个128呢？十位的3表示多少？再算30×128，就表示（ ）个128呢？帮助学生完成评估。

16. 三级目标2.3.1中，"在提示下"指评估者通过语言或视觉等提示方式，如语言提示：总价=单价×数量，单价=总价÷数量，数量=总价÷单价，也可以写在纸上，帮助学生完成评估。

17. 三级目标2.3.2中，"在提示下"指评估者通过语言或视觉等提示方式，如语言提示：这里的单价是24元每箱，数量是113箱，根据总价=单价×数量，可以列式为_____，帮助学生完成评估。

18. 三级目标2.3.3中，"在提示下"指评估者通过语言或视觉等提示方式，如语言提示：路程=速度×时间，时间=路程÷速度，速度=路程÷时间，也可以写在纸上，帮助学生完成评估。

19. 三级目标2.3.4中，"在提示下"指评估者通过语言或视觉等提示方式，如语言提示：这里的速度是245米每秒，时间是25秒，根据路程=速度×时间，可以列式为_____，帮助学生完成评估。

20. 三级目标2.4.1中，"在提示下"指评估者通过语言或视觉等提示方式，如语言提示：这三道算式的第一个乘数有什么变化，第二个乘数呢？积又有什么变化？帮助学生完成评估。

21. 三级目标2.4.2中，"在提示下"指评估者通过语言或视觉等提示方式，如语言提示：第一个乘数都是46，第二个乘数乘10，得到的积就等于原来的积乘10，所以第二道算式的积是（   ），帮助学生完成评估。

22. 三级目标2.5.1中，"在提示下"指评估者通过语言、动作或实物等提示方式，如实物提示：评估者拿出计算器，按下按键，打开计算器，引导学生说出这是开机键，帮助学生完成评估。

23. 三级目标2.5.2中，"在提示下"指评估者通过语言或动作等提示方式，如语言提示：从左往右按顺序按键计算，帮助学生完成评估。

24. 三级目标2.5.3中的项目题目要求用递等式计算，"在提示下"指评估者通过语言或动作等提示方式，如语言提示：先用计算器计算先算的部分，或者用"_____"画出先计算的部分，帮助学生完成评估。

25. 三级目标2.5.4中的项目题目要求先读懂题意再列示用计算器计算，"在提示下"指评估者通过语言或动作等提示方式，帮助学生完成评估。

26. 三级目标2.5.5中，"在提示下"指评估者通过语言或动作等提示方式，如语言提示：看37×3=111，37×6=222，37×9=333，37×12=444，这些算式中乘数和积有什么变化规律，帮助学生完成评估。

27. 三级目标2.6.1、2.6.2、2.6.3、2.6.4、2.6.5中，"在提示下"指评估者通过语言或动作等提示方式，帮助学生完成评估。

28. 三级目标2.6.6、2.6.7、2.6.8、2.6.9、2.6.10中，项目题目要求用简便方法进行计算，"在提示下"指评估者通过语言或动作等提示方式，如语言提示：92+74+8，用加法交换律计算，帮助学生完成评估。

29. 三级目标2.6.11中，"在提示下"指评估者通过语言或动作等提示方式，如74-2/75-2第（1）题，要求购买45套这样的桌椅要花多少元钱，可以先求出一套桌椅钱再求45套桌椅钱；也可以先求45套桌子的钱，再求45套椅子的钱，最后求45套桌椅的钱，帮助学生完成评估。

30. 三级目标3.1.1中，"在提示下"指评估者通过语言、动作等提示方式，如语言提示：上面一条线段表示什么？下面一条较长的线段表示什么？多出的一段又表示什么？括线表示什么？从50个里去掉8个求出的是什么；动作提示：盖住多出的8个帮助学生直观感受，或者添上8个，并问求出的是什么；教师示范画线段，配合语言描述：王晓东买了7本，何明买了4本，哪个买得多线段就要比另一个长，多出来的部分就是多花的15元，帮助学生完成评估。

31. 三级目标3.1.2和3.2.2中，"在提示下"指评估者通过语言、画图等提示方式，如语言描述加教师示范：先画长方形（教师示范），宽减少4米，应该在宽（短边）减少，指出减少的面积，帮助学生完成评估。

32. 三级目标3.2.1、三级目标3.2.2和三级目标3.2.3中，"在提示下"指评估者通过语言、画图等提示方式，帮助学生完成评估。

（二）图形与几何

1. 三级目标1.1.1中，"在提示下"指评估者通过语言、动作等提示方式，如语言提示：第（1）题在图形中找一找边、角和顶点，数一数各有几个；第（2）题指着2-2中的图④问，这是不是三角形？为什么呢？帮助学生完成填空；动作提示：指着2-1中的内容，提示学生对照2-1完成2-2中题目，帮助学生完成评估。

2. 三级目标1.1.2中，"在提示下"指评估者通过语言、动作等提示方式，如语言提示：三角形的高是从一个顶点到对边的垂直线段，这个图中哪条线段是高呢？帮助学生完成评估。

3. 三级目标1.1.3中，"在提示下"指评估者通过语言、动作等提示方式，如动作示范：用直尺和三角尺画出一条边上的高，让学生完成另外一条边上的高，帮助学生完成评估。

4. 三级目标1.1.4中，"在提示下"指评估者通过语言、动作等提示方式，如动作提示：提供一些小棒，让学生用小棒试着拼三角形，再问一问什么样的可以拼出三角形，回答8-1。也可以先用小棒试着解决8-2，再回过来做8-1。从而帮助学生完成评估。

5. 三级目标1.1.5中，"在提示下"指评估者通过语言、动作等提示方式，如动作提示：让学生将一个三角形中的三个角通过剪、撕或折的方法拼在一起，帮助学生完成评估。

6. 三级目标1.1.6中，"在提示下"指评估者通过语言、图形等提示方式，如提供三种类型的三角形图形，语言提示：找一找这三种三角形中最大的角，说说它是什么角，按照角的特点，三角形可以怎么分类呢？帮助学生完成评估。

7. 三级目标1.1.7中，"在提示下"指评估者通过语言、图形等提示方式，如语言提示：观察这个锐角三角形，它有几个锐角？直角三角形有几个直角？钝角三角形有几个钝角？帮助学生完成评估。

8. 三级目标1.1.8中，"在提示下"指评估者通过语言、图形、学具等提示方式，如提供等腰三角形和等边三角形图形或卡纸，并语言提示：观察这两种三角形，动手量一量、比一比、折一折，判断思考题中说法是否正确？帮助学生完成评估。

9. 三级目标1.2.1中，"在提示下"指评估者通过语言、图形等提示方式，如语言提示：找一找或想一想身边的平行四边形，在方格纸上画出一个平行四边形；图形提示：提供一个标准的平行四边形，提示学生观察后填空等，帮助学生完成评估。

10. 三级目标1.2.2中，"在提示下"指评估者通过语言、动作等提示方式，如语言提示：平行四边形的高是从一边上的一个点到对边的垂直线段，观察图形，指出高和它的底，帮助学生完成评估。

11. 三级目标1.2.3中，"在提示下"指评估者通过语言、动作等提示方式，如语言提示：想一想三角形的高的做法，看一看材料八的图形，做出这个底边上的高，帮助学生完成评估。

12. 三级目标1.3.1中，"在提示下"指评估者通过语言、动作等提示方式，如语言提示：数一数梯形有几条边，有几个角，上下两条边平行吗？左右两条边平行吗？动作提示：测量上底和下底的长度，帮助学生完成评估。

13. 三级目标1.3.2中，"在提示下"指评估者通过语言、动作等提示方式，如语言提示：对照梯形的特点，先找一找梯形，再指出梯形的上下底和腰，帮助学生完成评估。

14. 三级目标1.3.3中，"在提示下"指评估者通过语言、动作等提示方式，如动作示范：做一条梯形的高，并语言提示：老师做出的这条垂线段称作梯形的什么？你可以再做一条吗？帮助学生完成评估。

15. 三级目标1.3.4中，"在提示下"指评估者通过语言、图形等提示方式，如图形提示：提供一个等腰梯形的图形，测一测两腰的长度，帮助学生完成30-1的评估；语言提示：根据等腰梯形的特点作图，注意保证两个腰相等，高是6 cm，帮助学生完成30-2的评估。

16. 三级目标2.1.1中，"在提示下"指评估者通过语言、动作等提示方式，如语言提示：前面我们知道三角形的内角和是180°，如果把多边形切割成三角形，数一数三角形的个数就知道多边形的内角和了；动作提示：把四边形分割成两个三角形等，帮助学生完成评估。

17. 三级目标2.1.2中，"在提示下"指评估者通过语言、动作等提示方式，如语言提示：把一个多边形切割成我们熟悉的图形，就可以算出多边形的内角和，说说你是怎么做的，引导学生分析，帮助学生完成评估。

18. 三级目标3.1.1中，"在提示下"指评估者通过语言、动作等提示方式，如语言提示：平移是指图形大小和形状不变，图形沿着一个方向平行移动；动作提示：评估者对照图案用手比划图形的运动特点，帮助学生完成评估。

19. 三级目标3.1.2中，"在提示下"指评估者通过语言、动作等提示方式，如语言提示：旋转是指图形大小和形状不变，图形围绕一个点，进行转动；动作提示：对照图案用手比划图形的运动特点，帮助学生完成评估。

20. 三级目标3.1.3中，"在提示下"指评估者通过语言、动作等提示方式，如语言提示：找准图形的某一对应点来数一数移动了几格；动作提示：评估者固定某一对应点，用手引导学生数一数移动了几格，帮助学生完成评估。

21. 三级目标3.1.4中，"在提示下"指评估者通过语言、画辅助线、动作等提示方式，如语言提示：围绕点A，以某一边为例，看看旋转后形成的角度；动作提示：用笔描出图形某一对应边前后的位置，观察旋转形成的角度，帮助学生完成评估。

22. 三级目标3.2.1中，"在提示下"指评估者通过语言、动作、示范操作等提示方式，如语言提示：先将图形的每一点按照要求进行平移；动作提示：做一个点的平移示范，如果学生移动方向分不清，可以用手比划或标上箭头进行提示，帮助学生完成评估。

23. 三级目标3.2.2中，"在提示下"指评估者通过语言、动作、示范操作等提示方式，如语言提示：将某一边围绕点A按要求旋转；动作提示：做一条边的旋转示范，如果学生旋转方向分不清，可以用手比划或标上箭头进行提示，帮助学生完成评估。

24. 三级目标3.3.1中，"在提示下"指评估者通过语言、动作等提示方式，如语言提示：两侧的图形完全重合就是（可以用口型提示"轴对称"）；动作演示：现场折纸表示两侧完全重合或用手比划出完全重合，帮助学生完成评估。

25. 三级目标3.3.2中，"在提示下"指评估者通过语言、动作等提示方式，如语言提示：你可以在图形上画一条辅助线，看看两侧图形是否可以完全重合；动作提示：给学生一张图形纸，动手折一折，看看两侧图形是否可以完全重合，帮助学生完成评估。

26. 三级目标3.4.1和3.4.2中，"在提示下"指评估者通过语言、动作等提示方式，如语言提示：画出图形中一组对应点所在线段的垂直平分线，看看两侧图形是否完全重合；动作提示：用手在图形中比划一条线，引导学生观察两侧是否完全对称，帮助学生完成评估。

27. 三级目标3.5.1中，"在提示下"指评估者通过语言、动作等提示方式，如语言提示：以对称轴为中心，描出每个对应点的位置，再把描出的点连起来；动作提示：用手比划出图形的另一半的样子给予提示，帮助学生完成评估。

28. 三级目标3.6.1中，"在提示下"指评估者通过语言、动作等提示方式，如语言提示：找出图案中相同的图形，看看它通过怎样运动得到现在的图案；动作提示：用手比划图案中基本图形的运动轨迹，引导学生观察图形通过怎样运动得到现在的图案的，帮助学生完成评估。

29. 三级目标3.6.2中的试题，如果学生前面的试题难以完成，这题也就无需再测。评估时，先问学生用哪种形式进行设计，再给予具体的指导。"在提示下"是指评估者通过语言、动作等提示方式，如语言提示：将这个图形水平移动或者上下垂直移动，还可以沿着斜线移动；动作提示：用手比划移动的方式，帮助学生完成评估。

30. 三级目标4.1.1中四个试题，可以先评估第（3）、第（4）题，若两题都通过，前面两题可以不用测评，若两题都没有通过，则继续评估上一题。"在提示下"指评估者通过语言、动作等提示方式，如语言提示：（指着同学座位比划）竖排叫做列，横排叫什么呢？或口型提示"列""行"，帮助学生完成评估。

31. 三级目标4.1.2中"在提示下"指评估者通过语言、动作等提示方式，如语言提示：数对中前面的数表示第几列，后面的数表示第几行；动作提示：结合表格图比划出第3列、第5行，帮助学生完成评估。

32. 三级目标4.1.3、4.1.4，可以先评估4.1.4中的试题，若学生能通过所有题目，4.1.3就不用测评，若学生有困难，再用4.1.3中的试题作为提示，帮助学生完成评估。

33. 三级目标4.1.5中，"在提示下"指评估者通过语言、动作等提示方式，如语言提示：先看列，再看行；动作提示：按"先看列，再看行"的顺序，比划出数对的位置，帮助学生完成评估。

数与代数领域

姓名：_____　　年级：_____　　评估者：_____　　评估日期：_____

一级目标	二级目标	三级目标	评估项目		评估内容/方法	评估记录	评估结果与分析		结论与建议
			序号	项目			得分	分析	
1 认识多位数	1.1 结合具体情境，能认识万以上的数，了解十进制计数法，能用万、亿为单位表示万以上的数	1.1.1 结合具体情境，能数出/比划出万以上的数	1	在算盘上正确数出万以上的数	1-1 在算盘上一边拨珠一边数（见材料一）				
			2	在提示下，在算盘上正确数出万以上的数	2-1 在算盘上一边拨珠一边数（语言/视觉/动作等提示）				
		1.1.2 结合算盘，能说出/写出千亿以内的数位顺序表，并能划出万级和亿级的计数单位	3	正确说出/写出千亿以内的数位顺序表和相应的计数单位	3-1 说出/填写出数位顺序表并回答问题（见材料二）				
			4	在提示下，正确说出/写出千亿以内的数位顺序表和相应的计数单位	4-1 说出/填写出数位顺序表并回答问题（语言/动作等提示）				

（续表）

一级目标	二级目标	三级目标	评估项目		评估内容/方法	评估记录	评估结果与分析		结论与建议
			序号	项目			得分	分析	
		1.1.3 能结合具体情境和数，说出/划出万以上数的组成	5	正确说出/比划出万以上数的组成	5-1 说出/写出下面各数的组成（见材料三）				
			6	在提示下，正确说出/比划出万以上数的组成	6-1 说出/写出下面各数的组成（见材料三）（语言/视觉等提示）				
		1.1.4 能结合具体情境和数，读出多位数	7	正确读出多位数	7-1 读出横线上的数（见材料四）				
					7-2 读出横线上的数（见材料四）				

108

（续表）

一级目标	二级目标	三级目标	评估项目		评估内容/方法	评估记录	评估结果与分析		结论与建议
			序号	项目			得分	分析	
		1.1.5 能结合具体情境和数，写出多位数	8	在提示下，正确读出多位数	8-1 读出下面各数（见材料四）（语言/视觉等提示）				
					8-2 读出下面各数（见材料四）（语言/视觉等提示）				
			9	正确写出多位数	9-1 写出下面各数（见材料五）				
			10	在提示下，正确写出多位数	10-1 写出下面各数（见材料五）（语言/视觉等提示）				

109

(续表)

一级目标	二级目标	三级目标	评估项目		评估内容/方法	评估记录	评估结果与分析		结论与建议
			序号	项目			得分	分析	
		1.1.6 能结合具体的数，在算盘上拨出多位数	11	在算盘上正确拨出多位数	11-1 在算盘上拨出或在算盘图上涂出指定的数（见材料六）				
			12	在提示下，在算盘上正确拨出多位数	12-1 在算盘上拨出或在算盘图上涂出指定的数（见材料六）（语言/视觉等提示）				
		1.1.7 能结合具体情境和数，把整万或整亿的数改写成用"万"或"亿"作单位的数	13	用"万"或"亿"作单位正确改写整万或整亿的数	13-1 用"万"做单位改写下面的数（见材料七）				
					13-2 用"亿"做单位改写下面的数（见材料七）				

（续表）

一级目标	二级目标	三级目标	评估项目		评估内容/方法	评估记录	评估结果与分析		结论与建议
			序号	项目			得分	分析	
			14	在提示下，用"万"或"亿"作单位正确改写整万或整亿的数	14-1 用"万"做单位改写下面的数（见材料七）（语言/视觉等提示）				
					14-2 用"亿"做单位改写下面的数（见材料七）（语言/视觉等提示）				
		1.1.8 能比较多位数的大小	15	正确比较多位数的大小	15-1 在○里填上">""<"或"="（见材料八）				
					15-2 把下面的数按从小到大的顺序排列（见材料八）				

(续表)

一级目标	二级目标	三级目标	评估项目		评估内容/方法	评估记录	评估结果与分析		结论与建议
			序号	项目			得分	分析	
		1.1.9 能结合具体情境，说出数和数的含义，并会正确划分/比划出近似数的含义，并会正确区分	16	在提示下，正确比较多位数的大小	16-1 在○里填上">""<"或"="（见材料八）（语言/视觉等提示）16-2 把下面的数按从小到大的顺序排列（见材料八）（语言/视觉等提示）				
			17	正确说出/指出近似数	17-1 读一读横线上的数，是近似数的在（ ）里画"√"（见材料九）（语言/视觉等提示）				
			18	在提示下，正确说出/指出近似数	18-1 读一读横线上的数，是近似数的在（ ）里画"√"（见材料九）（语言/视觉等提示）				

（续表）

一级目标	二级目标	三级目标	序号	项目	评估内容/方法	评估记录	评估结果与分析		结论与建议
							得分	分析	
		1.1.10 能结合具体情境和数，用"四舍五入"法求一个数的近似数	19	用"四舍五入"法求一个数的近似数	19-1 用"万"作单位改写近似数（见材料十）				
					19-2 用"亿"作单位改写近似数（见材料十）				
			20	在提示下，用"四舍五入"法求一个数的近似数	20-1 用"万"作单位改写近似数（见材料十）（语言/视觉等提示）				
					20-2 用"亿"作单位改写近似数（见材料十）（语言/视觉等提示）				

(续表)

一级目标	二级目标	三级目标	评估项目		评估内容/方法	评估记录	评估结果与分析		结论与建议
			序号	项目			得分	分析	
	1.2 能结合现实情境感受大数的意义，并能进行估计	1.2.1 能结合现实情境，根据大数数目估算并解答实际问题	21	用大数目估计并正确描述生活中一些事物的具体数量	21-1 估一估（见材料十一）				
			22	在提示下，用大数目估计并正确描述生活中一些事物的具体数量	22-1 估一估（见材料十一）（语言/动作等提示）				
2 能运算万以内的整数	2.1 能计算三位数乘两位数的乘法	2.1.1 能正确口算几百乘几十的乘法	23	熟练口算几百乘几十的乘法题目	23-1 口算（见材料十二）				
			24	正确口算几百乘几十的乘法题目	24-1 口算（见材料十二）				

（续表）

一级目标	二级目标	三级目标	评估项目		评估内容/方法	评估记录	评估结果与分析		结论与建议
			序号	项目			得分	分析	
		2.1.2 能正确笔算三位数乘两位数的乘法	25	在提示下，口算几百乘几十的乘法题目	25-1 口算（见材料十二）（语言/动作等提示）				
			26	笔算三位数乘两位数的乘法题目	26-1 用竖式计算（见材料十三）				
			27	在提示下，笔算三位数乘两位数的乘法题目	27-1 用竖式计算（见材料十三）（语言/动作等提示）				
	2.2 能经历与他人交流各自算法的过程，并能表达自己的想法	2.2.1 能说出/比划出几百乘几十的算法	28	说出几百乘几十的算法	28-1 说一说，写一写（见材料十四）				

115

(续表)

一级目标	二级目标	三级目标	评估项目		评估内容/方法	评估记录	评估结果与分析		结论与建议
			序号	项目			得分	分析	
		2.2.2 能说出/比划出三位数乘两位数的算法	29	在提示下，说出几百乘几十的算法	29-1 说一说，写一写（见材料十四）（语言/动作等提示）				
			30	说出三位数乘两位数的算法	30-1 说一说，写一写（见材料十四）				
			31	在提示下，说出三位数乘两位数的算法	31-1 说一说，写一写（见材料十四）（语言/动作等提示）				

（续表）

一级目标	二级目标	三级目标	评估项目		评估内容/方法	评估记录	评估结果与分析		结论与建议
			序号	项目			得分	分析	
	2.3 能在具体情境中，了解常见的数量关系：总价、单价、数量三者之间的关系，速度、时间、路程三者之间的关系，并能解决简单的实际问题	2.3.1 能说出/比划出总价、单价、数量三者之间的数量关系	32	说出/比划出总价、单价、数量三者之间的数量关系	32-1 说出题目中的数量关系（见材料十五）				
			33	在提示下，说出/比划出总价、单价、数量三者之间的数量关系	33-1 说出题目中的数量关系（见材料十五）（语言/视觉等提示）				
		2.3.2 能根据总价、单价、数量三者之间的数量关系解决简单的实际问题	34	根据总价、单价、数量三者之间的数量关系解答简单的实际问题	34-1 列式计算解决问题（见材料十五）				
			35	在提示下，根据总价、单价、数量三者之间的数量关系解答简单的实际问题	35-1 列式计算解决问题（见材料十五）（语言/视觉等提示）				

（续表）

一级目标	二级目标	三级目标	评估项目		评估内容/方法	评估记录	评估结果与分析		结论与建议
			序号	项目			得分	分析	
		2.3.3 能说出/比划出路程、速度、时间三者之间的数量关系	36	说出/比划出路程、速度、时间三者之间的数量关系	36-1 说出题目中的数量关系（见材料十六）				
			37	在提示下，说出/比划出路程、速度、时间三者之间的数量关系	37-1 说出题目中的数量关系（见材料十六）（语言/视觉等提示）				
		2.3.4 能根据速度、路程、时间三者之间的数量关系解答简单的实际问题	38	根据速度、时间和路程三者之间的关系解答简单的实际问题	38-1 列式计算解决问题（见材料十六）				
			39	在提示下，根据速度、时间和路程三者之间的关系解答简单的实际问题	39-1 列式计算解决问题（见材料十六）（语言/视觉等提示）				

(续表)

一级目标	二级目标	三级目标	评估项目		评估内容/方法	评估记录	评估结果与分析		结论与建议
			序号	项目			得分	分析	
	2.4 探索积的变化规律	2.4.1 能说出/比划出"一个乘数不变,另一个乘数乘几,得到的积等于原来的积乘几"的规律	40	说出/比划出"一个乘数不变,另一个乘数乘几,得到的积等于原来的积乘几"的规律	40-1 说出下面三道算式积的变化规律(见材料十七)				
			41	在提示下,说出/比划出"一个乘数不变,另一个乘数乘几,得到的积等于原来的积乘几"的规律	41-1 说出下面三道算式积的变化规律(见材料十七)(语言/视觉等提示)				
		2.4.2 能根据积的变化规律解决简单问题	42	根据积的变化规律解答简单问题	42-1 根据每组第一题的算式,直接写出后两题的得数(见材料十七)				
			43	在提示下,根据积的变化规律解决简单问题	43-1 根据每组第一题的算式,直接写出后两题的得数(见材料十七)(语言/视觉等提示)				

（续表）

一级目标	二级目标	三级目标	评估项目		评估内容/方法	评估记录	评估结果与分析		结论与建议
			序号	项目			得分	分析	
	2.5 能借助计算器进行运算，解决简单的实际问题，探索简单的规律	2.5.1 能说出/指出计算器的结构和常用键的功能	44	正确说出/指出计算器的结构和常用键的功能	44-1 说一说，填一填（见材料十八）				
			45	在提示下，说出/指出计算器的结构和常用键的功能	45-1 说一说，填一填（见材料十八）（语言/动作/实物等提示）				
		2.5.2 能用计算器进行较大数目的一步整数四则运算	46	正确使用计算器进行一步算式题的计算	46-1 用计算器计算（见材料十九）				
			47	在提示下，使用计算器进行一步算式题的计算	47-1 用计算器计算（见材料十九）（语言/动作等提示）				

（续表）

一级目标	二级目标	评估项目		评估内容/方法	评估记录	评估结果与分析		结论与建议
		序号	项目			得分	分析	
	2.5.3 能用计算器进行较大数目的两步整数四则混合运算	48	正确使用计算器进行两步式题的计算	48-1 用计算器计算（见材料十九）				
		49	在提示下，使用计算器进行两步式题的计算	49-1 用计算器计算（见材料十九）（语言/动作等提示）				
	2.5.4 能借助计算器进行运算，解决简单的实际问题	50	借助计算器进行运算，解决简单的实际问题	50-1 先列式，再用计算器计算（见材料二十）				
		51	在提示下，借助计算器进行运算，解决简单的实际问题	51-1 先列式，再用计算器计算（见材料二十）（语言/动作等提示）				

（续表）

一级目标	二级目标	三级目标	评估项目		评估内容/方法	评估记录	评估结果与分析		结论与建议
			序号	项目			得分	分析	
		2.5.5 能借助计算器探索和发现一些简单的数学规律	52	借助计算器探索和发现算式中的简单规律	52-1 根据要求计算（见材料二十一）				
			53	在提示下，借助计算器探索和发现算式中的简单规律	53-1 根据要求计算（见材料二十一）（语言/动作等提示）				
	2.6 探索并了解运算律（加法交换律和结合律、乘法交换律、结合律和分配律），会应用运算律进行一些简便运算	2.6.1 能说出/比划出加法交换律的含义，并用含有字母的式子表示	54	结合算式，说出/比划出加法交换律的含义，并说出/写出字母表达式	54-1 说一说，填一填（见材料二十二）				
			55	在提示下，结合算式，说出/比划出加法交换律的含义，并说出/写出字母表达式	55-1 说一说，填一填（见材料二十二）（语言/动作等提示）				

（续表）

一级目标	二级目标	评估项目		评估内容/方法	评估记录	评估结果与分析		结论与建议
		序号	项目			得分	分析	
		56	结合算式，说出/比划出加法结合律的含义，并说出/写出字母表达式	56-1 说一说，填一填（见材料二十三）				
		57	在提示下，结合算式说出/比划出加法结合律的含义，并说出/写出字母表达式	57-1 说一说，填一填（见材料二十三）（语言/动作等提示）				
		58	结合算式，说出/比划出乘法交换律的含义，并说出/写出字母表达式	58-1 说一说，填一填（见材料二十四）				
		59	在提示下，结合算式说出/比划出乘法交换律的含义，并说出/写出字母表达式	59-1 说一说，填一填（见材料二十四）（语言/动作等提示）				

2.6.2 能说出/比划出加法结合律的含义，并用含有字母的式子表示

2.6.3 能说出/比划出乘法交换律的含义，并用含有字母的式子表示

（续表）

一级目标	二级目标	评估项目		评估内容/方法	评估记录	评估结果与分析		结论与建议
		三级目标	序号 项目			得分	分析	
		2.6.4 能说出/比划出乘法结合律的含义，并用含有字母的式子表示	60 结合算式，说出/比划出乘法结合律的含义，并说出/写出字母表达式	60-1 说一说，填一填（见材料二十五）				
			61 在提示下，结合算式说出/比划出乘法结合律的含义，并说出/写出字母表达式	61-1 说一说，填一填（见材料二十五）（语言/动作等提示）				
		2.6.5 能说出/比划出乘法分配律的含义，并用含有字母的式子表示	62 结合算式，说出/比划出乘法分配律的含义，并说出/写出字母表达式	62-1 说一说，填一填（见材料二十六）				
			63 在提示下，结合算式说出/比划出乘法分配律的含义，并说出/写出字母表达式	63-1 说一说，填一填（见材料二十六）（语言/动作等提示）				

（续表)

一级目标	二级目标	三级目标	评估项目		评估内容/方法	评估记录	评估结果与分析		结论与建议
			序号	项目			得分	分析	
		2.6.6 能应用加法交换律进行简便运算	64	应用加法交换律进行简便计算	64-1 用简便方法计算（见材料二十七）				
			65	在提示下，应用加法交换律进行简便计算	65-1 用简便方法计算（见材料二十七）（语言/动作等提示)				
		2.6.7 能应用加法结合律进行简便运算	66	应用加法结合律进行简便计算	66-1 用简便方法计算（见材料二十七）				
			67	在提示下，应用加法结合律进行简便计算	67-1 用简便方法计算（见材料二十七）（语言/动作等提示)				

(续表)

一级目标	二级目标	三级目标	评估项目		评估内容/方法	评估记录	评估结果与分析		结论与建议
			序号	项目			得分	分析	
		2.6.8 能应用乘法交换律进行简便运算	68	应用乘法交换律进行简便计算	68-1 用简便方法计算（见材料二十八）				
			69	在提示下，应用乘法交换律进行简便计算	69-1 用简便方法计算（见材料二十八）（语言/动作等提示）				
		2.6.9 能应用乘法结合律进行简便运算	70	应用乘法结合律进行简便计算	70-1 用简便方法计算（见材料二十八）				
			71	在提示下，应用乘法结合律进行简便计算	71-1 用简便方法计算（见材料二十八）（语言/动作等提示）				

（续表）

一级目标	二级目标	评估项目		评估内容/方法	评估记录	评估结果与分析		结论与建议
		序号	项目			得分	分析	
	2.6.10 能应用乘法分配律进行简便运算	72	应用乘法分配律进行简便计算	72-1 用简便方法计算（见材料二十九）				
		73	在提示下，应用乘法分配律进行简便计算	73-1 用简便方法计算（见材料二十九）（语言/动作等提示）				
	2.6.11 能应用加法和乘法运算律解决一些实际问题	74	能应用加法和乘法运算律解决一些实际问题	74-1 说一说，填一填（见材料三十）				
				74-2 用上面的方法来计算下面的题目（见材料三十）				

(续表)

一级目标	二级目标	三级目标	评估项目		评估内容/方法	评估记录	评估结果与分析		结论与建议
			序号	项目			得分	分析	
3 能解决简单的实际问题	3.1 能画画线段图描述和分析问题	3.1.1 能画线段图描述和分析问题	75	在提示下，能应用乘法和加法运算律解决一些实际问题	75-1 说一说，写一写（见材料三十）				
					75-2 用上面的方法来计算下面的题目（见材料三十）（语言/动作等提示）				
			76	根据具体情境，画线段图描述和分析问题	76-1 根据线段图，分析题中数量关系（见材料三十一）				
					76-2 根据题意画出线段图（见材料三十一）				

（续表）

一级目标	二级目标	三级目标	评估项目		评估内容/方法	评估记录	评估结果与分析		结论与建议
			序号	项目			得分	分析	
		3.1.2 能画示意图描述和分析问题	77	在提示下，根据具体情境，画线段图描述和分析问题	77-1 根据线段图，分析题中数量关系（见材料三十一）（语言/动作等提示）				
					77-2 根据题意画出线段图（见材料三十一）（语言/动作等提示）				
			78	根据具体情境，画示意图描述和分析问题	78-1 根据题意画出示意图（见材料三十二）（语言/动作等提示）				
			79	在提示下，根据具体情境，画示意图描述和分析问题	79-1 根据题意画出示意图（见材料三十二）（语言/动作等提示）				

（续表）

一级目标	二级目标	三级目标	评估项目		评估内容/方法	评估记录	评估结果与分析		结论与建议
			序号	项目			得分	分析	
	3.2 能解决有关面积、行程等的实际问题	3.2.1 能解答已知两个数的和与差，求这两个数的实际问题	80	根据具体情境，解答已知两个数的和与差，求这两个数的实际问题	80-1 根据线段图，分析题中数量关系，再列式解答（见材料三十一）				
					80-2 根据题意画出线段图，再列式解答（见材料三十一）				
			81	在提示下，根据具体情境，解答已知两个数的和与差，求这两个数的实际问题	81-1 根据线段图，分析题中数量关系，再列式解答（见材料三十一）				
					81-2 根据题意画出线段图，再列式解答（见材料三十一）				

(续表)

一级目标	二级目标	三级目标	评估项目		评估内容/方法	评估记录	评估结果与分析		结论与建议
			序号	项目			得分	分析	
		3.2.2 能解决和面积有关的实际问题	82	根据具体情境，解决和面积有关的实际问题	82-1 根据题意画出示意图，再列式解答（见材料三十二）				
			83	在提示下，根据具体情境，解决和面积有关的实际问题	83-1 根据题意画出示意图，再列式解答（见材料三十二）				
		3.2.3 能解决和行程有关的实际问题	84	根据具体情境，解决和行程有关的实际问题	84-1 根据题意画出线段图，再列式解答（见材料三十三）				
			85	在提示下，根据具体情境，解决和行程有关的实际问题	85-1 根据题意画出线段图，再列式解答（见材料三十三）				

图形与几何领域

姓名：_____ 年级：_____ 评估者：_____ 评估日期：_____

一级目标	二级目标	三级目标	评估项目		评估内容/方法	评估记录	评估结果与分析		结论与建议
			序号	项目			得分	分析	
1 能认识图形	1.1 能认识三角形	1.1.1 能说出/比划出三角形的含义和特征，并能识别三角形	1	说出/比划出三角形的基本特点	1-1 说一说，填一填（见材料一） 1-2 判断下面图形哪些是三角形，哪些不是？为什么？（见材料一）				
			2	在提示下，说出/比划出三角形的基本特点	2-1 说一说，填一填（见材料一）（语言/动作等提示） 2-2 判断下面图形哪些是三角形，哪些不是？为什么？（见材料一）（语言/动作等提示）				

（续表）

一级目标	二级目标	评估项目		评估内容/方法	评估记录	评估结果与分析		结论与建议
		序号	项目			得分	分析	
	1.1.2 能指出三角形的底和高	3	结合实例，指出一个三角形的底和高	3-1 指出三角形的底和高（见材料二）				
		4	在提示下结合实例，指出一个三角形的底和高	4-1 指出三角形的底和高（语言/动作等提示）				
	1.1.3 能画出三角形底边上的高并正确测量	5	画出三角形底边上的高并正确测量	5-1 画出下面三角形的高，量出底和高各是多少毫米（见材料二）				
		6	在提示下，画出三角形底边上的高并正确测量	6-1 画出下面三角形的高，量出底和高各是多少毫米（见材料二）（语言/动作等提示）				

133

（续表）

一级目标	二级目标	三级目标	评估项目		评估内容/方法	评估记录	评估结果与分析		结论与建议
			序号	项目			得分	分析	
		1.1.4 能说出/比划出三角形的三边关系	7	说出/比划出三角形的三边关系	7-1 填空（见材料三）				
					7-2 判断：哪组线段能围成一个三角形？为什么？（见材料三）				
			8	在提示下，说出/比划出三角形的三边关系	8-1 填空（见材料三）（实物小棒提示）				
					8-2 判断：哪组线段能围成一个三角形？为什么？（实物小棒提示）				

（续表）

一级目标	二级目标	三级目标	序号	评估项目 项目	评估内容/方法	评估记录	评估结果与分析 得分	评估结果与分析 分析	结论与建议
		1.1.5 能说出/比划出三角形的内角和	9	说出/比划出三角形的内角和	9-1 填空（见材料四）				
			10	在提示下，说出/比划出三角形的内角和	10-1 填空（见材料四）（三角板/角的拼图提示）				
		1.1.6 能按角对三角形进行分类	11	按角将三角形分类	11-1 说一说，填一填（见材料五）				
			12	在提示下，按角将三角形分类	12-1 说一说，填一填（见材料五）（语言/图形等提示）				

(续表)

一级目标	二级目标	三级目标	评估项目		评估内容/方法	评估记录	评估结果与分析		结论与建议
			序号	项目			得分	分析	
		1.1.7 能说出、比划出锐角三角形、直角三角形和钝角三角形的特征	13	说出/比划出锐角三角形、直角三角形和钝角三角形的特征	13-1 说一说,填一填(见材料五)				
			14	在提示下,说出/比划出锐角三角形、直角三角形和钝角三角形的特征	14-1 说一说,填一填(见材料五)(语言/图片等提示)				
		1.1.8 能说出/比划出等腰三角形和等边三角形	15	说出/比划出等腰三角形和等边三角形的特征	15-1 判断(见材料六)				
					15-2 观察下面物体的面,回答问题(见材料六)				

（续表）

一级目标	二级目标	三级目标	评估项目		评估内容/方法	评估记录	评估结果与分析		结论与建议
			序号	项目			得分	分析	
			16	在提示下，说出/比划出等腰三角形和等边三角形的特征	16-1 判断（见材料六）（语言/图形/学具等提示）				
					16-2 观察下面物体的面，回答问题（见材料六）（语言/图形/学具等提示）				
	1.2 能认识平行四边形	1.2.1 能说出/比划出平行四边形的含义和特征	17	说出/比划出平行四边形的含义和特征	17-1 在方格纸上画一个平行四边形（见材料七）				
					17-2 说一说，填一填（见材料七）				

137

（续表）

一级目标	二级目标	三级目标	评估项目		评估内容/方法	评估记录	评估结果与分析		结论与建议
			序号	项目			得分	分析	
			18	在提示下，说出/比划出平行四边形的含义和特征	18-1 在方格纸上画一个平行四边形（见材料七）（语言/图形等提示）				
					18-2 说一说，填一填（见材料七）（语言/图形等提示）				
		1.2.2 能说出/指出平行四边形的底和高	19	结合图例，指出平行四边形的底和高	19-1 指出平行四边形的底和高（见材料八）				
			20	在提示下，结合图例，指出平行四边形的底和高	20-1 指出平行四边形的底和高（见材料八）（语言/动作等提示）				

（续表）

一级目标	二级目标	三级目标	评估项目		评估内容/方法	评估记录	评估结果与分析		结论与建议
			序号	项目			得分	分析	
		1.2.3 能画出平行四边形的底边上的高，并测量	21	画出平行四边形的底边上的高，并测量	21-1 画出并测量平行四边形的高（见材料九）				
			22	在提示下，画出平行四边形的底边上的高，并测量	22-1 画出并测量平行四边形的高（见材料九）（语言/动作等提示）				
	1.3 能认识梯形	1.3.1 能说出/比划出梯形的含义和特征	23	说出/比划出梯形的含义和特征	23-1 看图说一说，填一填（见材料十）				
			24	在提示下，说出/比划出梯形的含义和特征	24-1 看图说一说，填一填（见材料十）（语言/动作等提示）				

(续表）

一级目标	二级目标	三级目标	评估项目		评估内容/方法	评估记录	评估结果与分析		结论与建议
			序号	项目			得分	分析	
		1.3.2 能说出/指出梯形的底、腰和高	25	说出/指出梯形的底、腰	25-1 下面哪个图形是梯形？如果是梯形，分别指出梯形的上底、下底和腰（见材料十）				
			26	在提示下，说出/指出梯形的底、腰	26-1 下面哪个图形是梯形？如果是梯形，分别指出梯形的上底、下底和腰（见材料十）（语言/动作等提示）				
		1.3.3 能画出梯形的高，并测量	27	画出梯形的高，并测量	27-1 画出下面梯形的高，再量出上底、下底和高各是多少毫米（见材料十一）				
			28	在提示下，画出梯形的高，并测量	28-1 画出下面梯形的高，再量出上底、下底和高各是多少毫米（见材料十一）（语言/动作等提示）				

（续表）

一级目标	二级目标	三级目标	评估项目		评估内容/方法	评估记录	评估结果与分析		结论与建议
			序号	项目			得分	分析	
		1.3.4 能说出/比划出等腰梯形的特征	29	说出/比划出等腰梯形的特点	29-1 填空（见材料十二）				
					29-2 在方格纸上，画一个高6厘米的等腰梯形（见材料十二）				
			30	在提示下，说出/比划出等腰梯形的特点	30-1 填空（见材料十二）（语言/动作等提示）				
					30-2 在方格纸上，画一个高6厘米的等腰梯形（见材料十二）（语言/动作等提示）				

（续表）

一级目标	二级目标	三级目标	评估项目		评估内容／方法	评估记录	评估结果与分析		结论与建议
			序号	项目			得分	分析	
2 探索规律	2.1 能探索多边形的内角和的规律	2.1.1 能探索多边形的内角和与它的边数之间的关系	31	说出／比划出多边形的内角和的计算方法	31-1 探索多边形内角和的规律（见材料十三）				
			32	在提示下，说出／比划出多边形的内角和的计算方法	32-1 探索多边形内角和的规律（见材料十三）（语言／动作等提示）				
		2.1.2 能根据规律计算出多边形的内角和	33	计算出多边形的内角和	33-1 先画一画，再计算这个七边形的内角和，说一说你的计算方法（见材料十四）				
			34	在提示下，计算出多边形的内角和	34-1 先画一画，再计算这个七边形的内角和，说一说你的计算方法（见材料十四）（语言／动作等提示）				

(续表)

一级目标	二级目标	三级目标	评估项目		评估内容/方法	评估记录	评估结果与分析		结论与建议
			序号	项目			得分	分析	
3 认识图形的运动	3.1 通过观察、操作等活动,在方格纸上认识图形的平移与旋转	3.1.1 能说出/指出方格纸上的图形平移现象	35	说出/指出方格纸上的图形平移现象	35-1 指出下面的图案哪些是通过平移可以得到,哪些是通过旋转可以得到(见材料十五)				
					35-2 说一说,下面的小鱼图和长方形是怎样移动的(见材料十五)				
			36	在提示下,说出/指出方格纸上的图形平移现象	36-1 指出下面的图案哪些是通过平移可以得到,哪些是通过旋转可以得到(见材料十五)(语言/动作等提示)				
					36-2 说一说,下面的小鱼图和长方形是怎样移动的(见材料十五)(语言/动作等提示)				

(续表)

一级目标	二级目标	三级目标	评估项目		评估内容/方法	评估记录	评估结果与分析		结论与建议
			序号	项目			得分	分析	
		3.1.2 能说出/指出方格纸上的图形旋转现象	37	说出/指出方格纸上的图形旋转现象	37-1 指出下面的图案哪些是通过平移可以得到,哪些是通过旋转可以得到(见材料十五)				
					37-2 说一说,下面的小鱼图和长方形是怎样移动的(见材料十五)				
			38	在提示下,说出/指出方格纸上的图形旋转现象	38-1 指出下面的图案哪些是通过平移可以得到,哪些是通过旋转可以得到(见材料十五)(语言/动作等提示)				
					38-2 说一说,下面的小鱼图和长方形是怎样移动的(见材料十五)(语言/动作等提示)				

（续表）

一级目标	二级目标	评估项目		评估内容/方法	评估记录	评估结果与分析		结论与建议
		序号	项目			得分	分析	
		39	说出/比划出方格纸上图形平移的过程和结果	39-1 看图回答问题（见材料十六）				
	3.1.3 能说出/比划出方格纸上图形平移的过程和结果	40	在提示下，说出/比划出方格纸上图形平移的过程和结果	40-1 看图回答问题（见材料十六）（语言/动作等提示）				
		41	说出/比划出方格纸上图形旋转的过程和结果	41-1 看图回答问题（见材料十七）				
	3.1.4 能说出/比划出方格纸上图形旋转的过程和结果	42	在提示下，说出/比划出方格纸上图形旋转的过程和结果	42-1 看图回答问题（见材料十七）（语言/画辅助线/动作等提示）				

（续表）

一级目标	二级目标	三级目标	评估项目		评估内容/方法	评估记录	评估结果与分析		结论与建议
			序号	项目			得分	分析	
	3.2 能在方格纸上按水平或垂直方向将简单图形平移、会在方格纸上将简单图形旋转90°	3.2.1 能在方格纸上按水平或垂直方向将简单图形平移	43	在方格纸上按水平或垂直方向将简单图形平移	43-1 画一画（见材料十八）				
			44	提示下，在方格纸上按水平或垂直方向将简单图形平移	44-1 画一画（见材料十八）（语言/动作/示范操作等提示）				
		3.2.2 能在方格纸上将简单图形旋转90°	45	在方格纸上将简单图形旋转90°	45-1 画一画（见材料十九）				
			46	在提示下，在方格纸上将简单图形旋转90°	46-1 画一画（见材料十九）（语言/动作/示范操作等提示）				

（续表）

一级目标	二级目标	三级目标	评估项目		评估内容/方法	评估记录	评估结果与分析		结论与建议
			序号	项目			得分	分析	
	3.3 通过观察、操作等活动，进一步认识轴对称图形及其对称轴	3.3.1 能结合实例，说出/比划出轴对称图形及对称轴的含义	47	结合图例，说出/比划出轴对称图形及对称轴的含义	47-1 看图说一说，指一指（见材料二十）				
			48	在提示下，结合图例，说出/比划出轴对称图形及对称轴的含义	48-1 看图说一说，指一指（见材料二十）（语言/动作等提示）				
		3.3.2 能在一组平面图形中找出轴对称图形并指出对称轴	49	在一组平面图形中找出轴对称图形及其对称轴	49-1 下面哪些图形是轴对称图形，圈一圈（见材料二十一）				
			50	在提示下，在一组平面图形中找出轴对称图形并指出对称轴	50-1 下面哪些图形是轴对称图形，圈一圈（见材料二十一）（语言/动作等提示）				

（续表）

一级目标	二级目标	三级目标	评估项目		评估内容/方法	评估记录	评估结果与分析		结论与建议
			序号	项目			得分	分析	
	3.4 能在方格纸上画出轴对称图形的对称轴	3.4.1 能在方格纸上画出轴对称图形的对称轴	51	在方格纸上画出轴对称图形的对称轴	51-1 在方格纸上画出下面轴对称图形的对称轴（见材料二十二）				
					51-2 已知下面的图形是轴对称图形，画出它们的对称轴（见材料二十二）				
			52	提示下，在方格纸上画出轴对称图形的对称轴	52-1 在方格纸上画出下面轴对称图形的对称轴（见材料二十二）				
					52-2 已知下面的图形是轴对称图形，画出它们的对称轴（见材料二十二）（语言/动作等提示）				

（续表）

一级目标	二级目标	三级目标	评估项目		评估内容/方法	评估记录	评估结果与分析		结论与建议
			序号	项目			得分	分析	
		3.4.2 能找出三角形、长方形、正方形、圆等常见几何图形的所有对称轴	53	找出常见轴对称几何图形的所有对称轴	53-1 画出下面轴对称图形的所有对称轴，数一数共有几条（见材料二十三）				
			54	在提示下，找出常见轴对称几何图形的所有对称轴	54-1 画出下面轴对称图形的所有对称轴，数一数共有几条（见材料二十三）（语言/动作/方格纸示范等提示）				
	3.5 能在方格纸上补全一个简单的轴对称图形	3.5.1 能在方格纸上补全一个简单的轴对称图形	55	在方格纸上补全一个简单的轴对称图形	55-1 分别把下面的图形补全，使它们成为轴对称图形（见材料二十四）				
			56	在提示下，在方格纸上补全一个简单的轴对称图形	56-1 分别把下面的图形补全，使它们成为轴对称图形（见材料二十四）（语言/动作等提示）				

（续表）

一级目标	二级目标	三级目标	评估项目		评估内容/方法	评估记录	评估结果与分析		结论与建议
			序号	项目			得分	分析	
	3.6 能从平移、旋转和轴对称的角度欣赏生活中的图案，并运用它们在方格纸上设计简单的图案	3.6.1 能用平移、旋转和轴对称说出/比划出生活中图案形成的过程	57	用平移、旋转和轴对称说出/比划出生活中图案形成的过程	57-1 用平移、旋转或轴对称分析下面图案的形成过程（见材料二十五）				
			58	在提示下，用平移、旋转和轴对称说出/比划出生活中图案形成的过程	58-1 用平移、旋转或轴对称分析下面图案的形成过程（见材料二十五）（语言/动作/图片演示等提示）				
		3.6.2 能运用平移、旋转和轴对称在方格纸上设计简单的图案	59	运用平移、旋转和轴对称在方格纸上设计简单的图案	59-1 结合所给图形，运用轴对称、平移或旋转的方式设计一个自己喜欢的图案（见材料二十六）				
			60	在提示下，运用平移、旋转和轴对称在方格纸上设计简单的图案	60-1 结合所给图形，运用轴对称、平移或旋转的方式设计一个自己喜欢的图案（见材料二十六）（语言/动作/图片演示等提示				

（续表）

一级目标	二级目标	三级目标	评估项目		评估内容/方法	评估记录	评估结果与分析		结论与建议
			序号	项目			得分	分析	
4 认识图形与位置	4.1 能结合具体情境,知道数对与方格纸上的点的对应（限于正整数）	4.1.1 能结合具体情境,说出/比划出行、列的含义	61	结合具体情境,说出/比划出/列出行、列的含义	61-1 看图说一说,指一指（见材料二十七）				
			62	在提示下,结合具体情境,说出/比划出/写出行、列的含义	62-1 看图说一说,指一指（见材料二十七）（语言/动作/范例等提示）				
		4.1.2 能结合具体情境,说出/比划出数对的含义	63	结合具体情境,说出/比划出数对的含义	63-1 说一说,写一写（见材料二十八）				
			64	在提示下,结合具体情境说出/比划出数对的含义	64-1 说一说,写一写（见材料二十八）（语言/动作/范例等提示）				

（续表）

一级目标	二级目标	三级目标	评估项目		评估内容/方法	评估记录	评估结果与分析		结论与建议
			序号	项目			得分	分析	
		4.1.3 能说出/比划出用数对表示物体位置的方法	65	说出/比划出用数对表示物体位置的方法	65-1 回答问题（见材料二十八）				
			66	在提示下，说出/比划出用数对表示物体位置的方法	66-1 回答问题（见材料二十八）（语言/动作等提示）				
		4.1.4 能用数对表示实际情境或方格图中的物体或点的位置	67	用数对表示实际情境中的物体位置	67-1 用数对应点表示物体或对应点的位置（见材料二十九）				
			68	在提示下，用数对表示实际情境中的物体位置	68-1 用数对应点表示物体或对应点的位置（见材料二十九）（语言/情景演示等提示）				

（续表）

一级目标	二级目标	三级目标	评估项目		评估内容/方法	评估记录	评估结果与分析		结论与建议
			序号	项目			得分	分析	
		4.1.5 能在方格纸上描出对应的点，解决实际问题	69	在方格纸上描出数对对应的点，解决实际问题	69-1 按要求完成任务（见材料三十）				
			70	在提示下，在方格纸上描出数对对应的点，解决实际问题	70-1 按要求完成任务（见材料三十）（语言/动作/范例等提示）				

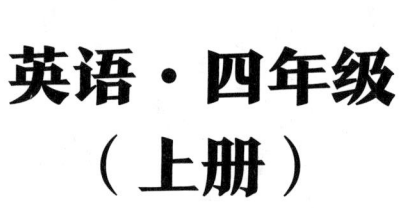

英语·四年级
（上册）

编写人员：
王　霞　黄永志　刘晓慧

学　校：_____　　　年　级：_____
姓　名：_____　　　出生日期：_____
评估者：_____　　　评估时间：_____

评估标准：

　　3分：独立完成单一知识/技能；或独立完成多重知识/技能100%。

　　2分：独立完成或在单一支持下完成多重知识/技能60%及以上；或在单一支持下完成单一知识/技能。

　　1分：独立完成或在多重支持下完成多重知识/技能20%～60%以内；或在多重支持下完成单一知识/技能。

　　0分：独立完成或在多重支持下完成多重知识/技能20%以下；或在多重支持下无法完成单一知识/技能。

使用指南

一、设计思路

四年级上册英语课程评估手册共分为听做、说唱、认读、书写四个领域，每个领域的目标由一级目标和二级目标组成，每个二级目标下设置评估项目。本册共计4个领域、12个一级目标、15个二级目标、30个评估项目。听做领域一级目标3个，二级目标4个，评估项目7项；说唱领域一级目标5个，二级目标5个，评估项目10项；认读领域一级目标2个，二级目标3个，评估项目6项；书写领域一级目标2个，二级目标3个，评估项目7个。一级目标来自义务教育英语课程标准，二级目标是结合译林出版社四年级上册英语教材对一级目标分解而来。每个二级目标下设有数个评估项目，同一个二级目标下的评估项目是按照由独立到提示或由难到易的顺序排列。例如：二级目标"1.1能听辨69个单词和1个词组，并做出相应的反应"下，有两个评估项目，"1.听读音，找出对应的图片或实物"，这是评估学生能否独立听找，能听懂多少，能找对多少；"2.听录音，在提示下找出对应的图片或实物"这是评估学生不能独立听找时，在语音、卡片、动作等提示下，能听懂多少，能找对多少。每个评估项目后都列出了评估内容/方法，说明评估什么、用什么评估、怎么评估。

二、操作方法

评估时，评估者先从第一个评估项目开始，如果被评估的学生在该评估项目上全部通过，直接跳到下一个二级目标的第一个评估项目继续评估，以此类推。对通过的项目在评估手册的"评估记录"栏中记录评估结果，例如："能认读105个单词和10个词组"，如果学生能**全部独立认读**，就根据评分标准在"评估结果与分析"得分栏中记3分，分析栏中说明该生已经100%掌握四年级上册105个单词和10个词组的认读，学习目标已达成，建议该生可以进入后续目标学习；如果学生能独立认读69个，正确率60%，根据评分标准在"评估结果与分析"得分栏中记2分；如果学生只能独立认读34个，正确率30%，只记1分，分析栏中说明该生未能全部认读，建议进行提示下再评估。

如果被评估的学生在评估项目1（独立完成项目）没有全部通过，其中没有通过的评估内容就进入评估项目2（提示下完成项目）继续评估。如果在单一提示下完成，属于2分项；如果在两种或两种以上提示下完成，属于1分项；如果在多重提示下仍然无法完成，属于0分项，都在评估手册中标注评估结果。将处于最近发展区的2分项和1分项分别汇总，填写在评估手册的"评估结果与分析"栏中，并做分析。2分项和1分项是学生可接近性学习目标，从中优先选择迫切需要学习的项目，作为下一阶段的学习目标，填写在"结论与建议"中。

● 说明：

1. 符号：在英语中，（ ）里的内容表示可以省略；

2. 内容：评估手册与评估材料上的内容一一对应，完全一致，包括题号；

3. 评估者提示：可根据学生需要进行调整，同一提示不超过3遍；

4. 语言障碍的学生如果不能说，请评估者说，学生指认；

5. 弱视的学生请提供助视器等辅助设备；

6. 听力材料最多播报两遍，两遍之后属于在提示下完成。

三、评估例举

（一）听做领域

1. 二级目标1.1中，"听辨单词"指评估者根据评估手册中的单词分类顺序，随机播报单词，学生指出所听到的单词；"在提示下"指评估者可以通过肢体语言提示等方式帮助学生完成评估。

2. 二级目标2.1中，"听指令，做动作"建议任课教师根据常用的课堂指令和日常生活指令进行评估，可辅以自然状态下的肢体语言。

3. 二级目标2.2中，"听指令，做事情"要求学生根据评估者播报的内容，完成相应的任务；"在提示下"指评估者可以通过肢体语言提示等方式帮助学生完成评估。

4. 二级目标3.1中，"听故事，在提示下做出反应"指评估者可以通过增加肢体语言、放慢语速等方式帮助学生完成评估。

（二）说唱领域

1. 二级目标1.1中，"看图说单词和词组"要求学生根据图片说出相应的单词和词组，发音准确、内容正确；"在提示下"指可以通过看评估者口型、提示中文等方式帮助学生完成评估。

2. 二级目标2.1中，"看图说话"要求学生根据图片表达，符合情境、发音准确、内容正确；"在提示下"指评估者可以通过中文情境提示、提示部分句型语音、角色扮演、示范说话等方式帮助学生完成评估（注：有横线_____的气泡需要说出相应的内容）。

3. 二级目标3.1中，"交流简单的个人信息"要求学生交流时互动自然、发音准确、内容正确；"在提示下"指评估者可以通过让学生先跟读、其他同学演示2组范例、提示关键词等方式帮助学生完成评估。

4. 二级目标4.1中，"表达简单的情感和感觉"要求学生表达时发音准确、内容正确，有一定的情感和肢体语言（重点关注内容）；"在提示下"指评估者可以通过其他同学演示2组范例、提示关键词等方式帮助学生完成评估。

5. 二级目标5.1中，"说唱歌曲和歌谣"要求学生说唱时内容和旋律正确（重点关注内容）。学生可以先听1遍所选内容，然后完成说唱；"在提示下"指学生可以采用跟着录音逐句唱和说、模仿评估者逐句唱和说等方式完成评估。

● 备注：

1. 二级目标3.1请学生携带自己的书包或者文具盒；

2. 二级目标4.1请学生携带自己喜欢的洋娃娃（也可以是画的）或者自己喜欢的小动物的图片。

（三）认读领域

1. 二级目标1.1中，"认读单词和词组"要求学生表达时发音准确、内容正确；"在提示下"指评估者可以通过口型演示、指导拼读等方式帮助学生完成评估。

2. 二级目标1.2中，"朗读课文"要求学生表达时发音准确、内容正确、吐字清晰、内容完整、语调正确；"在提示下"指评估者可通过提示部分单词或句子的读音等方式帮助学生完成评估。

3. 二级目标2.1中，"读懂趣味故事"要求学生阅读评估材料中的图画故事，正确回答问题；"在提示下"指评估者可以指导学生看图或认读词句，以理解图画故事（注：本题例题仅供参考，评估者可提出其他任务检测学生是否读懂故事，可选择其他教材或绘本故事进行评估）。

（四）书写领域

1. 二级目标1.1中，评估者可以根据评估手册中的单词分类顺序进行播报，学生正确、工整、清楚地写出所听到的单词；学生无法自己写出时，评估者指导学生在打乱顺序的单词卡中，抄写所听到的单词；学生听写和抄写都无法完成时，直接描红单词，老师无需播报。

2. 二级目标2.1中，学生模仿范例书写句型，正确使用大小写字母和英文标点符号；学生无法正确抄写时，评估者指导学生描红给出的范例（注：版面内容有限，除范例外，评估者还可以选取教材中已学句型，指导学生抄写或描红）。

3. 二级目标2.2中，学生模仿范例写话，正确使用大小写字母和英文标点符号；学生无法正确仿写时，评估者指导学生根据提示补全写话内容。

听做领域

姓名：_____ 年级：_____ 评估者：_____ 评估日期：_____

一级目标	二级目标	评估项目		评估内容/方法	评估记录	评估结果与分析		结论与建议
		序号	项目			得分	分析	
1 能根据听到的词句或识别或指认图片或实物	1.1 能听辨69个单词和1个词组，并做出相应反应	1	听读音，找出对应的图片或实物	1-1 根据听到的读音找出对应的图片或实物（见材料一）				
		2	听读音，在提示下找出对应的图片或实物	2-1 根据听到的读音找出对应的图片或实物（见材料一，评估者根据情况给予提示）				

160

（续表）

一级目标	二级目标	评估项目		评估内容/方法	评估记录	评估结果与分析		结论与建议
		序号	项目			得分	分析	
2 能听懂简短的指令并作出相应的反应	2.1 能听懂用的课堂指令，并做出相应的反应	3	听指令，做动作	3-1 根据听到的指令做相应的动作（注：任课教师随堂检测。如有需求，评估者见材料二）				
		4	听指令，在提示下做动作	4-1 根据听到的指令，做相应的动作（注：任课教师随堂检测。如有需求，评估者见材料二，根据情况给予提示）				
	2.2 能根据指令做事情	5	听指令，做事情	5-1 根据要求做事情（评估者见材料三，学生见材料四）（1）根据听到的对话连线（2）听录音，画出相应的雪人				
		6	听指令，在提示下做事情	6-1 根据要求做事情（评估者见材料三，学生见材料四，评估者根据情况给予提示）				

161

（续表）

评估项目			评估内容/方法	评估记录	评估结果与分析		结论与建议
一级目标	二级目标	序号			得分	分析	
3 能在图片和动作的提示下听懂简单的小故事并作出适当的反应	3.1 能在提示下听懂简单的小故事，做出相应的反应	7	在提示下听懂简单的小故事，做出相应的反应 7-1 根据所听故事，圈出李明喜欢的小动物（评估者见材料六，学生见材料五，评估者根据情况给予提示）				

162

说唱领域

姓名：_____　　年级：_____　　评估者：_____　　评估日期：_____

一级目标	二级目标	评估项目		评估内容/方法	评估记录	评估结果与分析		结论与建议
		序号	项目			得分	分析	
1 能根据图、文、演示说出单词或词组	1.1 能根据图、文、说出70个单词和2个词组	1	看图片，正确地说出相应的单词和词组	1-1 看图片，说出相应的单词和词组（见材料一）				
		2	看图片，在提示下正确地说出相应的单词或词组	2-1 看图片，说出相应的单词或词组（见材料一，评估者根据情况给予提示）				
2 能根据图、文、演示说出短句	2.1 能根据图、文、演示说出26组短句	3	看图片，说出相应的句子	3-1 看图片，说出相应的句子（见材料二）				
		4	看图片，在提示下说出相应的句子	4-1 看图片（见材料二，评估者根据情况给予提示）的句子				

163

（续表）

一级目标	二级目标	评估项目		评估记录	评估结果与分析		结论与建议
		序号	项目 / 评估内容 / 方法		得分	分析	
3 能相互交流简单的个人信息	3.1 能用 7 个句型交流简单的个人信息	5	运用正确的句型交流简单的个人信息 / 5-1 用正确的句型交流个人信息（见材料三）（1）谈论拥有的物品和数量 （2）谈论会做什么 （3）介绍自己的洋娃娃或者小动物				
		6	在提示下，运用正确的句型交流简单的个人信息 / 6-1 用正确的句型交流个人信息（见材料三，评估者根据情况给予提示或示范）				
4 能表达简单的情感和感觉	4.1 能用 2 个句型表达喜欢和不喜欢	7	运用所学的句型表达自己的喜欢和不喜欢 / 7-1 用所给句型说一说自己喜欢和不喜欢的小动物，并说明原因（见材料四）				
		8	在提示下，运用所学的句型表达自己的喜欢和不喜欢 / 8-1 用所给句型说一说自己喜欢和不喜欢的小动物，并说明原因（见材料四，评估者根据情况给予提示）				

（续表）

一级目标	二级目标	评估项目		评估内容/方法	评估记录	评估结果与分析		结论与建议
		序号	项目			得分	分析	
5 能学唱歌曲和歌谣	5.1 能说唱 4 首歌谣、4 首歌曲	9	说唱歌谣、歌曲	9-1 说唱歌谣、歌曲（见材料五。注：学生可以先听 1 遍熟悉旋律） （1）任选 3 首歌谣说一说 （2）任选 3 首歌曲唱一唱				
		10	在提示下，说唱歌谣、歌曲	10-1 说唱歌谣、歌曲（见材料五，评估者根据情况给予提示）				

165

认读领域

姓名：_____ 年级：_____ 评估者：_____ 评估日期：_____

一级目标	二级目标	评估项目		评估记录	评估结果与分析		结论与建议
		序号	评估内容/方法		得分	分析	
1 能认读单词，正确地朗读课文	1.1 能认读105个单词和10个词组	1	看图或指认物体，认读单词、词组	1-1 根据图片或实物读出单词或词组（见材料一）			
		2	在提示下，看图或指认物体，认读单词、词组	2-1 根据图片或实物读出单词或词组（见材料一，评估者根据情况给予提示）			
	1.2 能正确朗读学过的8篇课文	3	正确朗读所学课文	3-1 从所学课文或阅读材料中任选5篇朗读（见材料二）			
		4	在提示下，正确朗读课文	4-1 从所学课文或阅读材料中任选5篇朗读（见材料二，评估者根据情况给予提示）			

（续表）

一级目标	评估项目		评估内容/方法	评估记录	评估结果与分析		结论与建议
	二级目标	序号 项目			得分	分析	
2 能读懂简单的故事，体会趣味	2.1 能读懂故事，体会趣味	5 读简单的图画故事，完成任务	5-1 阅读故事，回答问题（见材料三。注：评估者可选择其它教材或绘本故事进行评估，例题仅供参考）				
		6 在提示下，读简单的图画故事，完成任务	6-1 阅读故事，回答问题（见材料三，评估者根据情况给予提示）				

书写领域

姓名：_____ 年级：_____ 评估者：_____ 评估日期：_____

一级目标	二级目标	评估项目		评估内容/方法	评估记录	评估结果与分析		结论与建议
		序号	项目			得分	分析	
1 能正确书写字母和单词	1.1 能正确、工整、清楚地书写49个四会单词	1	听写49个四会单词	1-1 写出所听到的单词和词组（评估者见材料二，学生见材料一）				
		2	抄写49个四会单词	2-1 抄写所听到的单词和词组（评估者见材料三，学生见材料一）				
		3	描红49个四会单词	3-1 描红所给的单词和词组（见材料四）				

（续表）

一级目标	二级目标	评估项目		评估内容/方法	评估记录	评估结果与分析		结论与建议
		序号	项目			得分	分析	
2 能模仿范例写句子	2.1 能正确、工整、清楚地使用大小写字母和英文标点符号书写8组四会句型	4	仿照范例抄写句子	4-1 准确规范抄写句子（见材料五。注：评估者可根据学习内容选择其他句子）				
		5	描红句子	5-1 准确规范描红句子（见材料六）				
	2.2 能模仿范例写话	6	模仿范例写句话	6-1 模仿范例，准确规范写句子（见材料七。注：评估者可根据学习内容选择其他话题）				
		7	模仿范例补全内容	7-1 模仿范例，准确规范补全句子（见材料八）				

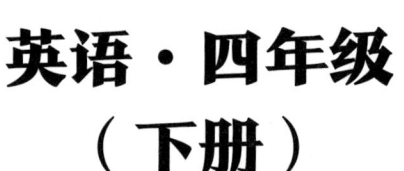

英语·四年级
（下册）

编写人员：

王　霞　黄永志　刘晓慧

学　校：_____　　　年　级：_____
姓　名：_____　　　出生日期：_____
评估者：_____　　　评估时间：_____

评估标准：

　　3分：独立完成单一知识/技能；或独立完成多重知识/技能100%。

　　2分：独立完成或在单一支持下完成多重知识/技能60%及以上；或在单一支持下完成单一知识/技能。

　　1分：独立完成或在多重支持下完成多重知识/技能20%～60%以内；或在多重支持下完成单一知识/技能。

　　0分：独立完成或在多重支持下完成多重知识/技能20%以下；或在多重支持下无法完成单一知识/技能。

使用指南

一、设计思路

四年级下册英语课程评估手册共分为听做、说唱、认读、书写四个领域，每个领域的目标由一级目标和二级目标组成，每个二级目标下设置评估项目。本册共计4个领域、13个一级目标、16个二级目标、32个评估项目。听做领域一级目标3个，二级目标4个，评估项目7项；说唱领域一级目标6个，二级目标6个，评估项目12项；认读领域一级目标2个，二级目标3个，评估项目6项；书写领域一级目标2个，二级目标3个，评估项目7项。一级目标来自义务教育英语课程标准，二级目标是结合译林出版社四年级下册英语教材对一级目标分解而来。每个二级目标下设有数个评估项目，同一个二级目标下的评估项目是按照由独立到提示或由难到易的顺序排列。例如：二级目标"1.1能听辨44个单词和17个词组，并做出相应的反应"下，有两个评估项目，"1.听读音，找出对应的图片或实物"，这是评估学生能否独立听找，能听懂多少，能找对多少；"2.听录音，在提示下找出对应的图片或实物"这是评估学生不能独立听找时，在语音、卡片、动作等提示下，能听懂多少，能找对多少。每个评估项目后都列出了评估内容/方法，说明评估什么、用什么评估、怎么评估。

二、操作方法

评估时，评估者先从第一个评估项目开始，如果被评估的学生在该评估项目上全部通过，直接跳到下一个二级目标的第一个评估项目继续评估，以此类推。对通过的项目在评估手册的"评估记录"栏中记录评估结果，例如："能认读86个单词和21个词组"，如果学生能全部独立认读，就根据评分标准在"评估结果与分析"得分栏中记3分，分析栏中说明该生已经100%掌握四年级下册86个单词和21个词组的认读，学习目标已达成，建议该生可以进入后续目标学习；如果学生能独立认读64个，正确率60%，根据评分标准在"评估结果与分析"得分栏中记2分；如果学生只能独立认读32个，正确率30%，只记1分，分析栏中说明该生未能全部认读，建议进行提示下再评估。

如果被评估的学生在评估项目1（独立完成项目）没有全部通过，其中没有通过的评估内容就进入评估项目2（提示下完成项目）继续评估。如果在单一提示下完成，属于2分项；如果在两种或两种以上提示下完成，属于1分项；如果在多重提示下仍然无法完成，属于0分项，都在评估手册中标注评估结果。将处于最近发展区的2分项和1分项分别汇总，填写在评估手册的

"评估结果与分析"栏中，并做分析。2分项和1分项是学生可接近性学习目标，从中优先选择迫切需要学习的项目，作为下一阶段的学习目标，填写在"结论与建议"中。

● 说明：

1. 符号：在英语中，（ ）里的内容表示可以省略；

2. 内容：评估手册与评估材料上的内容一一对应，完全一致，包括题号；

3. 评估者提示：可根据学生需要进行调整，同一提示不超过3遍；

4. 语言障碍的学生如果不能说，请评估者说，学生指认；

5. 弱视的学生请提供助视器等辅助设备；

6. 听力材料最多播报两遍，两遍之后属于在提示下完成。

三、评估例举

（一）听做领域

1. 二级目标1.1中，"听辨单词和词组"指评估者根据评估手册中的单词分类顺序，随机播报单词，学生指出所听到的单词或词组；"在提示下"指评估者可以通过肢体语言提示等方式帮助学生完成评估。

2. 二级目标2.1中，"听指令，做动作"建议任课教师根据常用的课堂指令和日常生活指令进行评估，可辅以自然状态下的肢体语言。

3. 二级目标2.2中，"听指令，做事情"要求学生根据评估者播报的内容，完成相应的任务；"在提示下"指评估者可以通过肢体语言提示等方式帮助学生完成评估。

4. 二级目标3.1中，"听故事，在提示下作出反应"指评估者可以通过增加肢体语言、放慢语速等方式帮助学生完成评估。

（二）说唱领域

1. 二级目标1.1中，"看图说单词和词组"要求学生根据图片说出相应的单词和词组，发音准确、内容正确；"在提示下"指可以通过看评估者口型、提示中文等方式帮助学生完成评估。

2. 二级目标2.1中，"看图说话"要求学生根据图片表达，符合情境、发音准确、内容正确；"在提示下"指评估者可以通过中文情境提示、部分句型语音提示、角色扮演、示范说话等方式帮助学生完成评估（注：有横线"＿＿＿"的气泡需要说出相应的内容）。

3. 二级目标3.1中，"交流简单的个人信息"要求学生交流时互动自然、发音准确、内容正确；"在提示下"指评估者可以通过让学生先跟读、其他同学演示2组范例、提示关键词等方式帮助学生完成评估。

4. 二级目标4.1中，"表达简单的情感和感觉"要求学生表达时发音准确、内容正确，有一定的情感和肢体语言（重点关注内容）；"在提示下"指评估者可以通过其他同学演示2组范例、提示关键词等方式帮助学生完成评估。

5. 二级目标5.1中"问候和告别"要求学生表达时符合情境、发音准确、内容正确；"在提示下"指评估者可以通过先和学生问候，加上肢体语言等方式帮助学生完成评估。

6. 二级目标6.1中，"说唱歌曲和歌谣"要求学生说唱时内容和旋律正确（重点关注内容）。学生可以先听1遍所选内容，然后完成说唱；"在提示下"指学生可以采用跟着录音逐句唱和说、模仿评估者逐句唱和说等方式完成评估。

● 备注：

1. 二级目标3.1请评估者事先准备疾病类的单词卡和一张公园或者动物园的图；
2. 二级目标4.1请学生事先准备好课程表。

（三）认读领域

1. 二级目标1.1中，"认读单词和词组"要求学生表达时发音准确、内容正确；"在提示下"指评估者可以通过口型演示、指导拼读等方式帮助学生完成评估。

2. 二级目标1.2中，"朗读课文"要求学生表达时发音准确、内容正确、吐字清晰、内容完整、语调正确；"在提示下"指评估者可通过提示部分单词或句子的读音等方式帮助学生完成评估。

3. 二级目标2.1中，"读懂趣味故事"要求学生阅读评估材料中的图画故事，正确回答问题；"在提示下"指评估者可以指导学生看图或认读词句，以理解图画故事（本题例题仅供参考，评估者可提出其他任务检测学生是否读懂故事，可选择其他教材或绘本故事进行评估）。

（四）书写领域

1. 二级目标1.1中，评估者可以根据评估手册中的单词分类顺序进行播报，学生正确、工整、清楚地写出所听到的单词或词组；学生无法自己写出时，评估者指导学生在打乱顺序的单词卡中，抄写所听到的单词或词组；学生听写和抄写都无法完成时，直接描红单词和词组，老师无需播报。

2. 二级目标2.1中，学生模仿范例书写句型，正确使用大小写字母和英文标点符号；学生无法正确抄写时，评估者指导学生描红给出的范例（注：版面内容有限，除范例外，评估者还可以选取教材中已学句型，指导学生抄写或描红）。

3. 二级目标2.2中，学生模仿范例写话，正确使用大小写字母和英文标点符号；学生无法正确仿写时，评估者指导学生根据提示补全写话内容。

听做领域

姓名：_____　年级：_____　评估者：_____　评估日期：_____

一级目标	二级目标	评估项目		评估内容/方法	评估记录	评估结果与分析		结论与建议
		序号	项目			得分	分析	
1 能根据听到的词句识别或指认图片或实物	1.1 能听辨44个单词和17个词组，并做出相应反应	1	听读音，找出对应的图片或实物	1-1 根据听到的读音找出对应的图片或实物（见材料一）				
		2	听读音，在提示下找出对应的图片或实物	2-1 根据听到的读音找出对应的图片或实物（见材料一，评估者根据情况给予提示）				

175

（续表）

一级目标	二级目标	评估项目		评估内容/方法	评估记录	评估结果与分析		结论与建议
		序号	项目			得分	分析	
2 能听懂简短的指令并作出相应的反应	2.1 能听懂常用的课堂指令，并作出相应的反应	3	听指令，做动作	3-1 根据听到的指令做相应的动作（注：任课教师随堂检测。如有需求，评估者见材料二）				
		4	听指令，在提示下做动作	4-1 根据听到的指令，做相应的动作（注：任课教师随堂检测。如有需求，评估者见材料二，根据情况给予提示）				
	2.2 能根据指令做事情	5	听指令，做事情	5-1 根据要求做事情（评估者见材料三，学生见材料四） （1）听录音，勾出王军一周的活动安排 （2）听录音，连线，找到衣服的主人				
		6	听指令，在提示下做事情	6-1 根据要求做事情（评估者见材料三，学生见材料四，评估者根据情况给予提示）				

（续表）

一级目标	二级目标	评估项目		评估内容/方法	评估记录	评估结果与分析		结论与建议
		序号	项目			得分	分析	
3 能在图片和动作的提示下听懂简单的小故事并作出适当的反应	3.1 能在提示下听懂简单的小故事，作出相应的反应	7	在提示下听懂简单的小故事，做出相应的反应	7-1 听录音，绘制刘涛一天的作息时间表（评估者见材料五，学生见材料六，评估者根据情况给予提示）				

说唱领域

姓名：_____　　年级：_____　　评估者：_____　　评估日期：_____

一级目标	二级目标	评估项目		评估内容/方法	评估记录	评估结果与分析		结论与建议
		序号	项目			得分	分析	
1 能根据图、文说或说出单词或词组	1.1 能根据图、文、演示说出60个单词和17个词组	1	看图片，正确地说出相应的单词和词组	1-1 看图片，说出相应的单词和词组（见材料一）				
		2	看图片，在提示下正确地说出相应的单词和词组	2-1 看图片，说出相应的单词和词组（见材料一，评估者根据情况给予提示）				
2 能根据图、文、演示说出20组短句	2.1 能根据图、文、演示说出20组短句	3	看图片，说出相应的句子	3-1 看图片，说出相应的句子（见材料二）				
		4	看图片，在提示下说出相应的句子	4-1 看图片，说出相应的句子（见材料二，评估者根据情况给予提示）				

（续表）

一级目标	二级目标	评估项目		评估记录	评估结果与分析		结论与建议
		序号	项目		得分	分析	
3 能相互交流简单的个人信息	3.1 能用5个句型交流简单的个人信息	5	运用正确的句型交流简单的个人信息	5-1 用正确的句型交流个人信息（见材料三） （1）谈论作息时间 （2）说一说自己一天的活动 （3）谈论看到的物品 （4）谈论身体状况 （5）模拟电话请假			
		6	在提示下，运用正确的句型交流简单的个人信息	6-1 用正确的句型交流个人信息（见材料三，评估者根据情况给予提示）			

（续表）

评估项目			评估内容/方法	评估记录	评估结果与分析		结论与建议
一级目标	二级目标	序号 项目			得分	分析	
4 能表达简单的情感和感觉	4.1 能用2个句型表达喜欢和不喜欢	7 运用正确的句型表达自己的喜欢和不喜欢	7-1 用所给的句型表达简单的情感和感觉（见材料四） （1）说一说自己喜欢的学科和每天的课程 （2）说一说自己喜欢的季节				
		8 在提示下，运用所学的句型表达自己的喜欢和不喜欢	8-1 用所给的句型表达简单的情感和感觉（见材料四，评估者根据情况给予提示）				
5 能够相互以简单致的问候和告别	5.1 能用3种问候语、1种告别语互致问候和告别	9 看图片，说指令，做出正确的反应	9-1 看图片，说出正确的问候语（见材料五） （1）在比较正式的场合见面打招呼 （2）晚上睡觉之前互相问候 （3）熟人见面，互问身体状况 （4）道别"明天见"				

（续表）

一级目标	二级目标	评估项目		评估记录	评估结果与分析		结论与建议
		序号	项目		得分	分析	
		10	看图片，在提示下说指令，做出正确的反应	10-1 看图片，说出正确的问候语（见材料五，评估者根据情况给予提示）			
6 能学唱歌曲和歌谣	6.1 能说唱4首歌谣、4首英文歌曲	11	说唱英文歌谣、歌曲	11-1 说唱歌谣、歌曲（见材料六。注：学生可以先听1遍熟悉旋律） （1）任选3首歌谣说一说 （2）任选3首歌曲唱一唱			
		12	在提示下，说唱英文歌谣、歌曲	12-1 说唱歌谣、歌曲（见材料六，评估者根据情况给予提示）			

认读领域

姓名：_____　年级：_____　评估者：_____　评估日期：_____

一级目标	二级目标	评估项目		评估记录	评估结果与分析		结论与建议
		序号	项目		得分	分析	
1 能认读单词，正确地朗读课文	1.1 能认读86个单词，21个词组	1	看图或指认物体，认读单词、词组	1-1 根据图片或实物读出单词或词组（见材料一）			
		2	在提示下，看图或指认物体，认读单词、词组	2-1 根据图片或实物读出单词或词组（见材料一，评估者根据情况给予提示）			
	1.2 能正确朗读学过的8篇课文	3	正确朗读所学课文	3-1 从所学课文或阅读材料中任选5篇朗读（见材料二）			
		4	在提示下，正确朗读所学课文	4-1 从所学课文或阅读材料中任选5篇朗读（见材料二，评估者根据情况给予提示）			

（续表）

一级目标	二级目标	评估项目		评估内容/方法	评估记录	评估结果与分析		结论与建议
		序号	项目			得分	分析	
2 能读懂简单的故事，体会趣味	2.1 能读懂故事，体会趣味	5	读简单的图画故事，完成任务	5-1 阅读故事，回答问题（见材料三。注：评估者可选择其他教材或绘本故事进行评估，例题仅供参考）				
		6	在提示下，读简单的图画故事，完成任务	6-1 阅读故事，回答问题（见材料三，评估者根据情况给予提示）				

书写领域

姓名：_____ 年级：_____ 评估者：_____ 评估日期：_____

一级目标	二级目标	评估项目		评估内容/方法	评估记录	评估结果与分析		结论与建议
		序号	项目			得分	分析	
1 能正确书写字母和单词	1.1 能正确、工整、清楚地书写46个四会单词和9个词组	1	听写46个四会单词，9个词组	1-1 写出所听到的单词和词组（评估者见材料一、学生见材料二）				
		2	抄写46个四会单词，9个词组	2-1 抄写所听到的单词和词组（评估者见材料一、学生见材料三）				
		3	描写46个四会单词，9个词组	3-1 描红所给的单词和词组（见材料四）				

（续表)

一级目标	二级目标	序号	项目	评估内容/方法	评估记录	得分	分析	结论与建议
2 能模仿范例写句子	2.1 能正确、工整、清楚地使用大小写字母和英文标点符号书写8组四会句型	4	仿照范例抄写句子	4-1 准确规范抄写句子。（见材料五。注：评估者可根据学习内容选择其他句子）				
		5	描红句子	5-1 准确规范描红句子（见材料六）				
	2.2 能模仿范例写话	6	模仿范例写句话	6-1 模仿范例，准确规范写句子（见材料七。注：评估者可根据学习内容选择其他话题）				
		7	模仿范例，补全内容	7-1 模仿范例，准确规范补全句子（见材料八）				

普通学校
特殊需要学生
课程评估工具

评估材料 四年级 语文 数学 英语

Curriculum Assessment Tools for Students with Special Needs in General Primary Schools

王辉　宋修玲　著

编写团队（按姓氏笔画排序）
王淑琴　王　霞　刘　婷　刘加芳
刘晓慧　芮代琴　李月月　吴振兰
宋晓杰　张　华　张　琳　茅　成
赵　莉　赵　敏　顾　静　钱正慧
翁丽丽　唐宁宁　黄永志　彭益珍

南京大学出版社

图书在版编目（CIP）数据

普通学校特殊需要学生课程评估工具. 四年级 / 王辉, 宋修玲著. -- 南京：南京大学出版社, 2023.4
ISBN 978-7-305-26798-7

Ⅰ.①普… Ⅱ.①王…②宋… Ⅲ.①特殊教育 – 课程 – 评价 Ⅳ.① G76

中国国家版本馆 CIP 数据核字（2023）第 036984 号

出版发行	南京大学出版社
社　　址	南京市汉口路22号　　　邮　编　210093
出 版 人	金鑫荣

书　　名	普通学校特殊需要学生课程评估工具. 四年级
著　　者	王　辉　宋修玲
责任编辑	丁　群
照　　排	南京新华丰制版有限公司
印　　刷	南京凯德印刷有限公司
开　　本	787×1092　1/16　印张 34.75　字数 420 千
版　　次	2023年4月第1版　2023年4月第1次印刷
ISBN	978-7-305-26798-7
定　　价	150.00元

网　　址	http://www.njupco.com
官方微博	http://weibo.com/njupco
微信服务	njuyuexue
销售热线	（025）83594756

*版权所有，侵权必究
*凡购买南大版图书，如有印装质量问题，请与所购图书销售部门联系调换

目 录

语文·四年级（上册）

识字与写字领域 …………………………………… 3
阅读领域 …………………………………………… 32
口语交际领域 ……………………………………… 47
习作领域 …………………………………………… 50

语文·四年级（下册）

识字与写字领域 …………………………………… 61
阅读领域 …………………………………………… 90
口语交际领域 ……………………………………… 104
习作领域 …………………………………………… 107

数学·四年级（上册）

数与代数领域 ……………………………………… 116
图形与几何领域 …………………………………… 136
统计与概率 ………………………………………… 155

数学·四年级(下册)

数与代数领域 …………………………………… 167

图形与几何领域 ………………………………… 202

英语·四年级(上册)

听做领域 ………………………………………… 234

说唱领域 ………………………………………… 244

认读领域 ………………………………………… 267

书写领域 ………………………………………… 278

英语·四年级(下册)

听做领域 ………………………………………… 294

说唱领域 ………………………………………… 304

认读领域 ………………………………………… 328

书写领域 ………………………………………… 339

语文·四年级
（上册）

编写人员：

彭益珍　钱正慧　赵　莉　顾　静　唐宁宁　王淑琴
张　琳　张　华

绘图：

张劲松

学　校：_____　　年　级：_____
姓　名：_____　　出生日期：_____
评估者：_____　　评估时间：_____

评估标准：

　　3 分：独立完成单一知识/技能；或独立完成多重知识/技能100%。

　　2 分：独立完成或在单一支持下完成多重知识/技能60%及以上；或在单一支持下完成单一知识/技能。

　　1 分：独立完成或在多重支持下完成多重知识/技能20%～60%以内；或在多重支持下完成单一知识/技能。

　　0 分：独立完成或在多重支持下完成多重知识/技能20%以下；或在多重支持下无法完成单一知识/技能。

语文·四年级（上册）

识字与写字领域

材料一：

1-1 常用汉字

鼎 1	鹅 2	巢 3	蝇 4	兰 5	锁 6	拳 7	瓶 8	撇 9	霉 10	藕 11	豹 12	辫 13	蒜 14	谱 15
锈 16	砖 17	盐 18	卵 19	穗 20	埂 21	苇 22	坠 23	怀 24	豌 25	苔 26	框 27	蝙 28	蝠 29	铛 30
荧 31	屏 32	檐 33	钞 34	账 35	贺 36	杠 37	柄 38	蜗 39	菱 40	项 41	圃 42	蕾 43	蕊 44	玫 45
茉 46	莉 47	牡 48	丹 49	棠 50	链 51	膊 52	囊 53	韭 54	芥 55	芹 56	椒 57	薯 58	芋 59	茅 60
炕 61	旱 62	溉 63	键 64	沫 65	昂 66	跃 67	按 68	揭 69	捶 70	抛 71	劈 72	嗅 73	攀 74	磕 75
掐 76	兵 77	赌 78	宅 79	肢 80	躯 81	液 82	熄 83	卉 84	拜 85	肤 86	标 87	搜 88	囚 89	凿 90
砸 91	矿 92	屹 93	顿 94	沸 95	贯 96	浩 97	崩 98	震 99	霎 100	余 101	俗 102	镀 103	烁 104	罗 105
眠 106	霸 107	占 108	昧 109	僵 110	预 111	溢 112	即 113	锐 114	证 115	障 116	碍 117	唤 118	获 119	赖 120
潜 121	亿 122	索 123	奥 124	舶 125	质 126	避 127	撼 128	喧 129	驻 130	培 131	媒 132	氛 133	樟 134	狡 135
猾 136	暮 137	瑟 138	缘 139	骚 140	逊 141	输 142	均 143	隐 144	毫 145	慎 146	址 147	良 148	掘 149	倾 150

3

骤 151	置 152	缓 153	浊 154	丈 155	隆 156	帝 157	综 158	溺 159	返 160	斯 161	惨 162	盗 163	驰 164	恕 165
坚 166	押 167	遭 168	恶 169	愤 170	措 171	混 172	浆 173	塌 174	杀 175	颂 176	绩 177	奈 178	拯 179	嘶 180
哑 181	庞 182	级 183	哲 184	谓 185	顽 186	襟 187	怖 188	凭 189	欺 190	羡 191	殷 192	亏 193	拙 194	败 195
恨 196	帅 197	彻 198	溃 199	誉 200	丑 201	豪 202	塞 203	秦 204	征 205	杰 206	崛 207	范 208	魏 209	晰 210
效 211	淮 212	惑 213	氧 214	惩 215	斥 216	蓄 217	迫 218	租 219	纠 220	缠 221	邀 222	扰 223	拒 224	签 225
订 226	妄 227	延 228	昔 229	旦 230	媚 231	戎 232	诸 233	竞 234	唯 235	娶 236	媳 237	巫 238	绅 239	徒 240
吊 241	侯 242	剂 243	髓 244	纲 245	授 246	揍 247	俱 248	曰 249	呵 250					

材料二：

2-1 词语和图片

鼎 1 dǐng 鼎	鹅 2 é 鹅	巢 3 niǎo cháo 鸟巢
蝇 4 yíng 蝇	兰 5 lán huā 兰花	锁 6 suǒ 锁
拳 7 quán tou 拳头	瓶 8 píng zi 瓶子	撇 9 piě 撇
霉 10 méi diǎn 霉点	藕 11 ǒu 藕	豹 12 bào 豹

辫 13	蒜 14	谱 15
biàn zi 辫子	suàn 蒜	yuè pǔ 乐谱
锈 16	砖 17	盐 18
xiù 锈	zhuān kuài 砖 块	shí yán 食盐
卵 19	穗 20	埂 21
é luǎn shí 鹅卵石	dào suì 稻穗	tián gěng 田 埂
苇 22	坠 23	怀 24
lú wěi 芦苇	diào zhuì 吊坠	huái biǎo 怀表

豌 25  wān dòu 豌豆	苔 26  qīng tái 青苔	框 27  xiàng kuàng 相框
蝙 28  biān fú 蝙蝠	蝠 29  biān fú 蝙蝠	铛 30  líng dāng 铃铛
荧 31  yíng guāng bàng 荧光棒	屏 32  diàn zǐ píng 电子屏	檐 33  wū yán 屋檐
钞 34  chāo piào 钞票	账 35 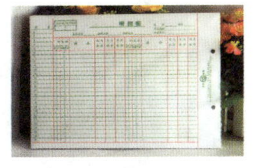 zhàng běn 账本	贺 36  hè kǎ 贺卡

杠 37	柄 38	蜗 39
shuāng gàng 双杠	yè bǐng 叶柄	wō niú 蜗牛
萎 40	项 41	圃 42
kū wěi 枯萎	xiàng liàn 项链	huā pǔ 花圃
蕾 43	蕊 44	玫 45
huā lěi 花蕾	huā ruǐ 花蕊	méi guī 玫瑰
茉 46	莉 47	牡 48
mò lì 茉莉	mò lì 茉莉	mǔ dān 牡丹

丹 49  mǔ dān 牡丹	棠 50  hǎi táng 海棠	链 51  tiě liàn 铁链
膊 52 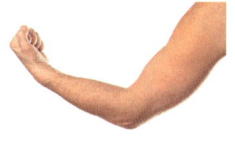 gē bo 胳膊	囊 53 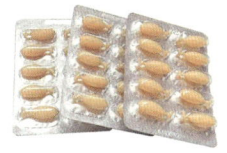 jiāo náng 胶囊	韭 54  jiǔ cài 韭菜
芥 55  jiè cài 芥菜	芹 56  qín cài 芹菜	椒 57  là jiāo 辣椒
薯 58  hóng shǔ 红薯	芋 59  yù tou 芋头	茅 60  máo wū 茅屋

炕 61 tǔ kàng 土炕	旱 62 gān hàn 干旱	溉 63 guàn gài 灌溉
键 64 jiàn pán 键盘	沫 65 pào mò 泡沫	

材料三：

2-2 动作和词语

昂 áng shǒu 昂首 66	跃 tiào yuè 跳跃 67	按 àn zhù 按住 68
揭 jiē kāi 揭开 69	捶 chuí bèi 捶背 70	抛 pāo qiú 抛球 71
劈 pī mù tou 劈木头 72	嗅 xiù wén 嗅闻 73	攀 pān pá 攀爬 74
磕 kē tóu 磕头 75	掐 qiā zhù 掐住 76	

材料四：

2-3 汉字

兵 77 赌 78 宅 79 肢 80	躯 81 液 82 熄 83 卉 84	拜 85 肤 86 标 87 搜 88	囚 89 凿 90 砸 91 矿 92
屹 93 顿 94 沸 95 贯 96	浩 97 崩 98 震 99 霎 100	余 101 俗 102 镀 103 烁 104	罗 105 眠 106 霸 107 占 108
昧 109 僵 110 预 111 溢 112	即 113 锐 114 证 115 障 116	碍 117 唤 118 获 119 赖 120	潜 121 亿 122 索 123 奥 124
舶 125 质 126 避 127 撼 128	喧 129 驻 130 培 131 媒 132	氛 133 樟 134 狡 135 猾 136	暮 137 瑟 138 缘 139 骚 140
逊 141 输 142 均 143 隐 144	毫 145 慎 146 址 147 良 148	掘 149 倾 150 骤 151 置 152	缓 153 浊 154 丈 155 隆 156
帝 157 综 158 溺 159 返 160	斯 161 惨 162 盗 163 驰 164	恕 165 坚 166 押 167 遭 168	恶 169 愤 170 措 171 混 172

塌 174	杀 175	奈 178	拯 179	庞 182	级 183	顽 186	襟 187
颂 176	绩 177	嘶 180	哑 181	哲 184	谓 185	怖 188	凭 189
欺 190	羡 191	拙 194	败 195	彻 198	溃 199	豪 202	塞 203
殷 192	亏 193	恨 196	帅 197	誉 200	丑 201	秦 204	征 205
杰 206	崛 207	晰 210	效 211	氧 214	惩 215	迫 218	租 219
范 208	魏 209	淮 212	惑 213	斥 216	蓄 217	纠 220	缠 221
邀 222	扰 223	订 226	妄 227	旦 230	媚 231	竞 234	唯 235
拒 224	签 225	延 228	昔 229	戎 232	诸 233	娶 236	媳 237
巫 238	绅 239	侯 242	剂 243	授 246	揍 247	呵 250	
徒 240	吊 241	髓 244	纲 245	俱 248	曰 249		

材料五：

3-1 常用字词和多音字

1. 常用字词

鼎 1	鹅 2	巢 3	蝇 4	兰 5	锁 6	拳 7	瓶 8	撇 9	霉 10	藕 11	豹 12	辫 13	蒜 14	谱 15
锈 16	砖 17	盐 18	卵 19	穗 20	埂 21	苇 22	坠 23	怀 24	豌 25	苔 26	框 27	蝙 28	蝠 29	铛 30
荧 31	屏 32	檐 33	钞 34	账 35	贺 36	杠 37	柄 38	蜗 39	菱 40	项 41	囤 42	蕾 43	蕊 44	玫 45
茉 46	莉 47	牡 48	丹 49	棠 50	链 51	膊 52	囊 53	韭 54	芥 55	芹 56	椒 57	薯 58	芋 59	茅 60
炕 61	旱 62	溉 63	键 64	沫 65	昂 66	跃 67	按 68	揭 69	捶 70	抛 71	劈 72	嗅 73	攀 74	磕 75
掐 76	兵 77	赌 78	宅 79	肢 80	躯 81	液 82	熄 83	卉 84	拜 85	肤 86	标 87	搜 88	囚 89	凿 90
砸 91	矿 92	屹 93	顿 94	沸 95	贯 96	浩 97	崩 98	震 99	霎 100	余 101	俗 102	镀 103	烁 104	罗 105
眠 106	霸 107	占 108	昧 109	僵 110	预 111	溢 112	即 113	锐 114	证 115	障 116	碍 117	唤 118	获 119	赖 120
潜 121	亿 122	索 123	奥 124	舶 125	质 126	避 127	撼 128	喧 129	驻 130	培 131	媒 132	氛 133	樟 134	狡 135
猾 136	暮 137	瑟 138	缘 139	骚 140	逊 141	输 142	均 143	隐 144	毫 145	慎 146	址 147	良 148	掘 149	倾 150

14

骤 151	置 152	缓 153	浊 154	丈 155	隆 156	帝 157	综 158	溺 159	返 160	斯 161	惨 162	盗 163	驰 164	恕 165
坚 166	押 167	遭 168	恶 169	愤 170	措 171	混 172	浆 173	塌 174	杀 175	颂 176	绩 177	奈 178	拯 179	嘶 180
哑 181	庞 182	级 183	哲 184	谓 185	顽 186	襟 187	怖 188	凭 189	欺 190	羡 191	殷 192	亏 193	拙 194	败 195
恨 196	帅 197	彻 198	溃 199	誉 200	丑 201	豪 202	塞 203	秦 204	征 205	杰 206	崛 207	范 208	魏 209	晰 210
效 211	淮 212	惑 213	氧 214	惩 215	斥 216	蓄 217	迫 218	租 219	纠 220	缠 221	邀 222	扰 223	拒 224	签 225
订 226	妄 227	延 228	昔 229	旦 230	媚 231	戎 232	诸 233	竞 234	唯 235	娶 236	媳 237	巫 238	绅 239	徒 240
吊 241	侯 242	剂 243	髓 244	纲 245	授 246	揍 247	俱 248	曰 249						

2. 多音字

薄	系	雀	降	曲	少	脏
相	吁	露	角	啊	哄	唉
钉	将	宁	要	扎	纪	

材料六：

4-1 生字

昂	跃	按	揭	捶	抛	劈	嗅	攀	磕	掐			
66	67	68	69	70	71	72	73	74	75	76			

材料七：

4-2 常用字词和多音字

1. 常用字词

盐 18	卯 19	穗 20	埂 21	苇 22	坠 23	怀 24	豌 25	苔 26	框 27	蝙 28	蝠 29	铛 30	荧 31	屏 32
檐 33	钞 34	账 35	贺 36	杠 37	柄 38	蜗 39	萎 40	项 41	囤 42	蕾 43	蕊 44	玫 45	茉 46	莉 47
牡 48	丹 49	棠 50	链 51	膊 52	囊 53	韭 54	芥 55	芹 56	椒 57	薯 58	芋 59	茅 60	炕 61	旱 62
溉 63	键 64	沫 65	兵 77	赌 78	宅 79	肢 80	躯 81	液 82	熄 83	卉 84	拜 85	肤 86	标 87	搜 88
囚 89	凿 90	砸 91	矿 92	屹 93	顿 94	沸 95	贯 96	浩 97	崩 98	震 99	霎 100	余 101	俗 102	镀 103
烁 104	罗 105	眠 106	霸 107	占 108	昧 109	僵 110	预 111	溢 112	即 113	锐 114	证 115	障 116	碍 117	唤 118
获 119	赖 120	潜 121	亿 122	索 123	奥 124	舶 125	质 126	避 127	撼 128	喧 129	驻 130	培 131	媒 132	氖 133
樟 134	狡 135	猾 136	暮 137	瑟 138	缘 139	骚 140	逊 141	输 142	均 143	隐 144	毫 145	慎 146	址 147	良 148
掘 149	倾 150	骤 151	置 152	缓 153	浊 154	丈 155	隆 156	帝 157	综 158	溺 159	返 160	斯 161	惨 162	盗 163
驰 164	恕 165	坚 166	押 167	遭 168	恶 169	愤 170	措 171	混 172	浆 173	塌 174	杀 175	颂 176	绩 177	奈 178

拯 179	嘶 180	哑 181	庞 182	级 183	哲 184	谓 185	顽 186	襟 187	怖 188	凭 189	欺 190	羡 191	殷 192	亏 193
拙 194	败 195	恨 196	帅 197	彻 198	溃 199	誉 200	丑 201	豪 202	塞 203	秦 204	征 205	杰 206	崛 207	范 208
魏 209	晰 210	效 211	淮 212	惑 213	氧 214	惩 215	斥 216	蓄 217	迫 218	租 219	纠 220	缠 221	邀 222	扰 223
拒 224	签 225	订 226	妄 227	延 228	昔 229	旦 230	媚 231	戎 232	诸 233	竟 234	唯 235	娶 236	媳 237	巫 238
绅 239	徒 240	吊 241	侯 242	剂 243	髓 244	纲 245	授 246	揍 247	俱 248	曰 249				

2. 多音字

老虎看到小羊羔,"啊呜"一声就扑了过去。

公园真美啊!

啊,通往松鼠太太家的路,成了一条开满鲜花的小路。

弟弟唉声叹气地对我说:"我真是没用!"

"唉,这可咋办呀?"叔叔看着快死的鱼苗着急地说。

小老鼠气喘吁吁地说:"不好啦,猫来啦!"

这时,有一个顽皮的孩子故意要引它们来,就吁哩哩地叫了一声。

材料八：

4-3 字和图片

材料九：

7-1 书写听到的汉字

材料十：

8-1 仿写250个常用汉字

潮	据	堤	阔	盼
滚	顿	逐	渐	堵
犹	崩	震	霎	余
淘	牵	鹅	卵	坑
洼	填	庄	稼	俗
跃	葡	萄	稻	熟
豌	按	舒	适	暗
恐	僵	硬	枪	耐
探	愉	曾	沟	蚊
即	科	横	竖	绳

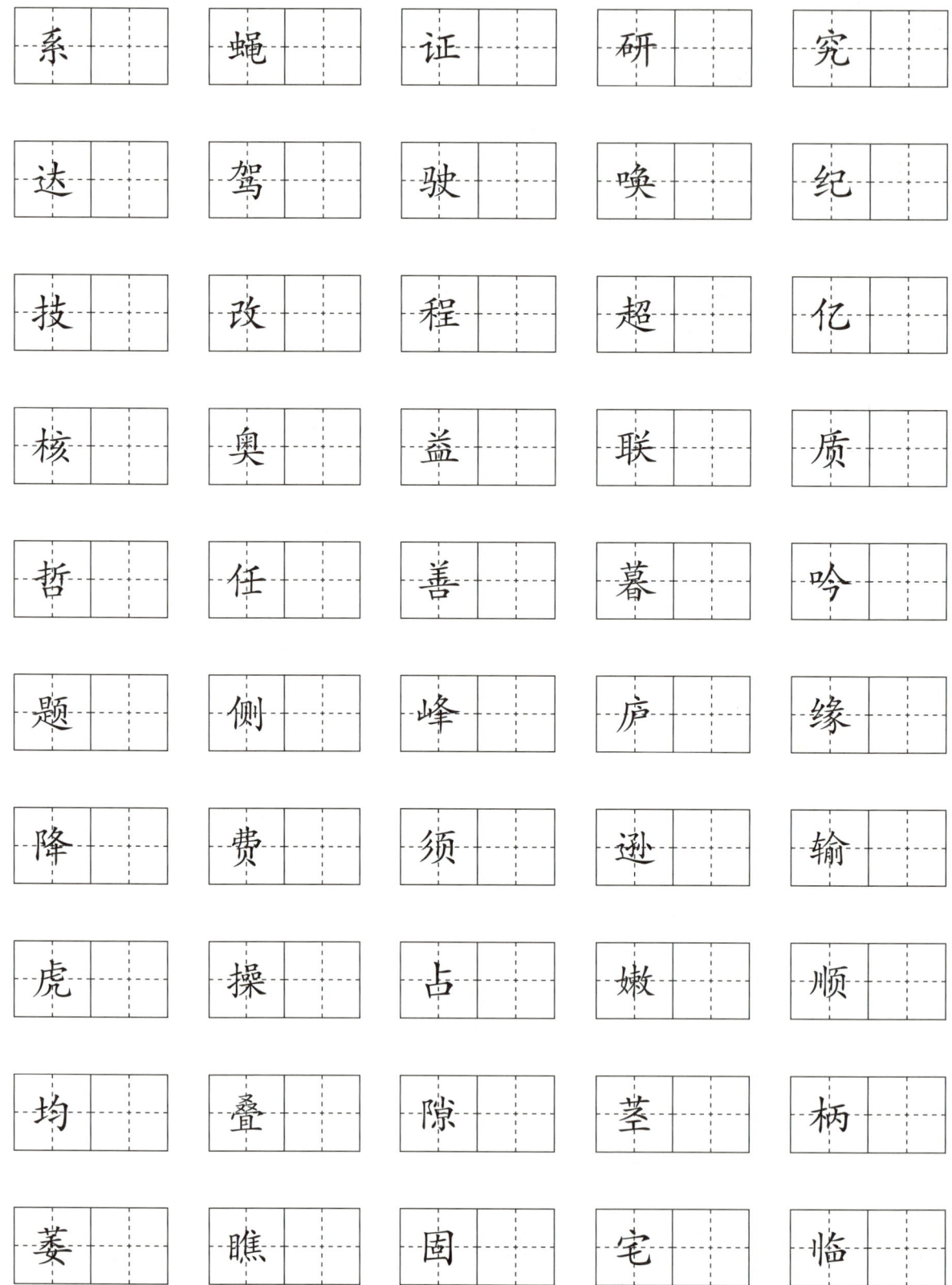

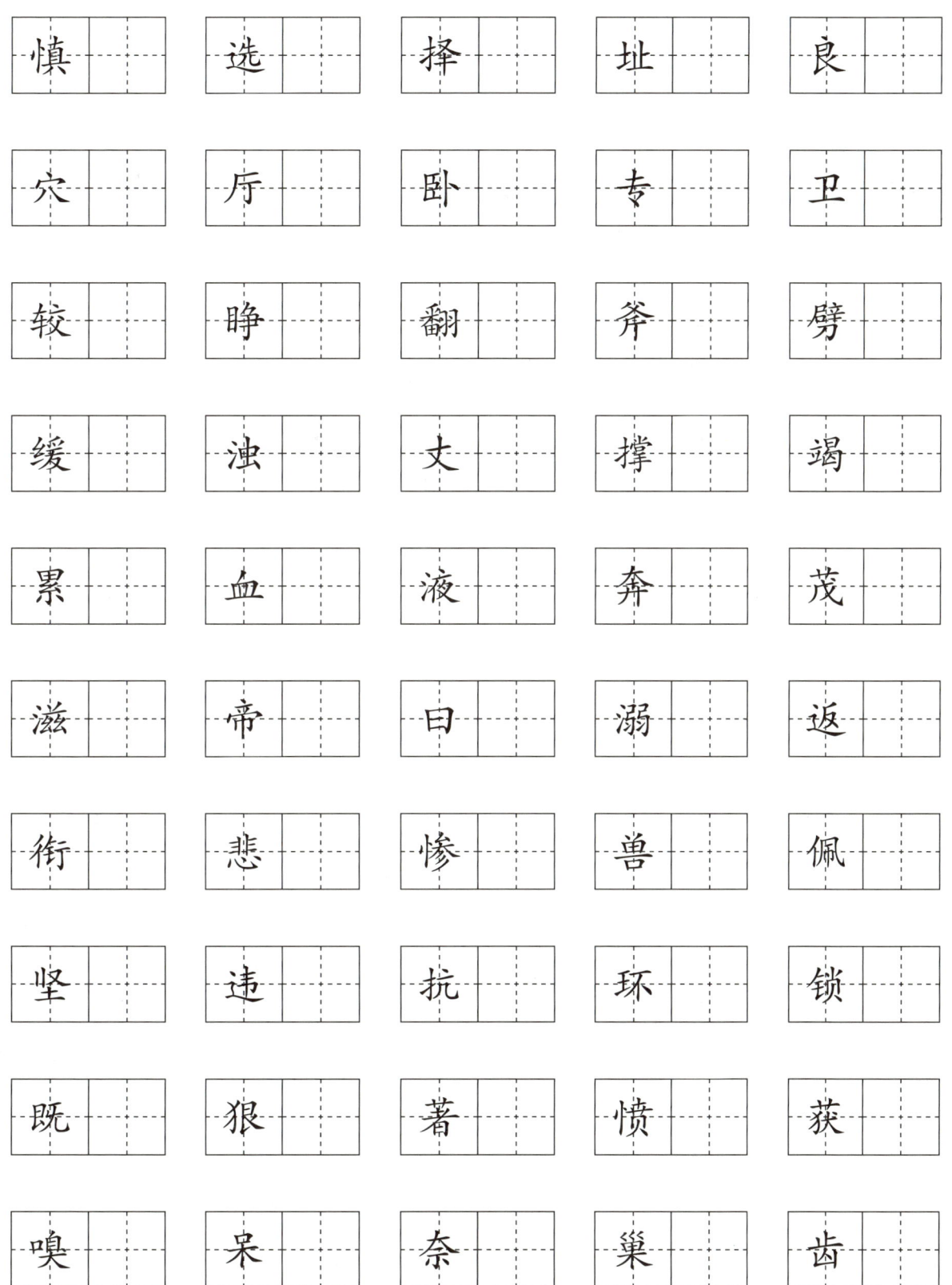

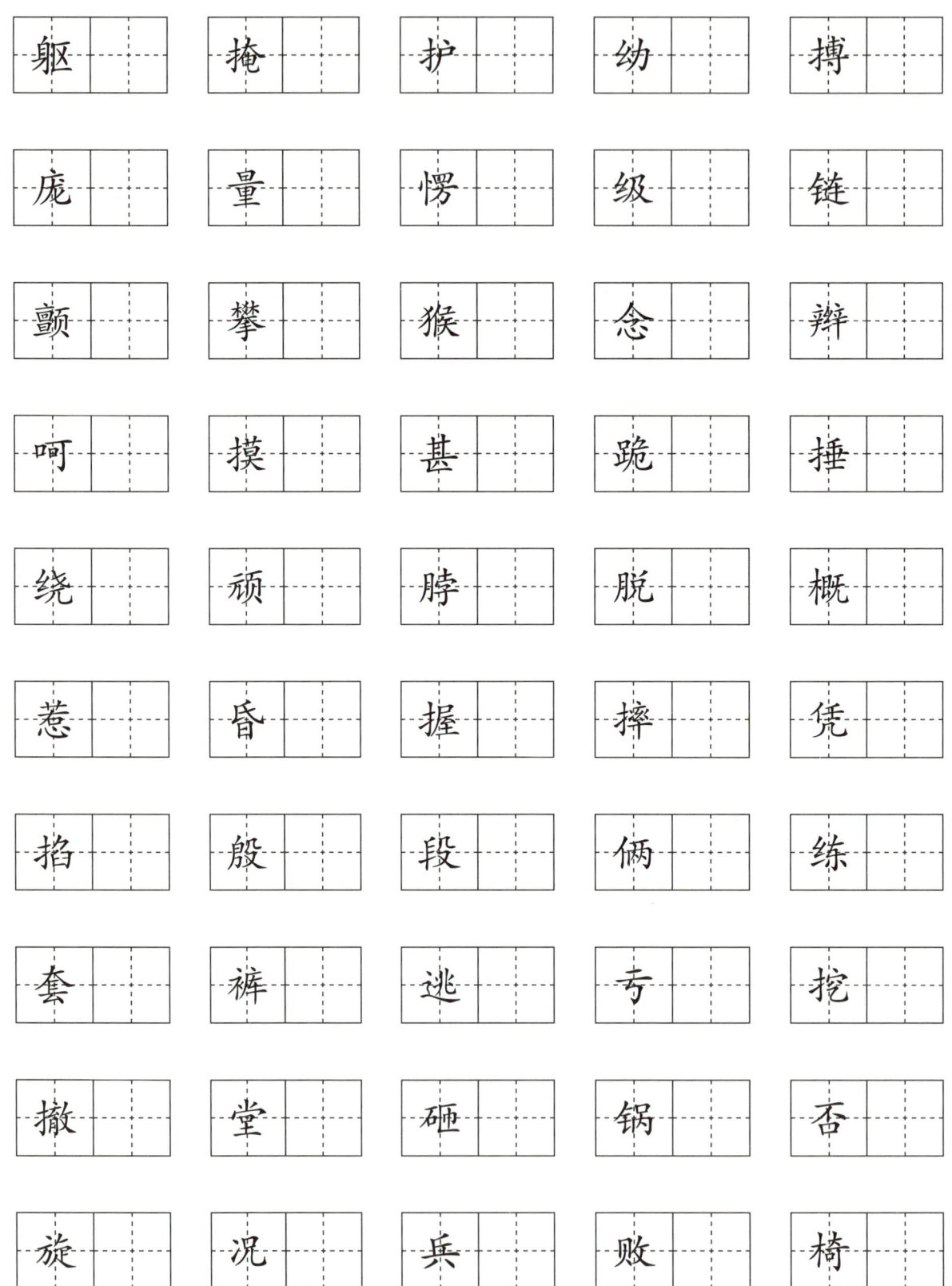

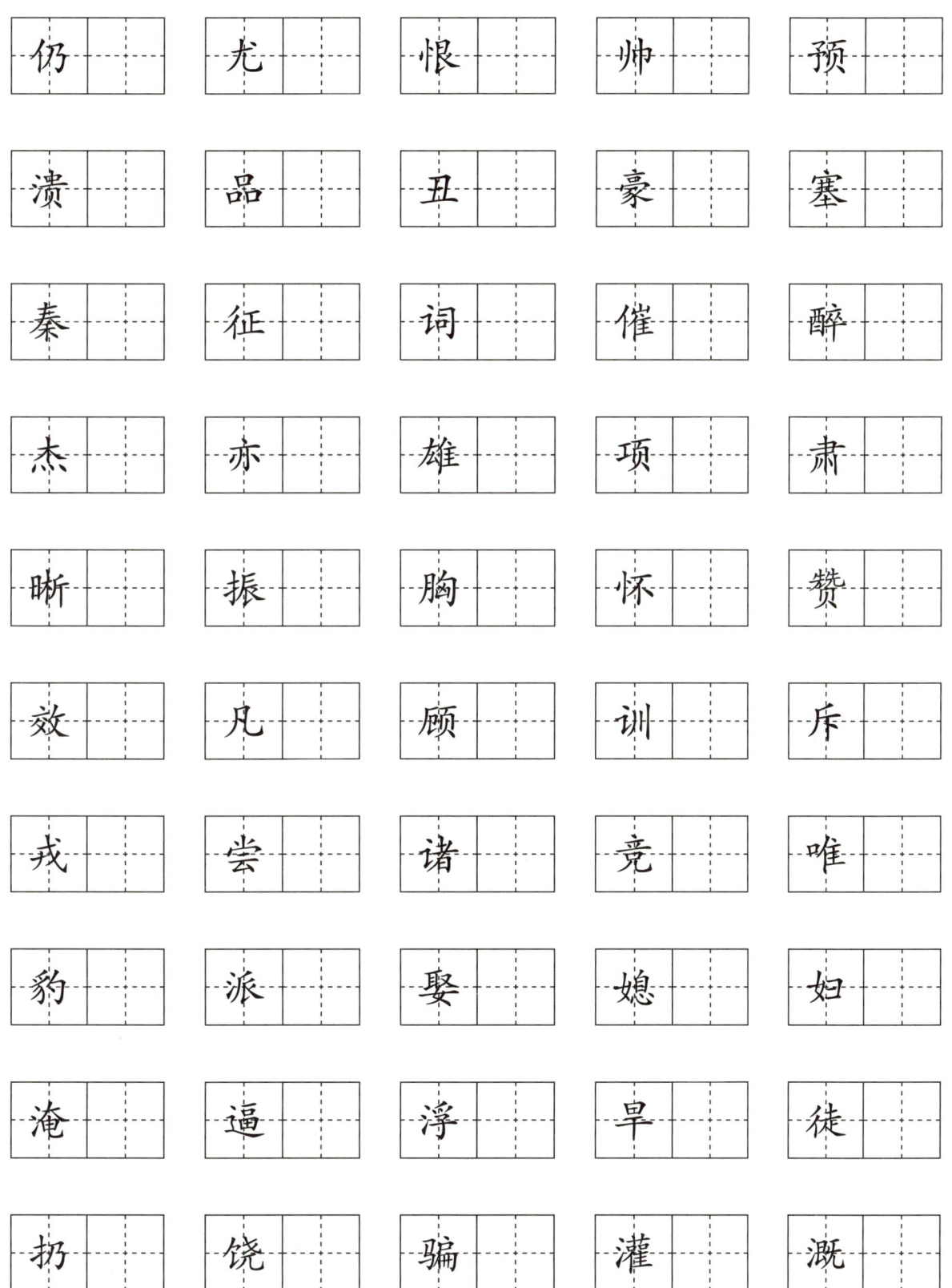

材料十一：

9-1 描写250个常用汉字

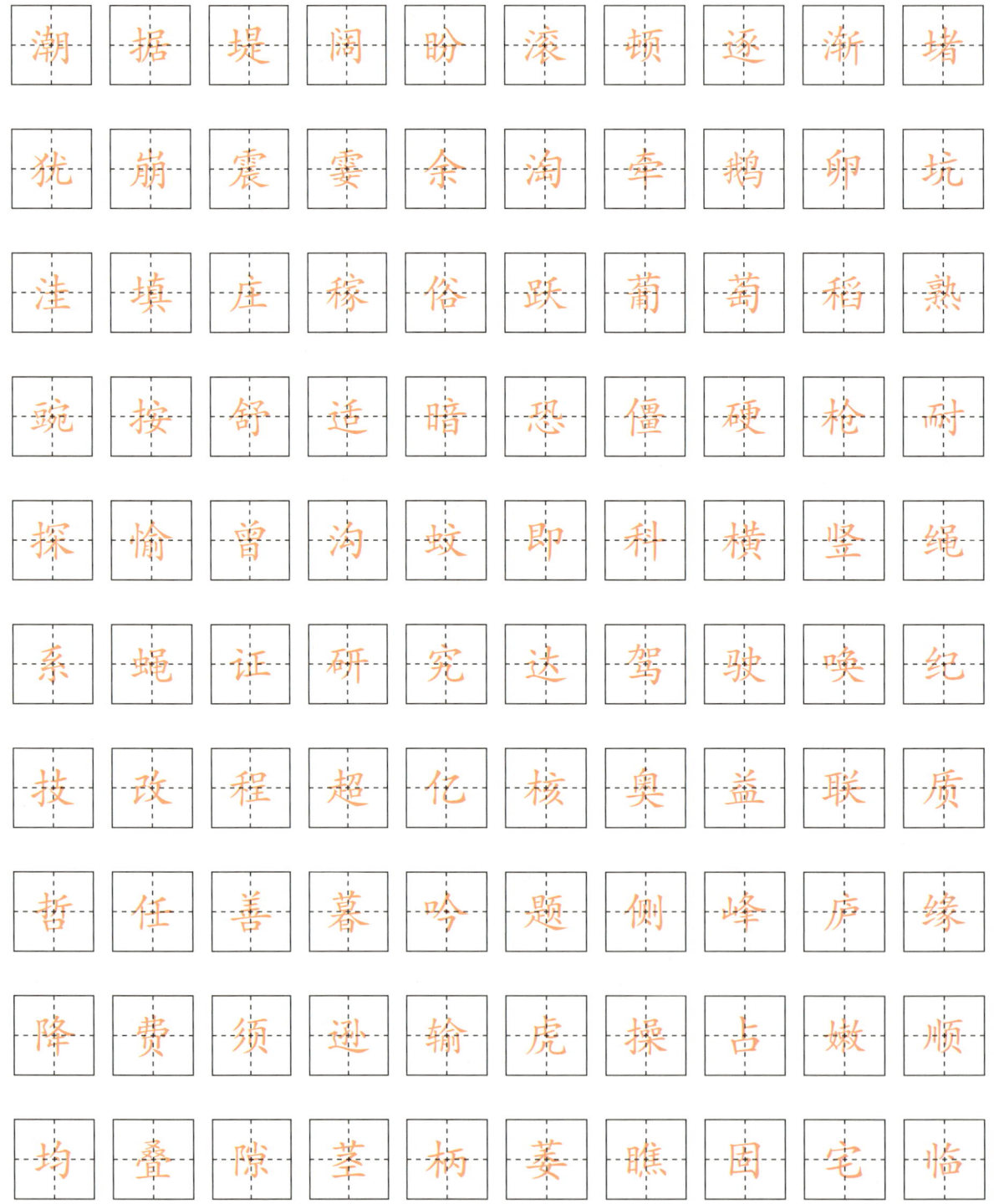

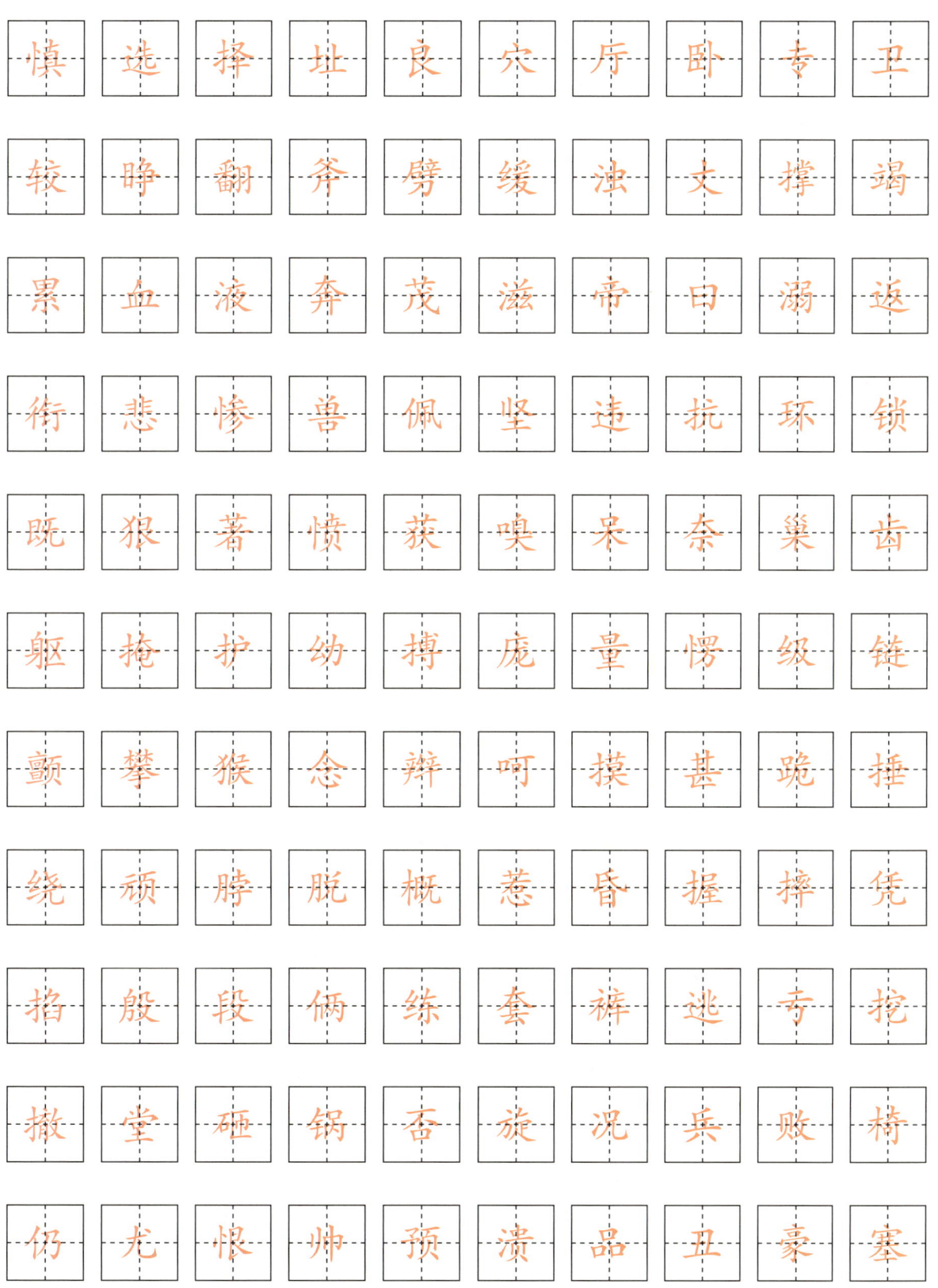

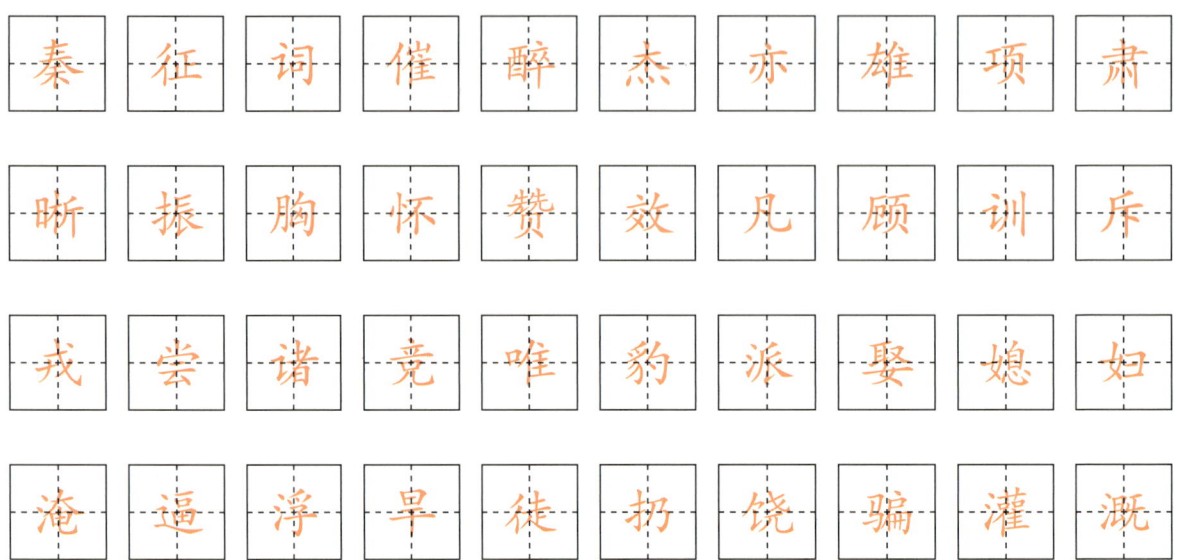

材料十二：

11-1 书写一段话

书写要求：

1. 字的中心要在横格的中线上，保持水平。

2. 字距要差不多，标点符号和字之间要保持一定的距离。

3. 书写速度要均匀。

　　　　是在洱海里淘洗过吗？月盘是那样明亮，月光是那样柔和，照亮了高高的点苍山，照亮了村头的大青树，也照亮了，照亮了村间的大道和小路……

阅读领域

材料一：

1–1/2–1/3–1/4–1/5–1/6–1//8–1/10–1 课文《九寨沟》第3自然段，课文《九色鹿》第8自然段

《九寨沟》第3自然段

　　一座座雪峰插入云霄，峰顶银光闪闪。大大小小的湖泊，像颗颗宝石镶嵌在彩带般的沟谷中。湖水清澈见底，湖底石块色彩斑lán斓。从河谷至山坡，遍布着原始森林。每当天气晴朗时，蓝天、白云、雪峰、森林，都倒映在湖水中，构成了一幅幅五彩缤纷的图画，难怪人们把这些湖泊叫做"五花海""五彩池"呢。由于河谷高低不平，湖泊与湖泊之间恰似一级级天然的台阶。由此形成的一道道高低错落的瀑布，宛如白练腾空，银花四溅，蔚为壮观。

《九色鹿》第 8 自然段

　　山林之中，春光明媚。九色鹿在开满鲜花的草地上睡得正香。突然，乌鸦高声叫喊道："九色鹿，九色鹿，快醒一醒吧，国王的军队捉你来了！"九色鹿从梦中惊醒，发现自己已处在刀枪箭斧的包围之中，无法脱身。再一看，调达正站在国王身边。九色鹿非常气愤，指着调达说："陛(bì)下，您知道吗？正是这个人，在快要淹死时，我救了他。他发誓永不暴露我的住地，谁知他竟然见利忘义！您与这种灵魂肮脏的小人一起来残害无辜，难道不怕天下人笑话吗？"

材料二：

7-1/9-1/11-1/12-1/13-1/15-1/17-1/19-1 课文《九色鹿》全文

《九色鹿》

在一片景色秀丽的山林中，有一只鹿。它双角洁白如雪，身上有九种鲜艳的毛色，漂亮极了，人们都称它九色鹿。

这天，九色鹿在河边散步。突然，耳边传来"救命啊，救命！"的呼喊。只见一个人在汹涌的波涛中奋力挣扎。九色鹿立即纵身跳进河中，将落水人救上岸来。

落水人名叫调达，得救后连连向九色鹿叩(kòu)头，感激地说："谢谢你的救命之恩，我愿永远做你的奴仆，终身受你的驱使……"

九色鹿打断了调达的话，说："我救你并不是要你做我的奴仆。快回家吧。只要你不向任何人泄露我的住处，就算是知恩图报了。"

调达郑重起誓，决不说出九色鹿的住处，然后千恩万谢地走了。

有一天，这个国家的王妃做了一梦，梦见了一头双角洁白如雪、身披九种鲜艳毛色的鹿。她突发奇想：如果用这只鹿的毛皮做件衣服穿上，我一定会显得更加漂亮！于是她缠着国王要他去捕捉九色鹿。国王无奈，只好张贴皇榜，重金悬赏捕捉九色鹿。

调达看了皇榜，心想发财的机会来啦，就进宫告密。国王听了，立即调集军队，由调达带路，浩浩荡荡地向着九色鹿的住地进发了。

山林之中，春光明媚。九色鹿在开满鲜花的草地上睡得正香。突然，乌鸦高声叫喊道："九色鹿，九色鹿，快醒一醒吧，国王的军队捉你来了！"九色鹿从梦中惊醒，发现自己已处在刀枪箭斧的包围之中，无法脱身。再一看，调达正站在国王身边。九色鹿非常气愤，指着调达说："陛下，您知道吗？正是这个人，在快要淹死时，我救了他。他发誓永不暴露我的住地，谁知他竟然见利忘义！您与这种灵魂肮脏的小人一起来残害无辜，难道不怕天下人笑话吗？"

国王非常惭愧。他斥责调达背信弃义,恩将仇报,并重重惩罚了他,还下令全国臣民永远不许伤害九色鹿。

材料三：

14-1/16-1/20-1 课文《九色鹿》第6、7自然段

有一天，这个国家的王妃做了一梦，梦见了一头双角洁白如雪、身披九种鲜艳毛色的鹿。她突发奇想：如果用这只鹿的毛皮做件衣服穿上，我一定会显得更加漂亮！于是她缠着国王要他去捕捉九色鹿。国王无奈，只好张贴皇榜，重金悬赏捕捉九色鹿。

调达看了皇榜，心想发财的机会来啦，就进宫告密。国王听了，立即调集军队，由调达带路，浩浩荡荡地向着九色鹿的住地进发了。

材料四：

18-1 根据以下提示，简要复述九色鹿的故事

第一部分：九色鹿救了调达

第二部分：调达告密

第三部分：九色鹿向国王说明原因

第四部分：国王惩罚调达

材料五：

21-1/22-1/23-1 古诗《鹿寨》《暮江吟》《题西林壁》《雪梅》《嫦娥》《出塞》《凉州词》《夏日绝句》《别董大》

鹿柴(zhài)

［唐］王维(wéi)

空山不见人，但闻人语响。
返(fǎn)景入深林，复照青苔(tái)上。

暮(mù)江吟

［唐］白居易

一道残阳铺水中，半江瑟(sè)瑟半江红。

可怜九月初三夜，露似真珠月似弓。

题西林壁

［宋］苏轼(shì)

横看成岭侧成峰，远近高低各不同。
不识庐山真面目，只缘(yuán)身在此山中。

雪梅

[宋] 卢钺

梅雪争春未肯降，骚人阁笔费评章。
梅须逊雪三分白，雪却输梅一段香。

嫦娥

[唐] 李商隐

云母屏风烛影深，长河渐落晓星沉。
嫦娥应悔偷灵药，碧海青天夜夜心。

出塞

[唐] 王昌龄

秦时明月汉时关，万里长征人未还。
但使龙城飞将在，不教胡马度阴山。

凉州词

[唐]王翰(hàn)

葡萄美酒夜光杯,欲饮琵琶(pí pá)马上催。

醉卧沙场君莫笑,古来征战几人回?

夏日绝句

[宋]李清照

生当作人杰(jié),死亦为鬼雄。

至今思项羽,不肯过江东。

别董大

[唐]高适

千里黄云白日曛(xūn),北风吹雁雪纷纷。

莫愁前路无知己,天下谁人不识君?

材料六：

24-1 古诗《暮江吟》

暮江吟①

〔唐〕白居易

一道残阳铺水中，

半江瑟瑟②半江红。

可怜③九月初三夜，

露似真珠④月似弓。

① 〔吟〕古代诗歌载体的一种。
② 〔瑟瑟〕这里形容未受到残阳照射的江水所呈现的青绿色。
③ 〔可怜〕可爱。
④ 〔真珠〕这里指珍珠。

材料七：

25-1/26-1 读词语，说出／比划出想象到的画面

人声鼎沸　　锣鼓喧天（luó xuān）　　震耳欲聋（lóng）　　响彻云霄（chè xiāo）

低声细语　　窃窃私语　　鸦雀无声　　悄无声息（qiāo）

25-2/26-2 读词语，说出／比划出想到的人物或故事

腾云驾雾　　三头六臂　　上天入地　　神通广大

神机妙算　　未卜先知　　各显神通　　刀枪不入

25-3/26-3 读词语，说出／比划出词语的意思

打头阵　　挑大梁　　占上风　　破天荒

栽跟头　　敲边鼓　　开绿灯　　碰钉子

25-4/26-4 读词语，说出／比划出这些词一般用来形容哪些人

志存高远　　精忠报国　　大义凛然　　英勇无畏

视死如归　　铁面无私　　秉公执法　　刚正不阿

25-5/26-5 在括号里填上合适的字

眉清（　）（　）　　亭亭（　）（　）　　明眸（　）（　）

（　）（　）彬彬　　（　）（　）堂堂　　威风（　）（　）

膀大（　）（　）　　短小（　）（　）　　容光（　）（　）

鹤发（　）（　）　　慈眉（　）（　）　　老态（　）（　）

材料八：

27-1/28-1 接读名言

好问则裕，（　　　　　　　）。

博学之，审问之，（　　　　），（　　　　），（　　　　）。

智能之士，不学不成，（　　　　　　　）。

人非生而知之者，（　　　　　　　）？

立了秋，（　　　　　　）。

二八月，（　　　　　　）。

夏雨少，（　　　　　　）。

八月里来雁门开，（　　　　　　　）。

一场秋雨一场寒，（　　　　　　　）。

八月暖，九月温，（　　　　　　　）。

尺有所短，（　　　　　　）。

差之毫厘，（　　　　　　）。

一言既出，（　　　　　　）。

机不可失，（　　　　　　）。

病从口入，（　　　　　　）。

比上不足，（　　　　　）。

27-2/28-2 照样子写句子

例子：用句子把"害怕"的感觉写出来：妈妈一走，我就把屋里所有的灯都打开，然后钻进被窝，蒙上头，大气都不敢喘。

用句子把"生气"的感觉写出来：

用句子把"快乐"的感觉写出来：

口语交际领域

材料一：

1–1/2–1

我们与动物

围绕下面的话题和同学交流。

◇我们身边存在哪些伤害动物的现象？

◇为了保护动物，我们可以做些什么？

讨论后，可以选出十项简单易行的做法，印成《保护动物小建议十条》，张贴在学校、社区等地方的布告栏里。

材料二：

3-1/4-1

安慰

一个人遇到不顺心的事，往往心里会很难过。此时，如果有人安慰他（她）一下，心情肯定会好一些。

◇小冬这次考试考得不理想，心里很难受。

◇小华放在书包里的水杯没有拧紧，书本全部浸湿了，她很自责。

如果你的朋友遇到了以上情况，要设身处地地想一想他（她）的心情，然后再考虑怎样安慰他（她）。选一种情况，和同学模拟练习。还可以想一想周围有没有需要安慰的人，怎么安慰他（她）比较好。

材料三：

5-1/6-1

讲历史人物故事

让我们开一次故事会，选择一个你最喜欢的历史人物故事，讲给同学听。

习作领域

材料一：

1-1/2-1 写一写自己的家乡

英国小朋友迈克和他爸爸妈妈想去你的家乡旅游，可是他们不知道你的家乡哪里最好玩，什么东西最好吃，请你以"我的家乡"为题写一篇习作，向迈克和他爸爸妈妈介绍一下你的家乡。

材料二：

3-1/4-1 写一写自己的同学

你喜欢自己的班级吗？如果你把自己的班级想象成一个"动物园"，是不是很有趣呢？想一想，你的同学和哪种动物比较像？什么地方像？快来挑选几个同学介绍一下吧。

材料三：

5-1/6-1 写一件印象深刻的事

在你的生活中发生过许许多多的事，有的让你高兴、激动、自豪，有的使你惭愧、后悔、烦恼，也有的曾让你难过、流泪……

请选一件你印象深刻的事情，以"那一次，我真_____"为题写一篇文章。要写清楚事情的起因、经过和结果。

材料四：

5-2/6-2 写一次游戏

你一定玩过很多游戏，如丢沙包、跳长绳、两人三足跑、一二三木头人……请选择你喜欢的一次游戏写下来，按"游戏前、游戏中、游戏结束后"的顺序把游戏过程写清楚，还可以写一写自己当时的心情。

给你的习作拟一个题目，最好能反映自己的感受。

材料五：

5-3/6-3 写一件感受强烈的事

在你成长的道路上，一定得到过许多关心和帮助，比如父母精心呵护生病的你，老师教你握笔写字、学习知识，同学帮助和安慰遇到困难的你……

认真想一想那些让你感动的事，请你以"谢谢你，_____"为题写一篇文章。要写清楚事情的过程和自己当时的感受。

材料六：

7-1/8-1 写观察日记

　　门前的小草，绿了又黄，黄了又绿，大自然的风景每天都是新的。只要细心观察，你会发现，变化无时不有，无处不有。

　　请你选择一种植物，连续观察，然后把你发现的植物变化用两三篇观察日记的形式写下来。

材料七：

9-1/10-1 写一个想象中的故事

假如有一天嫦娥姐姐来到了我们的校园，想一想，会发生怎样的事情？请你展开想象，编写一个有趣的故事。题目自拟。

材料八：

11-1/12-1 写一封信

请你给自己最想念的人写一封信，可以写自己的学习情况、家人的情况，也可以写发生在学校里的事情。注意书信的格式。

材料九：

13-1/14-1 填写信封

李明写了一封信要寄给他远方的表哥，请你来帮他填写一下信封。

李明的表哥名叫张帆，住在广州市解放路80号，邮政编码：511330。

李明住在南京市莫愁路280号，邮政编码：210004。

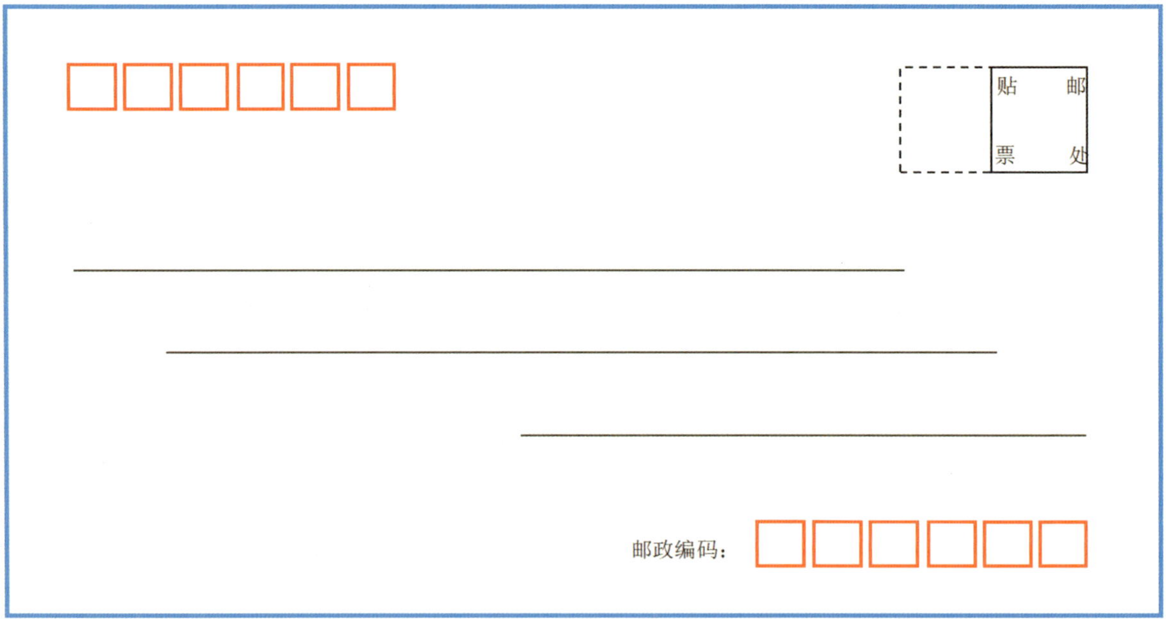

语文·四年级
（下册）

编写人员：

张　琳　张　华　唐宁宁　彭益珍　王淑琴　赵　莉
顾　静　钱正慧

绘图：

张劲松

学　　校：_____　　年　　级：_____
姓　　名：_____　　出生日期：_____
评 估 者：_____　　评估时间：_____

评估标准：

3 分：独立完成单一知识/技能；或独立完成多重知识/技能 100%。

2 分：独立完成或在单一支持下完成多重知识/技能 60% 及以上；或在单一支持下完成单一知识/技能。

1 分：独立完成或在多重支持下完成多重知识/技能 20%～60% 以内；或在多重支持下完成单一知识/技能。

0 分：独立完成或在多重支持下完成多重知识/技能 20% 以下；或在多重支持下无法完成单一知识/技能。

识字与写字领域

材料一：

1-1 常用汉字

鲸 1	碑 2	趾 3	叉 4	臀 5	漆 6	唇 7	砚 8	杖 9	瘦 10	殿 11	篱 12	锄 13	绘 14	冠 15
琥 16	珀 17	隧 18	乒 19	乓 20	菌 21	蔬 22	党 23	宾 24	阶 25	绣 26	赤 27	疙 28	瘩 29	秆 30
葵 31	污 32	屑 33	芙 34	蓉 35	脉 36	岗 37	砌 38	抚 39	剥 40	俯 41	描 42	拥 43	啄 44	伏 45
扭 46	捆 47	绑 48	蹬 49	搓 50	剖 51	撵 52	拽 53	搂 54	鹏 55	鼋 56	颊 57	捣 58	埋 59	顾 60
碳 61	糠 62	栓 63	肝 64	泣 65	膛 66	敞 67	杂 68	徐 69	疏 70	构 71	朴 72	素 73	率 74	倘 75
附 76	谐 77	慰 78	藉 79	绮 80	谈 81	嗡 82	脂 83	拭 84	渗 85	番 86	澎 87	湃 88	钝 89	仅 90
衍 91	吨 92	膨 93	捷 94	栖 95	辟 96	崭 97	臭 98	癌 99	症 100	疾 101	灶 102	揽 103	驱 104	践 105
施 106	懈 107	宛 108	吉 109	咸 110	兆 111	廷 112	予 113	肿 114	巩 115	政 116	浏 117	漫 118	涛 119	挤 120
潇 121	绽 122	朦 123	胧 124	晖 125	倘 126	徉 127	炫 128	垢 129	怯 130	曝 131	涉 132	晕 133	屈 134	渊 135
孟 136	甫 137	韩 138	愈 139	禹 140	锡 141	仲 142	龚 143	虑 144	职 145	蹭 146	稿 147	腔 148	殃 149	侮 150

聋 151	啼 152	凄 153	嚣 154	吭 155	吠 156	促 157	颇 158	奢 159	侈 160	苟 161	侍 162	窥 163	伺 164	供 165
俏 166	峭 167	哺 168	蒲 169	沦 170	抡 171	涣 172	焕 173	俊 174	峻 175	扩 176	刹 177	镶 178	浙 179	簇 180
蜿 181	蜒 182	恭 183	勤 184	卒 185	晋 186	絮 187	姥 188	劫 189	毙 190	扒 191	尸 192	徽 193	谜 194	尚 195
荤 196	倔 197	嘱 198	咐 199	沮 200	嘹 201	仪 202	妨 203	祈 204	遗 205	憾 206	洛 207	乾 208	坤 209	弥 210
葬 211	裸 212	汹 213	维 214	酣 215	械 216	宰 217	遣 218	役 219	屡 220	启 221	摧 222	泰 223	拘 224	蕴 225
蔼 226	慷 227	慨 228	贤 229	戚 230	惧 231	彬 232	躁 233	焚 234	妖 235	矩 236	乖 237	丫 238	硕 239	允 240
覆 241	啸 242	缕 243	矢 244	硫 245	昵 246	恰 247	焉 248	哼 249	鸣 250					

材料二：

2-1 词语和图片

鲸 1 — jīng yú 鲸鱼	碑 2 — jì niàn bēi 纪念碑	趾 3 — jiǎo zhǐ 脚趾
叉 4 — chā zi 叉子	臀 5 — tún 臀	漆 6 — yóu qī 油漆
唇 7 — zuǐ chún 嘴唇	砚 8 — yàn tái 砚台	杖 9 — guǎi zhàng 拐杖
瘦 10 — pàng shòu 胖瘦	殿 11 — gōng diàn 宫殿	篱 12 — lí ba 篱笆

锄 13	绘 14	冠 15
chú tou 锄头	huì běn 绘本	jī guān huā 鸡冠花
琥 16	珀 17	隧 18
hǔ pò 琥珀	hǔ pò 琥珀	suì dào 隧道
乒 19	兵 20	菌 21
pīng pāng qiú 乒乓球	pīng pāng qiú 乒乓球	jūn gū 菌菇
蔬 22	党 23	宾 24
shū cài 蔬菜	dǎng qí 党旗	bīn guǎn 宾馆

阶 25  tái jiē 台阶	绣 26  cì xiù 刺绣	赤 27  chì dòu 赤豆
疙 28  miàn gē da 面疙瘩	瘩 29  miàn gē da 面疙瘩	秆 30  mài gǎn 麦秆
葵 31  xiàng rì kuí 向日葵	污 32 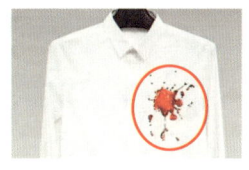 wū jì 污迹	屑 33  zhǐ xiè 纸屑
芙 34  fú róng 芙蓉	蓉 35  fú róng 芙蓉	脉 36 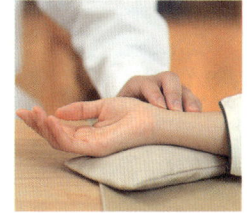 dā mài 搭脉

| 岗 37 | gǎng tíng
岗 亭 | 砌 38 | qì qiáng
砌 墙 |

材料三：

2-2 动作和词语

抚 fǔ mō 抚 摸 39	剥 bō lián peng 剥 莲 蓬 40	俯 fǔ wò 俯 卧 41
描 miáo hóng 描 红 42	拥 yōng bào 拥 抱 43	啄 zhuó yì zhuó 啄 一 啄 44
伏 qǐ fú 起 伏 45	扭 niǔ yì niǔ 扭 一 扭 46	捆 kǔn zā 捆 扎 47
绑 bǎng zhù 绑 住 48	蹬 dēng tuǐ 蹬 腿 49	搓 cuō shǒu 搓 手 50
剖 pōu kāi 剖 开 51	撵 niǎn zǒu 撵 走 52	拽 zhuài zhù 拽 住 53
搂 lǒu bào 搂 抱 54		

材料四：

2-3 汉字

鹏55 雹56	埋59 颅60	栓63 肝64	敞67 杂68
颊57 捣58	碳61 糠62	泣65 膛66	徐69 疏70
构71 朴72	倘75 附76	藉79 绮80	脂83 拭84
素73 率74	谐77 慰78	谈81 嗡82	渗85 番86
澎87 湃88	衍91 吨92	栖95 辟96	癌99 症100
钝89 仅90	膨93 捷94	崭97 臭98	疾101 灶102
揽103 驱104	懈107 宛108	兆111 廷112	巩115 政116
践105 施106	吉109 咸110	予113 肿114	浏117 漫118
涛119 挤120	朦123 胧124	徉127 炫128	曝131 涉132
潇121 绽122	晖125 徜126	垢129 怯130	晕133 屈134
渊135 孟136	愈139 禹140	龚143 虑144	稿147 腔148
甫137 韩138	锡141 仲142	职145 蹭146	殃149 侮150

聋 151	啼 152	吭 155	吠 156	奢 159	侈 160	窥 163	伺 164
凄 153	嚣 154	促 157	颇 158	苟 161	侍 162	供 165	俏 166
峭 167	哺 168	抡 171	涣 172	峻 175	扩 176	浙 179	簇 180
蒲 169	沦 170	焕 173	俊 174	刹 177	镶 178	蜿 181	蜒 182
恭 183	勤 184	絮 187	姥 188	扒 191	尸 192	尚 195	荤 196
卒 185	晋 186	劫 189	毙 190	徽 193	谜 194	倔 197	嘱 198
咐 199	沮 200	妨 203	祈 204	洛 207	乾 208	葬 211	裸 212
嘹 201	仪 202	遗 205	憾 206	坤 209	弥 210	汹 213	维 214
酣 215	械 216	役 219	屡 220	泰 223	拘 224	慷 227	慨 228
宰 217	遣 218	启 221	摧 222	蕴 225	蔼 226	贤 229	戚 230
惧 231	彬 232	妖 235	矩 236	硕 239	允 240	缕 243	矢 244
躁 233	焚 234	乖 237	丫 238	覆 241	啸 242	硫 245	昵 246

恰247 焉248 哼249 鸣250			

材料五：

3-1 常用字词和多音字

1. 常用字词

鲸 1	碑 2	趾 3	叉 4	臀 5	漆 6	唇 7	砚 8	杖 9	瘦 10	殿 11	篱 12	锄 13	绘 14	冠 15
琥 16	珀 17	隧 18	乓 19	乒 20	菌 21	蔬 22	党 23	宾 24	阶 25	绣 26	赤 27	疙 28	瘩 29	秆 30
葵 31	污 32	屑 33	芙 34	蓉 35	脉 36	岗 37	砌 38	抚 39	剥 40	俯 41	描 42	拥 43	啄 44	伏 45
扭 46	捆 47	绑 48	蹬 49	搓 50	剖 51	撵 52	拽 53	搂 54	鹏 55	鼋 56	颊 57	捣 58	埋 59	颂 60
碳 61	糠 62	栓 63	肝 64	泣 65	膛 66	敞 67	杂 68	徐 69	疏 70	构 71	朴 72	素 73	率 74	倘 75
附 76	谐 77	慰 78	藉 79	绮 80	谈 81	嗡 82	脂 83	拭 84	渗 85	番 86	澎 87	湃 88	钝 89	仅 90
衍 91	吨 92	膨 93	捷 94	栖 95	辟 96	崭 97	臭 98	癌 99	症 100	疾 101	灶 102	揽 103	驱 104	践 105
施 106	懈 107	宛 108	吉 109	咸 110	兆 111	廷 112	予 113	肿 114	巩 115	政 116	浏 117	漫 118	涛 119	挤 120
潇 121	绽 122	朦 123	胧 124	晖 125	徜 126	徉 127	炫 128	垢 129	怯 130	曝 131	涉 132	晕 133	屈 134	渊 135
孟 136	甫 137	韩 138	愈 139	禹 140	锡 141	仲 142	龚 143	虑 144	职 145	蹭 146	稿 147	腔 148	殃 149	侮 150

聋 151	啼 152	凄 153	嚣 154	吭 155	吠 156	促 157	颇 158	奢 159	侈 160	苟 161	侍 162	窥 163	伺 164	供 165
俏 166	峭 167	哺 168	蒲 169	沦 170	抡 171	涣 172	焕 173	俊 174	峻 175	扩 176	刹 177	镶 178	浙 179	簇 180
蜿 181	蜒 182	恭 183	勤 184	卒 185	晋 186	絮 187	姥 188	劫 189	毙 190	扒 191	尸 192	徽 193	谜 194	尚 195
荤 196	倔 197	嘱 198	咐 199	沮 200	嚓 201	仪 202	妨 203	祈 204	遗 205	憾 206	洛 207	乾 208	坤 209	弥 210
葬 211	裸 212	汹 213	维 214	酗 215	械 216	宰 217	遣 218	役 219	屡 220	启 221	摧 222	泰 223	拘 224	蕴 225
蔼 226	慷 227	慨 228	贤 229	戚 230	惧 231	彬 232	躁 233	焚 234	妖 235	矩 236	乖 237	丫 238	硕 239	允 240
覆 241	啸 242	缕 243	矢 244	硫 245	昵 246	恰 247	焉 248							

2.多音字

卜	和	扎	率	着	屏	折
恶	看	荷	吧	塞	哇	强
吭	单	晕	冲			

材料六：

4-1 生字

抚	剥	俯	描	拥	啄	伏	扭	捆	绑	蹬	搓	剖	撵
39	40	41	42	43	44	45	46	47	48	49	50	51	52
拽	搂												
53	54												

材料七：

4-2 常用字词和多音字

1. 常用字词

殿 11	篱 12	锄 13	绘 14	冠 15	琥 16	珀 17	隧 18	乒 19	乓 20	菌 21	蔬 22	党 23	宾 24	阶 25
绣 26	赤 27	疙 28	瘩 29	秆 30	葵 31	污 32	屑 33	芙 34	蓉 35	脉 36	岗 37	砌 38	鹏 55	雹 56
颊 57	捣 58	埋 59	颅 60	碳 61	糠 62	栓 63	肝 64	泣 65	膛 66	敞 67	杂 68	徐 69	疏 70	构 71
朴 72	素 73	率 74	倘 75	附 76	谐 77	慰 78	藉 79	绮 80	谈 81	嗡 82	脂 83	拭 84	渗 85	番 86
澎 87	湃 88	钝 89	仅 90	衍 91	吨 92	膨 93	捷 94	栖 95	辟 96	崭 97	臭 98	癌 99	症 100	疾 101
灶 102	揽 103	驱 104	践 105	施 106	懈 107	宛 108	吉 109	咸 110	兆 111	廷 112	予 113	肿 114	巩 115	政 116
浏 117	漫 118	涛 119	挤 120	潇 121	绽 122	朦 123	胧 124	晖 125	徜 126	徉 127	炫 128	垢 129	怯 130	曝 131
涉 132	晕 133	屈 134	渊 135	孟 136	甫 137	韩 138	愈 139	禹 140	锡 141	仲 142	龚 143	虑 144	职 145	蹭 146
稿 147	腔 148	殃 149	侮 150	聋 151	啼 152	凄 153	嚣 154	吭 155	吠 156	促 157	颇 158	奢 159	侈 160	苟 161
侍 162	窥 163	伺 164	供 165	俏 166	峭 167	哺 168	蒲 169	沦 170	抡 171	涣 172	焕 173	俊 174	峻 175	扩 176

刹 177	镶 178	浙 179	簇 180	蜿 181	蜒 182	恭 183	勤 184	卒 185	晋 186	絮 187	姥 188	劫 189	毙 190	扒 191
尸 192	徽 193	谜 194	尚 195	荤 196	倔 197	嚅 198	咐 199	沮 200	嚷 201	仪 202	妨 203	祈 204	遗 205	憾 206
洛 207	乾 208	坤 209	弥 210	葬 211	裸 212	汹 213	维 214	酣 215	械 216	宰 217	遣 218	役 219	屡 220	启 221
摧 222	泰 223	拘 224	蕴 225	蔼 226	慷 227	慨 228	贤 229	戚 230	惧 231	彬 232	躁 233	焚 234	妖 235	矩 236
乖 237	丫 238	硕 239	允 240	覆 241	啸 242	缕 243	矢 244	硫 245	昵 246	恰 247	焉 248			

2. 多音字

大花狗冲着我直摇尾巴。

小区着火了,只见消防队员不顾生命危险冲锋在前。

爸爸装了一袋烟,吧嗒吧嗒抽着。

哥哥拉着弟弟的手说:"咱们回家吧。"

哇,才几天不见,池边的柳树已经发芽了。

随后,听见日本鬼子呜哩哇啦地叫。

材料八：

4-3 字和图片

材料九：

7-1 书写听到的汉字

材料十：

8-1 仿写250个常用汉字

杂	稀	篱	蜻	蜓
蝶	宿	徐	疏	茅
檐	翁	笼	赖	剥
构	饰	蹲	凤	序
例	率	觅	笋	踏
倘	绘	谐	寄	眠
慰	藉	卜	锐	滩
帐	烁	蝙	蝠	霸
鹰	怒	吼	脂	拭
餐	划	晌	辣	渗

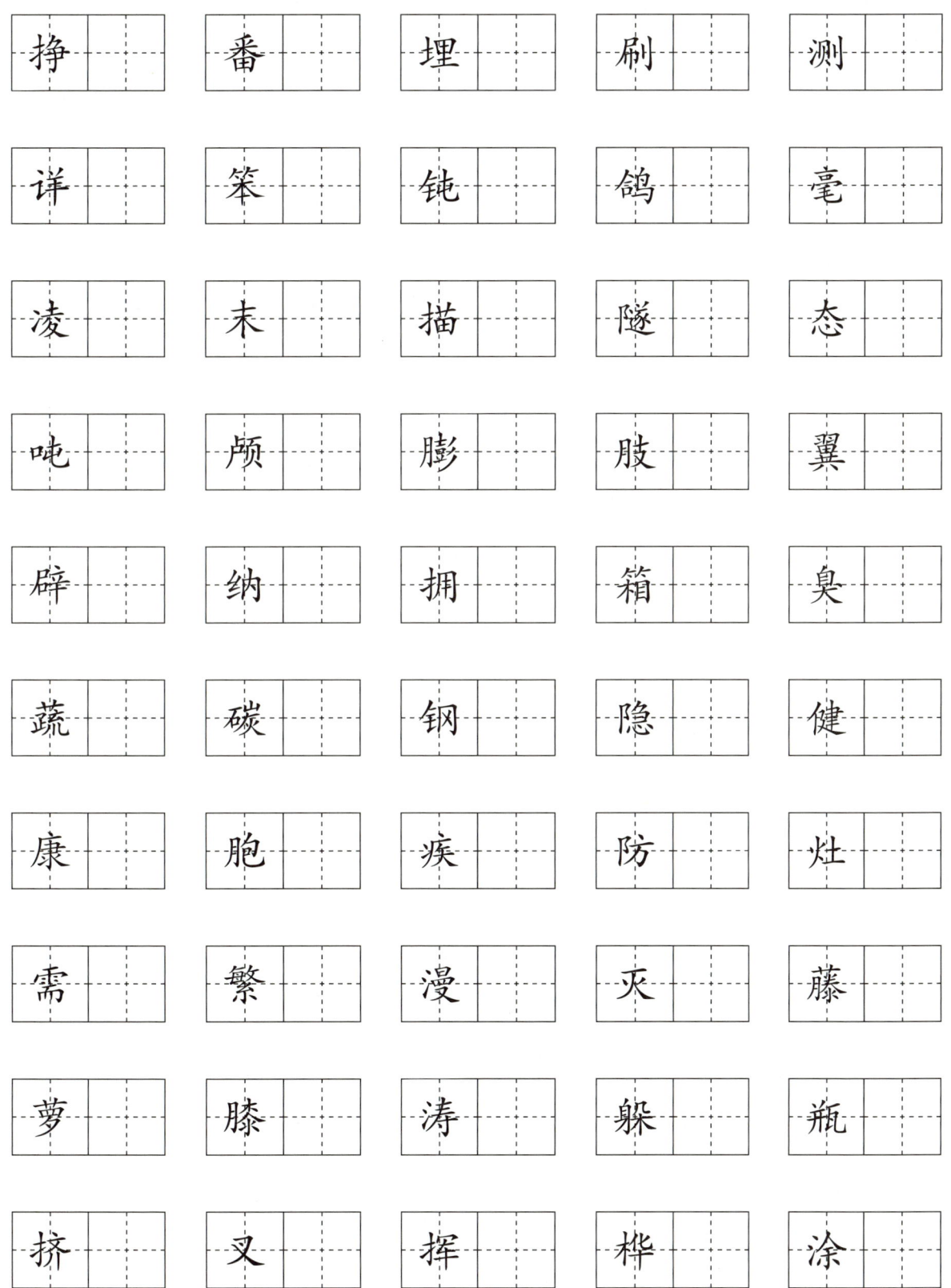

茸	绣	潇	穗	朦
胧	寂	霞	抹	恍
虑	贪	职	屏	蹭
稿	腔	解	闷	蛇
遭	殃	盆	勃	讨
庆	坝	忠	毒	绩
孵	警	戒	歪	咕
汤	掘	伏	啼	吠
促	颇	剧	苟	譬
侍	馆	附	脾	敏

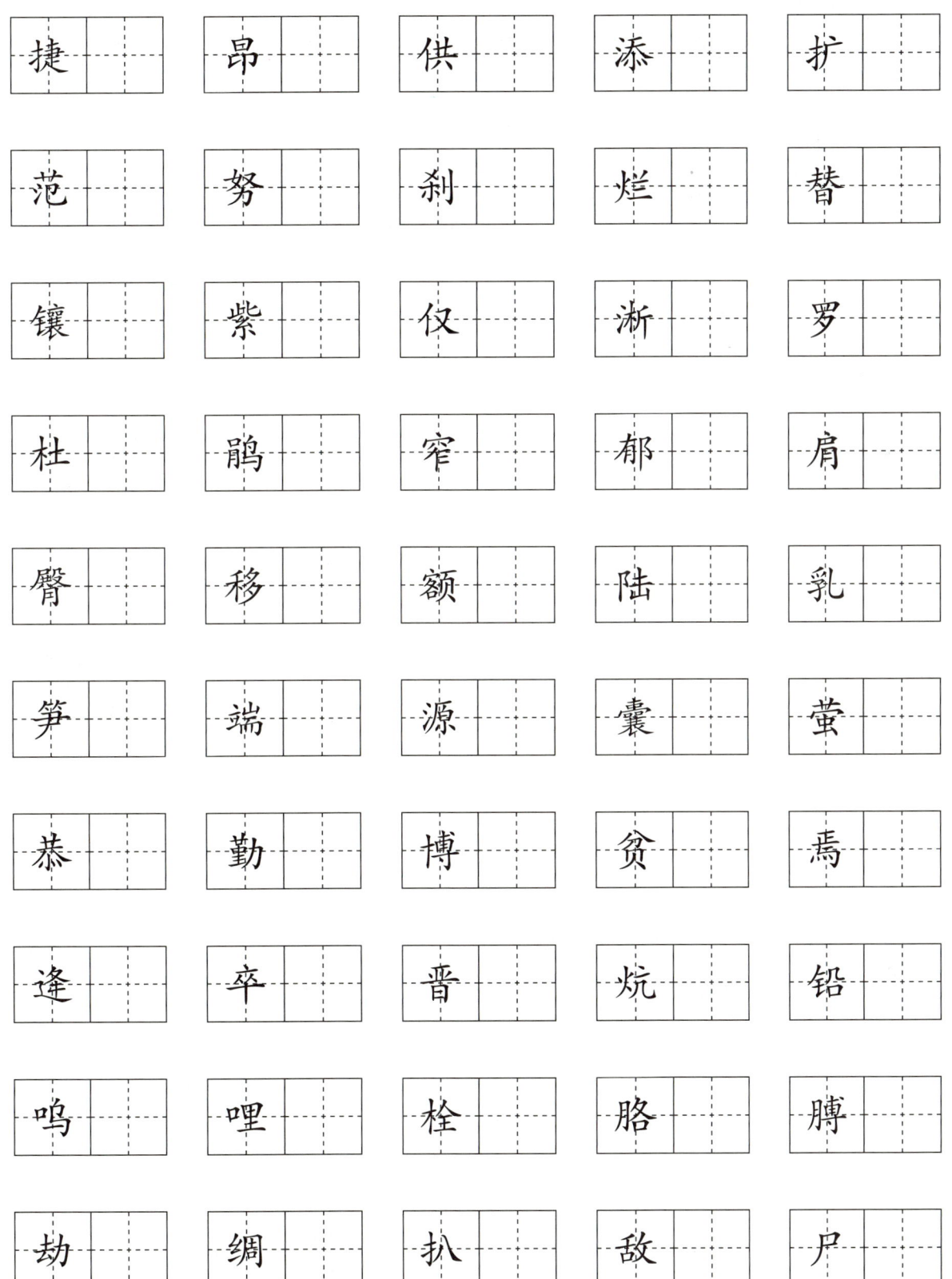

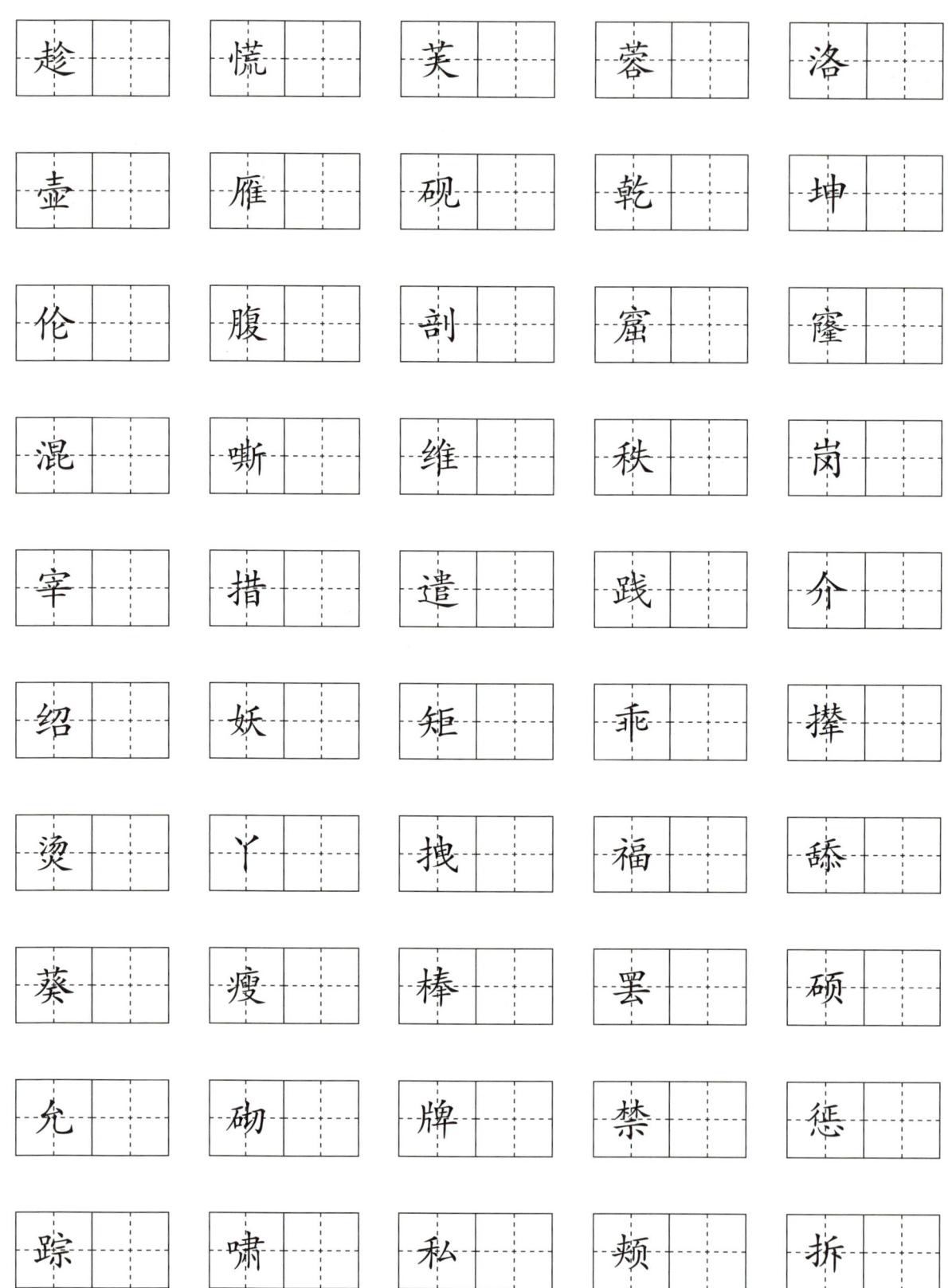

材料十一：

9-1 描写250个常用汉字

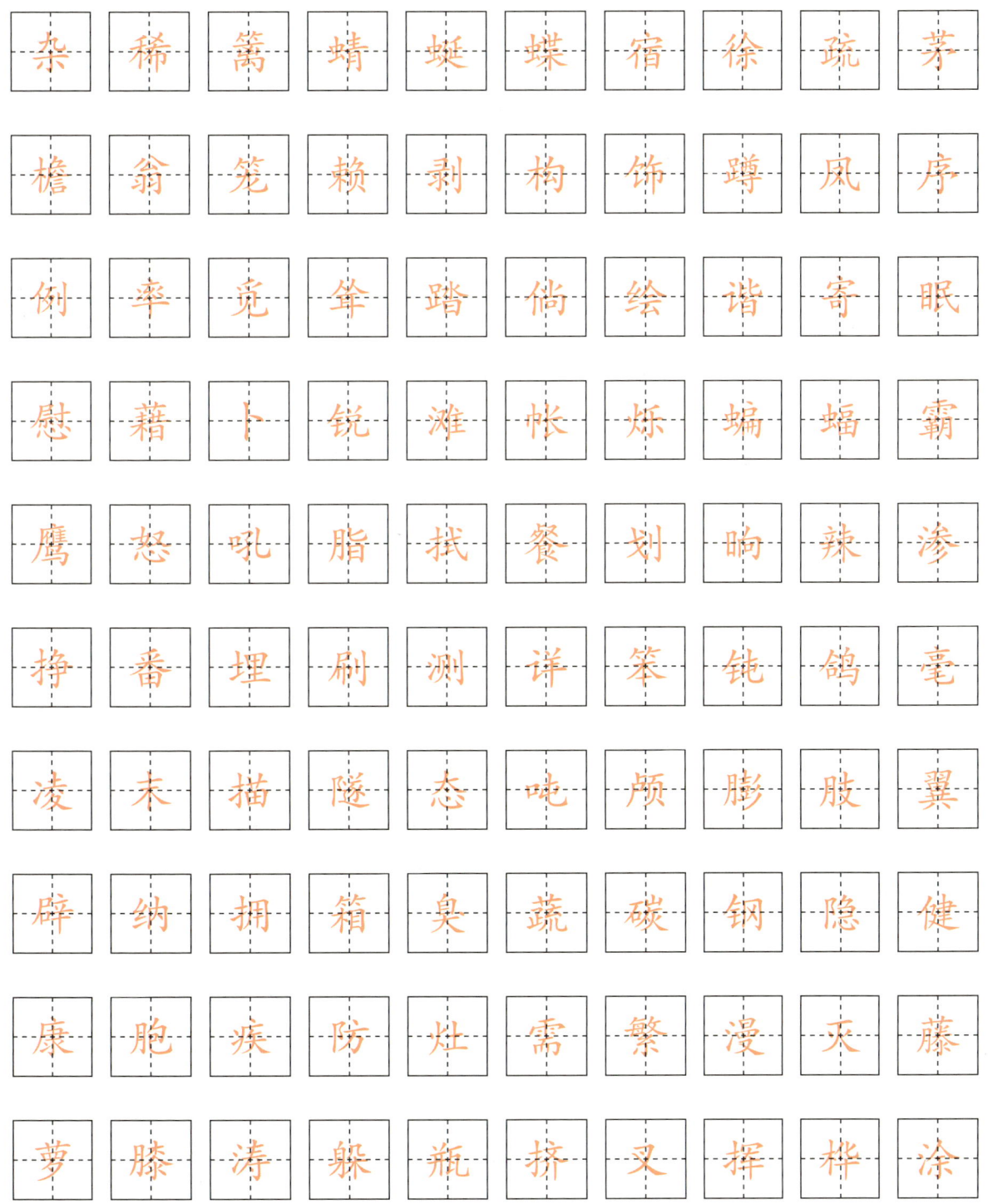

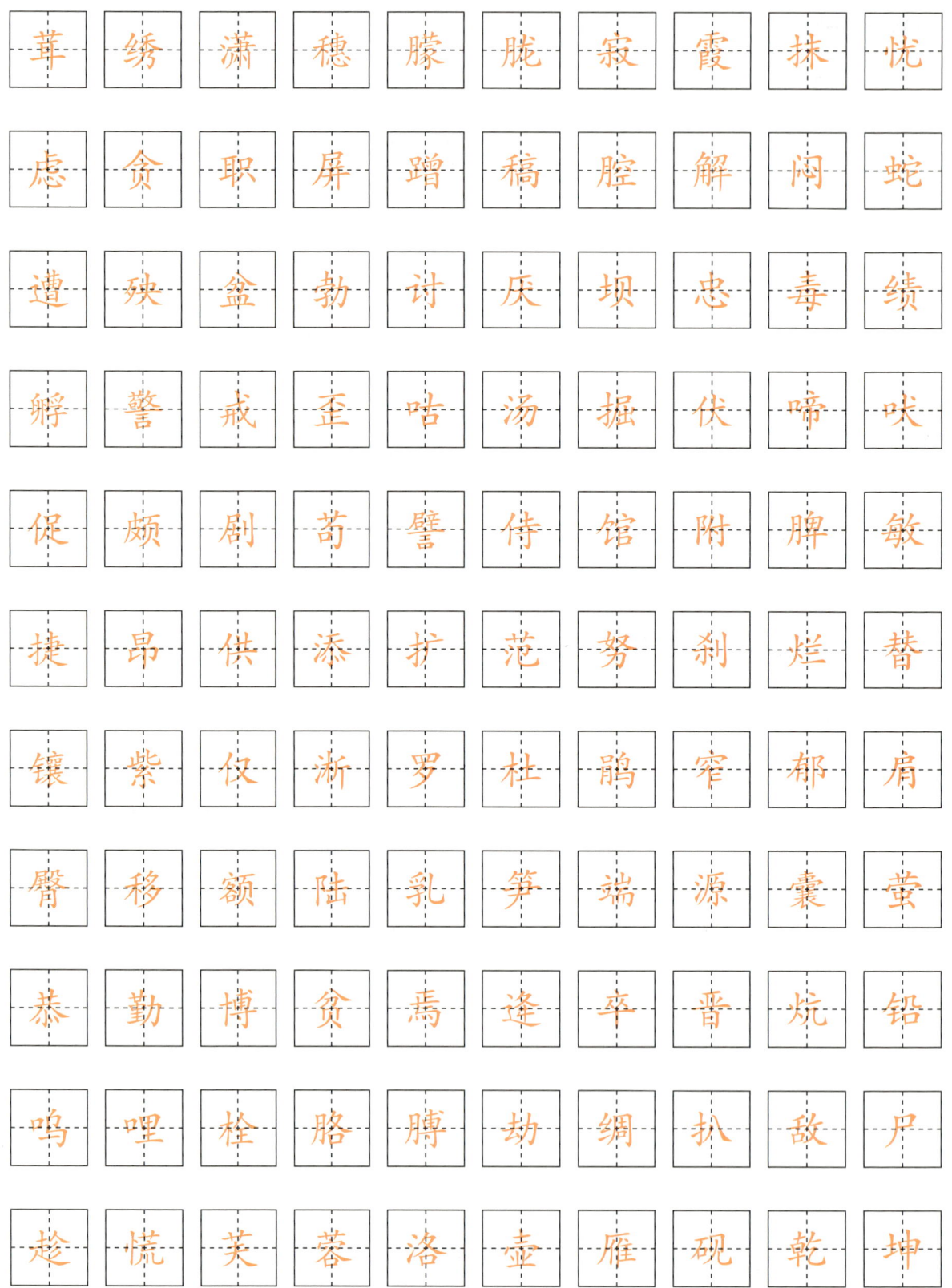

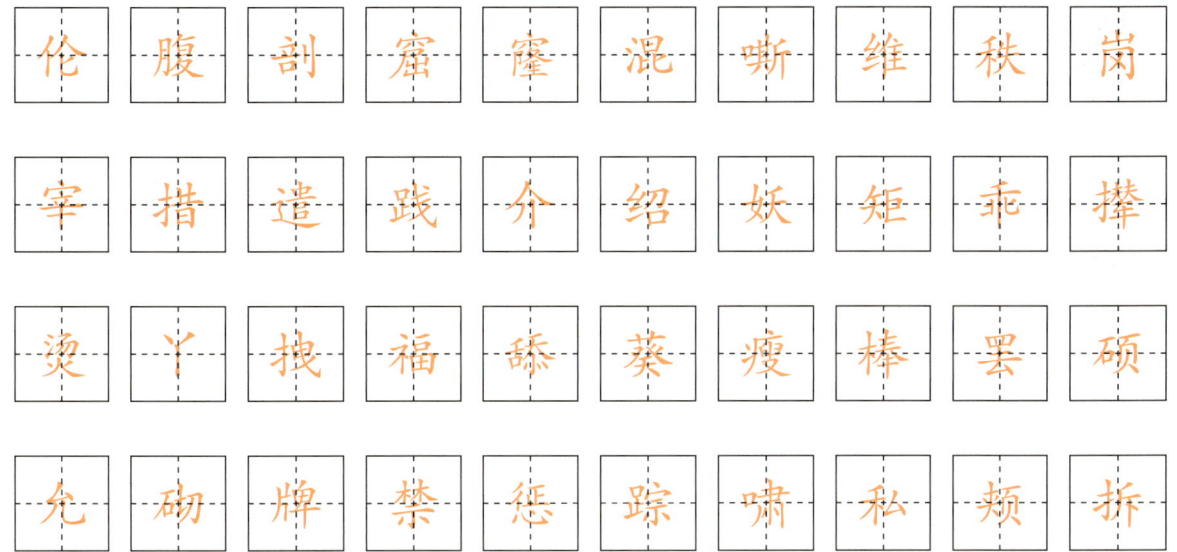

材料十二：

11-1 书写一段话

书写要求：

1. 字距要比行距小。

2. 字的大小基本一致。

3. 两边留的空白大致相等。

　　有时太阳走进了云堆中，它的光线却从云里射下来直射到水面上。这时候要分辨出哪里是水，哪里是天，倒也不容易，因为我就只看见一片灿烂的亮光。

材料十三：

12-1 书写一句格言

书写要求：

1. 竖写时，要自右向左书写。

2. 字距要均匀。

3. 上下字要对齐。

4. 注意作者名字的位置，使格式更美观。

阅读领域

材料一：

1-6 课文《第一朵杏花》第2~5自然段、《黄河的主人》第1~2自然段

课文《第一朵杏花》第 2~5 自然段

"爷爷，您又看花啦？"那孩子仰起脸来天真地问。

"是啊，杏花开了。"说着，竺爷爷弯下腰来，习惯地问，"你知道杏花是哪天开放的吗？"

"哪天？今天开的。"孩子有点奇怪。

"我是问第一朵是哪天开的。"竺爷爷补充了一句。孩子回答不上来了，可是他不明白为什么要知道第一朵杏花开放的时间。竺爷爷告诉他："我有用处，明年你可要留心点。"

《黄河的主人》第 1~2 自然段

黄河滚滚。那万马奔腾、浊浪排空的气势，令人胆战心惊。

像突然感受到一股强磁力似的，我的眼光被河心一个什么东西吸引住了。那是什么，正在汹涌的激流里鼓浪前进？从岸上远远望去，那么小，那么轻，浮在水面上，好像只要一个小小的浪头，就能把它整个儿吞没。

材料二：

7-18 课文《第一朵杏花》

《第一朵杏花》

　　这是一个阳光明媚的中午，院墙旁的一株杏树泛出一片淡淡的粉红。竺(zhú)可桢(zhēn)爷爷从外面回来，看到杏花开了，便走近杏树数了数，已经有四朵花不同程度地绽开了花瓣儿。这时，杏树的主人正领着她的孩子走过来。

　　"爷爷，您又看花啦？"那孩子仰起脸来天真地问。

　　"是啊，杏花开了。"说着，竺爷爷弯下腰来，习惯地问，"你知道杏花是哪天开放的吗？"

　　"哪天？今天开的。"孩子有点奇怪。

　　"我是问第一朵是哪天开的。"竺爷爷补充了一句。孩子回答不上来了，可是他不明白为什么要知道第一朵杏花开放的时间。竺爷爷告诉他："我有用处，明年你可要留心点。"

　　时间像飞箭，转眼又是一年。春风吹绿了柳梢，吹青了小草，吹皱了河水，吹鼓了杏树的花苞。

　　这一天，竺爷爷正在书房里看书，忽然听见窗外一个小孩子的声音:"竺爷爷!竺爷爷!"

是谁喊得这么急?他赶忙走出书房,一看,就是前院的那个孩子。

"什么事情啊?"

"竺爷爷,杏花开啦!"

"什么时候?"

"刚才。"

"是第一朵吗?"

"是。"

竺爷爷顷刻间像年轻了几十岁,立即兴冲冲地快步走到前院。阳光下的杏树,捧出了第一朵盛开的杏花。多么美丽的杏花呀!竺爷爷走回书房,打开笔记本,郑重地记下了这个日子:清明节。

竺可桢爷爷曾不止一次地说过:"我需要的是精确的时间。搞科学研究,不能使用'大概''也许'这类字眼,也不能用估计和推断代替观察。"竺爷爷正是通过常年的精确观察,才掌握了气候变化的规律。

7-1 读《第一朵杏花》，从文中找出能体现竺爷爷对待科学研究一丝不苟的词句

8-1 在第15自然段中，找出能体现竺爷爷对待科学研究一丝不苟的词句

9-1 说出/比划出这句话中带点词语的作用

竺爷爷顷刻间像年轻了几十岁，立即兴冲冲地快步走到前院。

10-1 在提示下说出/比划出这句话中带点词语的作用

竺爷爷顷刻间像年轻了几十岁，立即兴冲冲地快步走到前院。

"顷刻间像年轻了几十岁""兴冲冲地快步"反映了竺爷爷得到第一朵杏花开放的准确时间后＿＿＿＿＿的心情。

11-1/12-1 说出/比划出《第一朵杏花》的主要内容

13-1 说出/比划出《第一朵杏花》表达的思想感情

14-1 在提示下说出/比划出《第一朵杏花》表达的思想感情

本文表达的思想感情是（　　）？

A.本文赞扬了竺可桢一丝不苟的科学研究态度。

B.本文感叹时间像飞箭，要珍惜时间。

15-1/16-1 默读《第一朵杏花》，提出不懂的问题

17-1 说出/比划出《第一朵杏花》中竺爷爷的品质

18-1 在提示下说出/比划出《第一朵杏花》中竺爷爷的品质

　　"搞科学研究，不能使用'大概''也许'这类字眼，也不能用估计和推断代替观察。"从这些话语中，我们可以体会到竺爷爷对科学研究的态度是＿＿＿＿＿。

材料三

19-21 诗文《四时田园杂兴（其二十五）》《宿新市徐公店》《清平乐·村居》《卜算子·咏梅》《江畔独步寻花》《蜂》《囊萤夜读》《独坐敬亭山》《芙蓉楼送辛渐》《塞下曲》《墨梅》

四时田园杂兴（其二十五）
zá

[宋] 范成大

梅子金黄杏子肥，

麦花雪白菜花稀。

日长篱落无人过，
lí

惟有蜻蜓蛱蝶飞。
wéi   jiá

宿新市徐公店
xú

[宋] 杨万里

篱落疏疏一径深，
shū

树头新绿未成阴。

儿童急走追黄蝶，

飞入菜花无处寻。

清平乐·村居

[宋] 辛弃疾
jí

茅檐低小，溪上青青草。醉里吴音相媚好，白发谁家翁媪？小儿锄豆溪东，中儿正织鸡笼。最喜小儿亡赖，溪头卧剥莲蓬。
ǎo   chú   bō

卜算子·咏梅

毛泽东

风雨送春归，

飞雪迎春到。

已是悬崖百丈冰，

犹有花枝俏(qiào)。

俏也不争春，

只把春来报。

待到山花烂漫(màn)时，

她在丛中笑。

江畔(pàn)独步寻花

［唐］杜甫

黄师塔前江水东，

春光懒困倚(yǐ)微风。

桃花一簇(cù)开无主，

可爱深红爱浅红？

囊萤夜读

胤(yìn)恭(gōng)勤(qín)不倦，博学多通。家贫不常得油，夏月则练囊盛数十萤火以照书，以夜继日焉(yān)。

蜂

[唐]罗隐

不论平地与山尖，

无限风光尽被占。

采得百花成蜜后，

为谁辛苦为谁甜？

独坐敬亭山

[唐]李白

众鸟高飞尽，

孤云独去闲。

相看两不厌，

只有敬亭山。

塞下曲

[唐]卢纶

月黑雁飞高，

单(chán)于夜遁(dùn)逃。

欲将轻骑逐，

大雪满弓刀。

芙(fú)蓉(róng)楼送辛渐

[唐]王昌龄

寒雨连江夜入吴，

平明送客楚山孤。

洛(luò)阳亲友如相问，

一片冰心在玉壶。

墨梅

[元]王冕(miǎn)

我家洗砚(yàn)池头树，

朵朵花开淡墨痕。

不要人夸好颜色，

只留清气满乾(qián)坤(kūn)。

22-1 诗文《宿新市徐公店》

宿新市徐公店
（徐 xú）

［宋］杨万里

篱落疏疏一径深，
（疏 shū）

树头新绿未成阴。

儿童急走追黄蝶，

飞入菜花无处寻。

材料四

23/24-2/24-3

23-1 选两三个词语,说出/比划出你体会到的乡村和城市生活的不同

	cuǐ càn			huáng
繁华	璀璨	高楼林立	车水马龙	灯火辉煌

wò	mì	chuī niǎo		quǎn
肥沃	静谧	炊烟袅袅	依山傍水	鸡犬相闻

23-2/24-2 下面这些词语,有的是近几十年出现的,有的是在原有含义的基础上有了新的含义,选一两个词语,说出/比划出它的含义

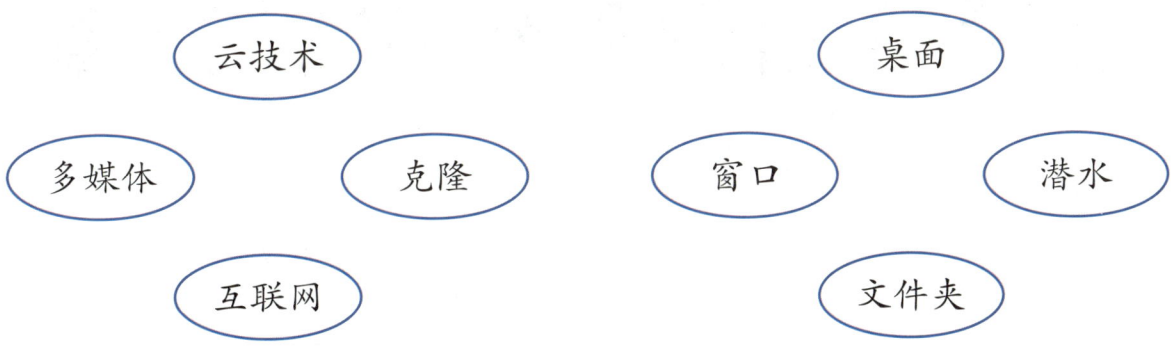

23-3/24-3 选一两个词语,说出/比划出指的是哪一类人

千里马	老黄牛	百灵鸟	领头羊	小蜜蜂
纸老虎	变色龙	铁公鸡	应声虫	哈巴狗

23-4 选两三个成语,说出/比划出它们的故事和含义

囊萤夜读	悬梁刺股	凿壁偷光
chǔ		
铁杵成针	程门立雪	手不释卷

材料五

24-1 选两三个词语,结合图片说出/比划出你体会到的乡村和城市生活的不同

| 繁华 | 璀璨(cuǐ càn) | 高楼林立 | 车水马龙 | 灯火辉煌(huáng) |
| 肥沃(wò) | 静谧(mì) | 炊烟袅袅(chuī niǎo) | 依山傍水 | 鸡犬相闻(quǎn) |

乡村

城市

24-4 选两三个成语,结合图片说出/比划出它们的故事和含义

囊萤夜读　　悬梁刺股　　凿壁偷光

铁杵成针(chǔ)　　程门立雪　　手不释卷

材料六

25/26-2/26-3/26-4

25-1 照样子，写一个事物

◇ 地球上的第一种恐龙和狗一般大小，两条后腿粗壮有力，能够支撑起整个身体。

◇ 如果把直径为1纳米的小球放在乒乓球上，就好像把乒乓球放在地球上，可见纳米有多么小。

◇ 有一种叫作"碳纳米管"的神器材料，比钢铁结实百倍。

25-2/26-2 接读名言（红色部分空出横线，变为填空）

◎ 诗和音乐一样，_____。　　——朱光潜

◎ 诗是人类向未来寄发的信息，_____。

——艾青

◎ 诗是强烈感情的自然流露，_____。

——［英国］华兹华斯

25-3/26-3 照样子，改写句子

◇ 妈妈还是死命追着不放，到底追上了，可是雨来浑身光溜溜的像条小泥鳅(qiū)，怎么也抓不住。

◇雨来像小鸭子一样抖着头上的水，用手抹一下眼睛和鼻子，嘴里吹着气，望着妈妈笑。

◇那双手就像鹰的爪子，扭着雨来的两只耳朵，向两边拉。

◇她似乎感到德军那几双恶狼般的眼睛都盯在越来越短的蜡烛上。

她跳着轻快的舞蹈。

改写句子：_____

25-4/26-4 照样子，选择一个情境，说一组连续的动作

◇他勇敢地抓住窗框，两只脚有力地蹬着车厢，攀上了窗口。

◇罗盛教听到孩子们的哭喊声，知道有孩子落水了，就急忙向河边跑过去。他一边飞奔，一边脱棉衣。冰窟窿里泛着水花，罗盛教猛地跳了下去。他在水里摸了好一阵，也没摸到。他钻出水面吸了口气，立刻又钻了下去。

(蝴蝶飞舞)　　(小男孩打羽毛球)　　(妈妈下班回到家)

材料七

26-1 照样子，写一个事物

◇ 地球上的第一种恐龙和狗一般大小，两条后腿粗壮有力，能够支撑起整个身体。

◇ 如果把直径为1纳米的小球放在乒乓球上，就好像把乒乓球放在地球上，可见纳米有多么小。

◇ 有一种叫作"碳纳米管"的神器材料，比钢铁结实百倍。

鹌鹑蛋和鸡蛋

口语交际领域

材料一：

1–1/2–1/3–1/4–1

转述

根据下面的情境，联系生活实际，分小组进行转述。

材料二：

5-1/6-1/7-1/8-1

说新闻

通过报纸、电视、广播、网络等，我们会看到或听到各种新闻。

在你最近了解的新闻中，选一则感兴趣的和同学交流。要说明新闻的来源，把新闻讲清楚，不要随意更改内容。最后，还可以说说自己对这则新闻的看法。

材料三：

9-1/10-1

自我介绍

选择或创设一个情境，试着作自我介绍。

习作领域

材料一：

1-1/2-1 按游览顺序写一处景物

放假时，爸爸妈妈都带你游览过哪些地方？哪个地方给你留下的印象最深？请你按照当时游览的顺序把游览过程写清楚，可以把特别吸引你的景物作为重点来写，写出它的特点。题目自拟。

材料二：

3-1/4-1 写一处自己的小天地

每个人都有属于自己的快乐小天地，在这里，可以收藏你喜爱的宝贝，装下你心中的秘密，或者留下美好的回忆……请以"我最喜爱的小天地"为题，写一篇作文。写清你喜欢的地方是什么样子的，你喜欢在那儿干什么以及你喜欢那儿的理由。

材料三：

5-1/6-1 写一个自己的好朋友

题目：我的_____

每个人都有自己的朋友，你的朋友是谁？请以"_____是我的好朋友"为题，从多个方面（如外貌、性格、爱好等）介绍你的好朋友，让大家都来认识他（她）吧。

材料四：

7-1/8-1 写一件自己学做的事情

在生活中你一定会学到不少本领。但万事开头难，在第一次做某件事的时候你是怎么想，又是怎么做的呢？请以"第一次_____"为题写一篇习作，把自己当时的经历和体会写下来与大家分享一下吧。

材料五：

9-1/10-1 写一个熟悉的动物

　　对于小动物你一定不陌生，也许你在动物园里看到过，也许你在图片或视频中见到过，也许你在家里饲养过，请选择一种动物，从外形、进食或休息等方面来介绍它。如果它和你之间发生过有意思的事，也可以写下来。题目自拟。

材料六：

11-1/12-1 写想象中的事物

学校是我们最熟悉的地方了。你有没有想过未来的学校会是什么样子的呢？教室会变成什么样子呢？还会有老师吗？同学们又会怎样学习呢？请你大胆想象，以"未来的学校"为题写一篇习作。

材料七：

13-1/14-1 创编一个新故事

　　这学期我们读了《宝葫芦的秘密》《巨人的花园》《海的女儿》等童话故事，你喜欢这些故事吗？如果你成了这些故事中的一个角色，你会怎么做？和故事里的其他角色之间又会发生什么事呢？请你将自己想象的故事写下来，和小伙伴分享。

数学·四年级
（上册）

编写人员：

芮代琴　刘加芳　翁丽丽　宋晓杰　刘　婷　李月月
赵　敏　茅　成　吴振兰

学　校：_____　　年　级：_____
姓　名：_____　　出生日期：_____
评估者：_____　　评估时间：_____

评估标准：

　　3 分：独立完成单一知识／技能；或独立完成多重知识／技能 100%。

　　2 分：独立完成或在单一支持下完成多重知识／技能 60% 及以上；或在单一支持下完成单一知识／技能。

　　1 分：独立完成或在多重支持下完成多重知识／技能 20%～60% 以内；或在多重支持下完成单一知识／技能。

　　0 分：独立完成或在多重支持下完成多重知识／技能 20% 以下；或在多重支持下无法完成单一知识／技能。

数与代数领域

材料一：

1-1/2-1/3-1 口算下面各题

60÷20＝   80÷40＝   150÷30＝

270÷90＝   560÷80＝   350÷70＝

400÷50＝   2700÷300＝   180÷20＝

490÷70＝   720÷80＝   350÷70÷5＝

材料二：

4-1/5-1 根据试商的情况，说出各题应商几，再用竖式计算

```
    3 0                      2 0
  ┌─────                   ┌─────
3 3)9 5 3                2 2)1 8 9 9
    9 9                      1 9 8
```

应该商（　　　）　　　　　　应该商（　　　）

计算：

4-2/5-2 先说说把除数分别看作几十来试商，再计算，带*的要验算

68÷32＝　　　　　　　　　*604÷41＝

*457÷44＝　　　　　　　　332÷83＝

材料三：

6-1/7-1 根据试商情况，说出各题应商几，再计算

$$18\overline{)54}$$ 商 2，36，18

$$49\overline{)398}$$ 商 7，343，55

应该商（　　）　　　　应该商（　　）

计算：

6-2/7-2 先说说把除数分别看作几十来试商，再计算，带*的要验算

　　*95÷15＝　　　　　　　　522÷37＝

　　456÷76＝　　　　　　　　*448÷88＝

材料四：

8-1/9-1 根据每组第一题的商，直接写出下面两题的得数

$5400 \div 300 = 18$

$540 \div 30 =$

$54 \div 3 =$

$63 \div 7 = 9$

$630 \div 7 =$

$6300 \div 7 =$

$280 \div 40 = 7$

$560 \div 80 =$

$140 \div 20 =$

$66 \div 3 = 22$

$660 \div 30 =$

$198 \div 9 =$

我发现：被除数和除数同时 _____，

商 _____ 。

8-2/9-2 计算下面各题，带*的要验算

*780÷60＝

960÷70＝

8700÷300＝

*4500÷800＝

材料五：

10-1/11-1 估一估，算一算

（1）说出下面的商是几位数。

670÷20＝　　　　　567÷52＝　　　　　267÷37＝

商是（　　）位数　　商是（　　）位数　　商是（　　）位数

（2）说出下面商的最高位可能是几。

169÷42＝　　　　　892÷29＝　　　　　334÷43＝

商的最高位是（　　）　　商的最高位是（　　）　　商的最高位是（　　）

材料六：

12-1/13-1 填一填

（1）口算640÷80时，可以想80×（　　）＝640，则640÷80＝（　　）；也可以把640看作（　　）个十，80看作（　　）个十，想：64÷8＝（　　），则640÷80＝（　　）；还可以想：从640里连续减去（　　）个80，结果为0，则640÷80＝（　　）。

材料七：

14-1/15-1 填空

（1）在计算264÷22时，可以把除数看作（　　　）来试商，商是（　　　）位数；计算164÷39时，可以把除数看作（　　　）来试商，商是（　　　），余数是（　　　）。

（2）在计算6600÷400时，可以把被除数6600看作（　　　）个百，除数400看作（　　　）个百，商是（　　　），余数是（　　　）；验算时，可以用（　　　）×（　　　）+（　　　）＝6600。

材料八：

16-1/17-1 根据图意/题意列式计算，解决问题

（1）一本故事书有350页，小明多少天可以读完？

（2）疫情防控期间，某工厂先采购了240包口罩，之后又采购了80包口罩，这些口罩一共能分给几个部门？

（3）体育器材厂生产了870个乒乓球，能装满多少桶？还剩多少个？

材料九：

18-1/19-1 根据要求，列式解答问题

（1）王老师买了4箱足球，每箱3个，一共用去648元。每个足球多少元？

①可以先算一共买了多少个足球，列式为_____；再算每个足球的价钱，列式为_____。（只列式，不计算）

②可以先算每箱足球的价钱，列式为_____；再算每个足球的价钱，列式为_____。（只列式，不计算）

（2）王奶奶有一瓶降压药，下面是它的服用说明。这瓶降压药最多可以吃多少天？

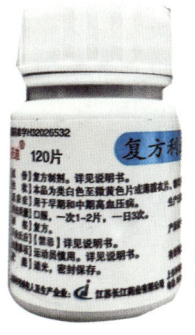

120 片

每日2~3次
每次2片

材料十：

22-1/23-1/28-1/29-1 计算下面各题，说出带*算式的运算顺序

$3×9+12×6$ *$60+120÷6×5$

$30÷2-16÷4$ $45-20×6÷5$

材料十一：

24-1/25-1 计算下面各题

(26＋4×4)÷7　　　　　　48×(32－27)÷30

(25－20)×(12＋14)　　　　(75＋49)÷(75－44)

材料十二：

26-1/27-1/28-1/29-1 计算下面各题，说出带*算式的运算顺序

12×［64÷（11－3）］　　　　81÷［3×（21÷7）］

*108÷［72÷（50－48）］　　　［175－（49＋26）］×23

材料十三：

30-1/31-1 列综合算式，解决问题

（1）亮亮的图书比乐乐多多少本？

乐乐　　　亮亮

（2）合唱组的人数是美术组的几倍？

材料十四：

32-1/33-1/36-1/37-1 根据题意和图表信息，解决问题

水果店购进了8筐苹果，每筐25千克。购进了12筐梨，每筐15千克。购进了5筐香蕉，每筐30千克。

（1）苹果和香蕉一共购进了多少千克？根据问题选择并整理条件。

苹果	（ ）筐	每筐（ ）千克
香蕉	（ ）筐	每筐（ ）千克

想一想，先算什么，再算什么，然后列式解答。

答案是否正确，请进行检验。

（2）梨比苹果少购进多少千克？根据问题选择并整理条件。

梨	（　　）筐	每筐（　　）千克
苹果	（　　）筐	每筐（　　）千克

想一想，先算什么，再算什么，然后列式解答。

答案是否正确，请进行检验。

材料十五：

34-1/35-1/38-1/39-1 根据题意和图表信息，解决问题

　　一辆汽车从甲地开往相距960千米的乙地，6:00出发，司机每2小时观察导航仪上的行驶路程如下表：

时间	8:00	10:00	12:00	14:00
距甲地/千米	160	320	480	640

照这样的速度，行驶到乙地需要几小时？

（1）你是怎样理解表中信息的，请你说一说

（2）这题可以怎样算，你是怎样想的

根据 _____ 和 _____，可以先算出 _____；

（3）选择一种方法来解答

（4）检验解答是否正确

34-2/35-2/38-2/39-2 根据题意解决问题

幸福村要修一条长522米的水渠，3天共修了174米。照这样的速度，剩下的还需要几天才能完成？

（1）解决这个问题，应该先算什么，再算什么？

（2）列式解答

（3）检验解答是否正确？

40-1/41-1 结合上题材料，说一说解决问题的一般步骤

第一步：_____

第二步：_____

第三步：_____

第四步：_____

材料十六：

42-1/43-1 用适当的方式表述简单的周期规律

（1）"健康平安健康平安健康平安健康平安健康……"
这是一组有规律的汉字，每（　　）个字为一组，每组的第1个字是（　　），第2个字是（　　），第3个字是（　　），第4个字是（　　）。

（2）用不同颜色的彩笔按周期规律给下面的图形涂色。

材料十七：

44-1/45-1 运用周期规律，解决问题。

（1）按规律在（　　）里画出每组第29个图形。

……（　　）……

A A B C C A A B C C ……（　　）……

……（　　）……

（2）儿童节快到了，四（3）班的同学们准备用27个彩色拉花来装饰教室，如果按照"3红2黄"的规律排列，那么他们应该准备多少个红色拉花？多少个黄色拉花？

图形与几何领域

材料一：

1-1/2-1 回答问题

（1）指一指洗衣机和电冰箱的前面、右面和上面。

（2）你能根据看到的图形连一连吗？

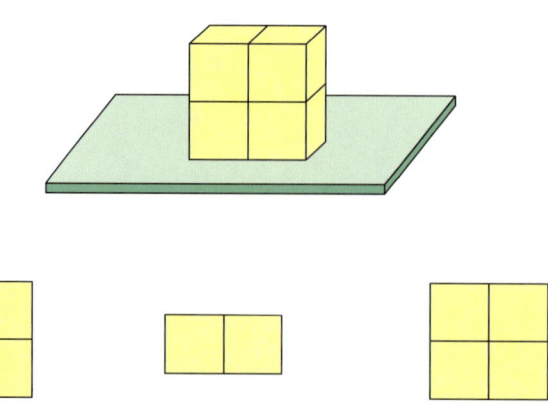

材料二：

3-1/4-1 摆一摆，画一画

用6个同样大的正方体摆一摆，再从前面、右面和上面看一看，在方格纸上画出看到的图形。

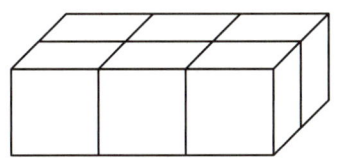

前面   右面   上面

材料三：

5-1/6-1 看一看，连一连

用5个同样大的正方体摆一摆，再从前面、右面和上面看一看，根据看到的图形连一连。

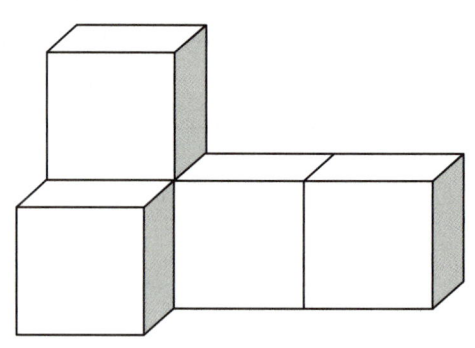

  前面   右面   上面

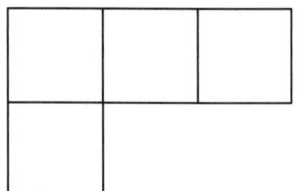   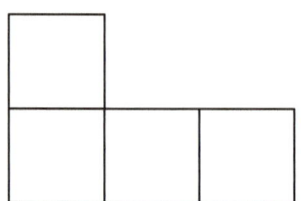   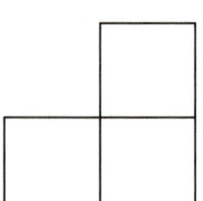

材料四：

7-1/8-1/9-1/10-1 填空

7-1/8-1 指出哪条是射线，哪条是直线，哪条是线段，请选择相应的序号填空。

①　　　　　　　　　②　　　　　　　　　③

（　　　）是线段，线段有（　　）个端点。

（　　　）是射线，射线有（　　）个端点。

（　　　）是直线，直线（　　）端点。

9-1/10-1

把线段的一端无限延长，就得到一条（　　　　）；把线段的两端都无限延长，就得到一条（　　　　）。

材料五：

11-1/12-1 回答问题

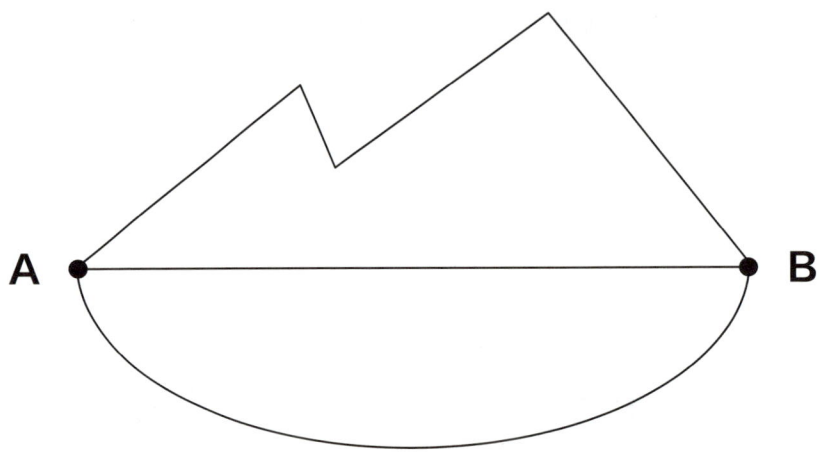

（1）连接两点的线段的长度叫作这两点间的（　　　　）。

（2）指出图中A、B两点之间的距离，量一量是（　　　　）毫米。

（3）图中A、B两点间所有的连线中，线段（　　　　）。

材料六：

13-1/14-1 看图回答问题

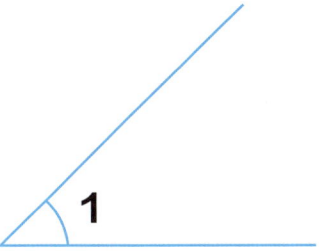

（1）角有（　　　）个顶点和（　　　）条边，指出角的顶点和两条边。

（2）上图的角，可以记作（　　　　），读作（　　　　）。

材料七：

15-1/16-1 说一说，填一填

（1）说一说

直角等于（　　　）。

小于90°的角是（　　　　　）

大于90°且小于180°的角是（　　　　　　）

（2）先量一量各角的度数，再填一填

① ② ③ ④

图（　　）是直角，图③是（　　　）角，图④是（　　　）角。

19-1/20-1 用量角器量出上面角的度数

①：　　　　　　　　②：

③：　　　　　　　　④：

材料八：

17-1/18-1 说一说，填一填

①（　　）角　　　　　　②（　　）角

（1）指出上图中的两个角各是什么角。

（2）平角等于（　　）°，周角等于（　　）°。

（3）用活动角做一个平角和周角。

材料九：

21-1/22-1 用量角器分别画出30°、45°和120°的角材料十：

23-1/24-1 回答问题

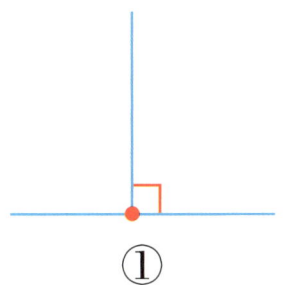
①

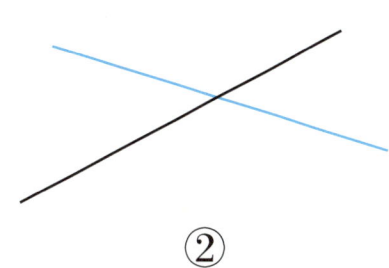
②

（1）说一说上图中两条直线之间的位置关系。

（2）当两条直线相交成直角时，这两条直线（　　　　），其中一条直线是另一条直线的（　　　　），这两条直线的交点叫作（　　　　）。

（3）指出上图中的垂足。

材料十一：

25-1/26-1 回答问题

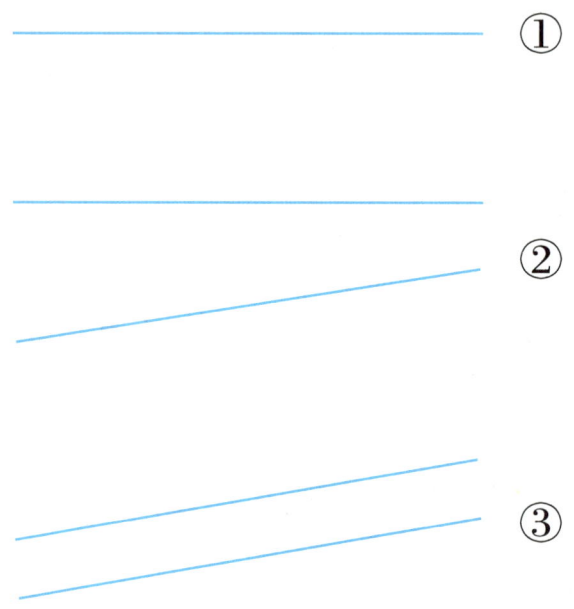

（1）上图中，图（　　　）中的两条线互相平行。

（2）在平面中，不相交的两条直线（　　　　），其中一条直线是另一条直线的（　　　　）。

材料十二：

27-1/28-1 用直尺和三角板画出下面直线的垂线

_____

29-1/30-1 用直尺和三角板画出下面直线的平行线

_____

材料十三：

31-1/32-1 回答问题

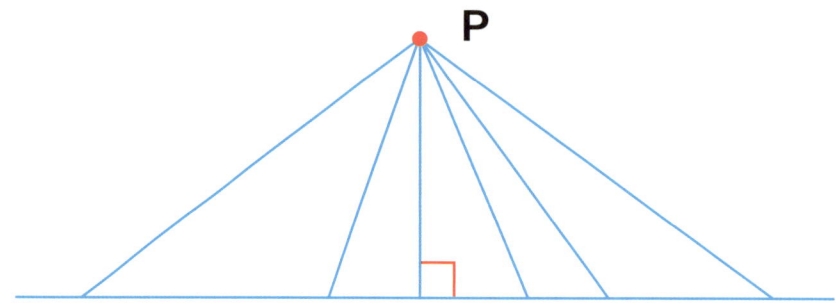

（1）从直线外一点到这条直线所画的垂线段的长度，叫作这点到直线的（　　　　）。

（2）指出图中点P到直线的距离是哪一条线段，量一量是（　　　　）厘米。

材料十四：

33-1/34-1 画出点A到直线的垂直线段，并量出点A到直线的距离

· A

材料十五：

35-1/36-1 回答问题

① ②

（1）上图中两个杯子装满水，哪个杯子装的水多？哪个杯子的容量大？

（2）计量比较多的液体，用（　　　　）作单位；计量比较少的液体，用（　　　　）作单位。

材料十六：

37-1/38-1/39-1/40-1 实践操作

37-1/38-1 用量杯装1升水

39-1/40-1 用滴管吸1毫升水

材料十七：

41-1/42-1 说一说，填一填

（1）1升＝（　　　）毫升

（2）一个量杯盛有200毫升水，5个这样的量杯盛水（　　）毫升，就是（　　）升。

（3）说一说下面几种饮料各多少瓶正好是1升。

100 ml　　　　**250 ml**　　　　**500 ml**

材料十八：

43-1/44-1 填空

1升＝（　　　）毫升　　　　1000毫升＝（　　　）升

4升＝（　　　）毫升　　　　2000毫升＝（　　　）升

6000毫升＝（　　　）升　　　9升＝（　　　）毫升

材料十九：

45-1/46-1 在括号里填上"升"或"毫升"

一个鱼缸大约有水80（　　　）

一汤勺水大约10（　　　）　　　一瓶可乐大约500（　　　）

一桶油5（　　　）　　　一瓶眼药水5（　　　）

一瓶洗发水500（　　　）　　　一个太阳能热水器80（　　　）

统计与概率

材料一：

1-1/2-1 观察表格并填空

我国著名河流的长度统计表

2020年8月

河流名称	长江	黄河	珠江	淮河
长度/km	6397	5464	2320	1000

（1）上面是（　　　　　　　）统计表，制表时间是（　　　　　　　）。

（2）表中项目栏指的是（　　　　　　　　　　）。

11-1/12-1 看表回答问题

表中数字"6397"指的是（　　　　　　　），珠江的长度是（　　　　　　　）km。

材料二：

3-1/4-1 观察统计图并填空

青阳小学某星期每天用水情况统计图

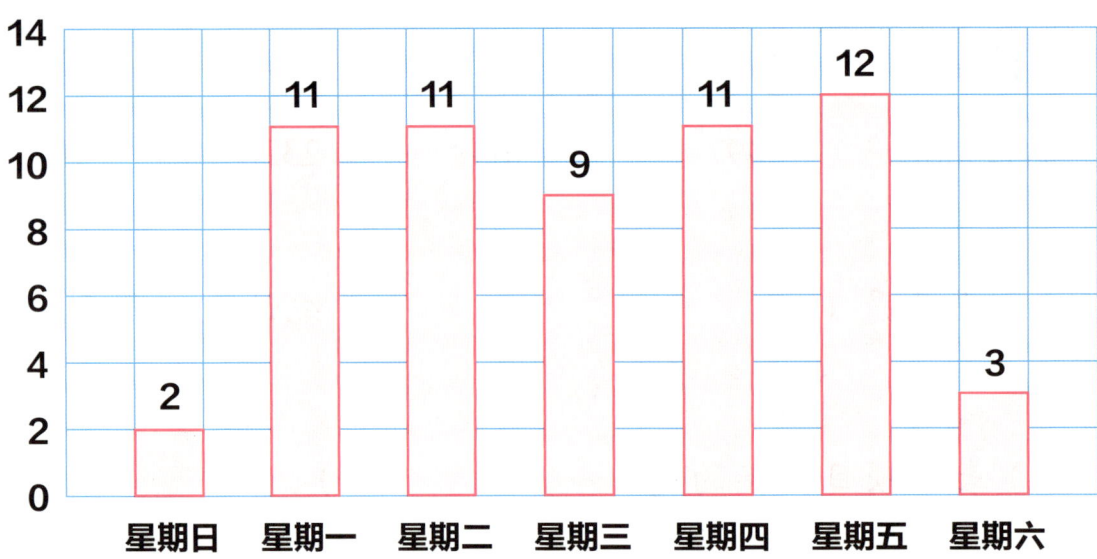

（1）这是（　　　　）统计图，统计的是（　　　　　　　　　　），制表时间是（　　　　　　　　）。

（2）横轴表示的是＿＿＿＿＿，纵轴表示的是＿＿＿＿＿，每小格表示（　　　）吨。

13-1/14-1 看图回答问题

图中数字"3"指的是（　　　　　　　　），青阳小学星期二用水（　　　）吨，星期（　　）用水最多，星期（　　）用水最少。

材料三：

5-1/6-1/7-1/8-1/9-1/10-1 根据要求，整理数据，制统计表，绘统计图

为给陶行知小学排球队的队员定做球服，张老师统计了队员们的身高，如下表。

编号	身高/cm	编号	身高/cm	编号	身高/cm	编号	身高/cm
1	146	9	146	17	137	25	156
2	144	10	143	18	143	26	139
3	134	11	136	19	138	27	159
4	142	12	145	20	141	28	145
5	137	13	151	21	144	29	143
6	140	14	157	22	141	30	152
7	137	15	151	23	152	31	146
8	138	16	140	24	153	32	137

5-1/6-1 用划"正"字的方法整理数据

身高/cm	人数
130-139	
140-149	
150-159	

7-1/8-1 根据整理好的数据完成统计表

陶行知学校排球队队员身高情况统计表

年　　月

身高/cm	合计	130-139	140-149	150-159
人数				

9-1/10-1 根据整理好的统计表制作条形统计图

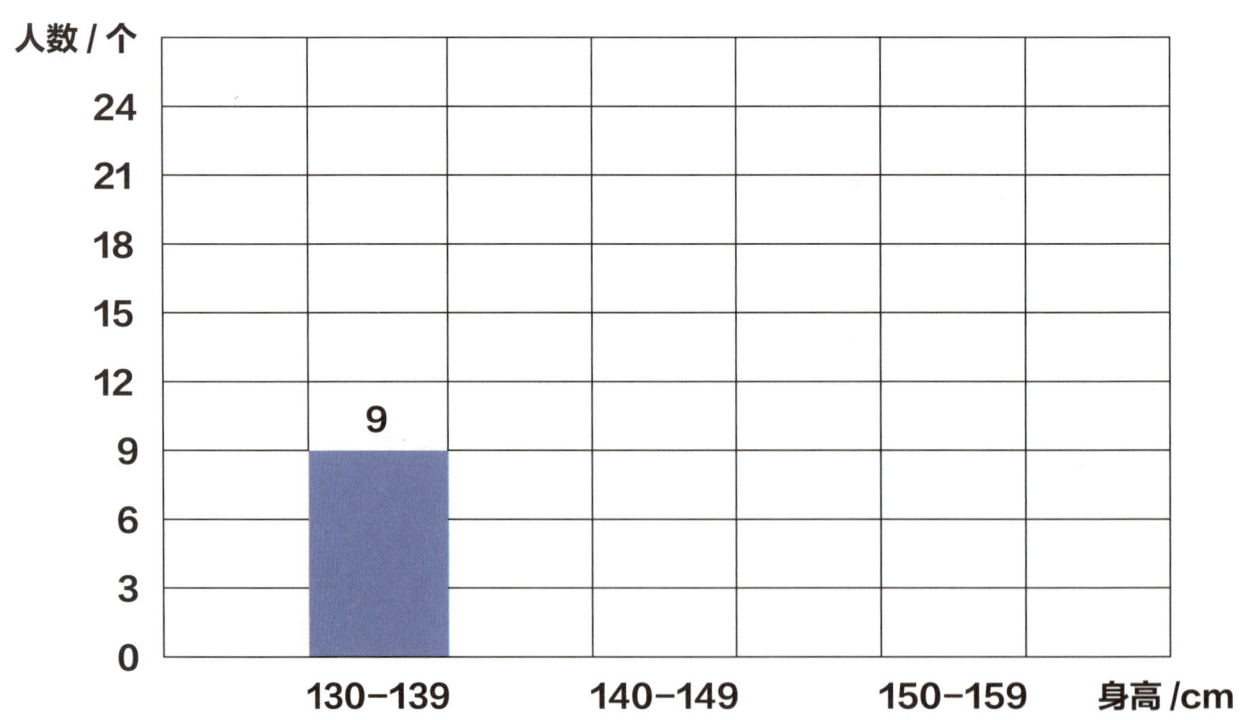

材料四：

15-1/16-1/17-1/18-1/19-1/20-1 看图回答问题

男生女生进行套圈比赛，以下是每个人套15个圈中套中的数量统计图。

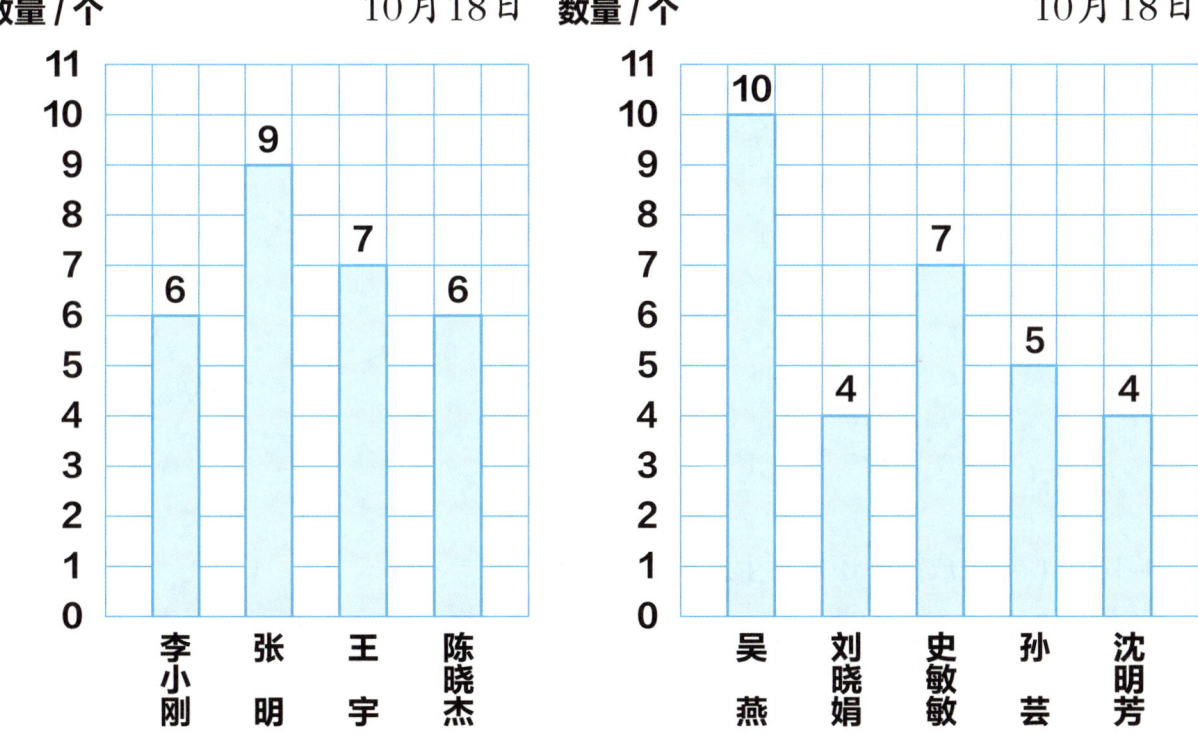

15-1/16-1 按要求选方法

要想知道男生套圈准一些还是女生套圈准一些，方式（　　）更合适。

A：分别找出男生和女生中套的最多的，再比较。

B：分别求出男生和女生套中的总个数，再比较。

C：分别求出男生和女生平均每人套中的个数，再比较。

17-1/18-1 分别算出男生、女生套圈成绩的平均数

19-1/20-1 男生成绩好还是女生成绩好？为什么？

材料五：

21-1/22-1 根据题意，列式计算

一袋苹果共50个，随机取出5个称一称，重量如下：

编号	1	2	3	4	5
质量/克	83	81	86	77	88

（1）取出的5个苹果，平均每个重多少克？

（2）这袋苹果，大约一共重多少克？

材料六：

23-1/24-1/25-1/26-1 回答问题

陶行知学校足球队队员平均身高是160厘米。

23-1/24-1 平均身高160厘米代表什么意思？

25-1/26-1 张小强是足球队队员，他的身高可能是155厘米吗？

足球队队员的身高，可能超过160厘米吗？

材料七：

27-1/28-1/29-1/30-1/31-1/32-1 回答问题

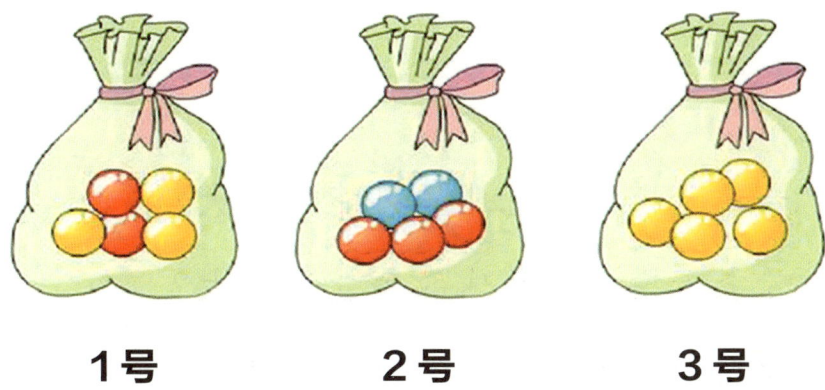

1号　　　　　2号　　　　　3号

27-1/28-1

用"一定""不可能""可能"描述事件发生的确定性和不确定性

从袋子中随机摸出一个球：

1号袋子（　　）摸出红球

2号袋子（　　）摸出红球

3号袋子（　　）摸出红球

29-1/30-1

从1号袋子随机拿出一个球，可能是什么颜色的球？

从2号袋子随机拿出一个球，可能是什么颜色的球？

从3号袋子随机拿出一个球，可能是什么颜色的球？

31-1/32-1

从（　　）号袋子摸出黄色球的可能性最大？

从（　　）号袋子摸出红色球的可能性最大？

从（　　）号袋子摸出蓝色球的可能性最大？

数学·四年级
（下册）

编写人员：

芮代琴　刘加芳　刘　婷　赵　敏　宋晓杰　翁丽丽
李月月　茅　成　吴振兰

学　校：_____　　年　级：_____
姓　名：_____　　出生日期：_____
评估者：_____　　评估时间：_____

评估标准：

　　3 分：独立完成单一知识 / 技能；或独立完成多重知识 / 技能 100%。

　　2 分：独立完成或在单一支持下完成多重知识 / 技能 60% 及以上；或在单一支持下完成单一知识 / 技能。

　　1 分：独立完成或在多重支持下完成多重知识 / 技能 20% ~ 60% 以内；或在多重支持下完成单一知识 / 技能。

　　0 分：独立完成或在多重支持下完成多重知识 / 技能 20% 以下；或在多重支持下无法完成单一知识 / 技能。

数与代数领域

材料一：

1-1/2-1 在算盘上一边拨珠一边数

（1）一万一万地数，从六百九十五万数到七百零三万。

（2）十万十万地数，从九百六十万数到一千零二十万。

（3）一百万一百万地数，从三千四百万数到四千二百万。

（4）一千万一千万地数，从四千万数到一亿。

（5）一亿一亿地数，从九十二亿数到一百零二亿。

（6）十亿十亿地数，从三百八十亿数到四百二十亿。

（7）一百亿一百亿地数，从一千六百亿数到两千三百亿。

材料二：

3-1/4-1 说出/填写出数位顺序表并回答问题

数级	……	（　）级				（　）级				个级			
数位	……	（　）位	（　）位	（　）位	亿位	（　）位	（　）位	（　）位	万位	（　）位	（　）位	十位	个位
计数单位	……	（　）	（　）	（　）	亿	（　）	（　）	（　）	万	（　）	（　）	十	一（个）

（1）从个位起，从右往左数第（　　）位是万位，计数单位是（　　），百万位的右边一位是（　　）位；第（　　）位是亿位，第十位是（　　）位，计数单位是（　　）。

（2）从表中看出：每相邻两个计数单位之间的进率都是（　　），像这种计数方法也叫（　　）计数法

材料三：

5-1/6-1 说出/写出下面各数的组成

（1）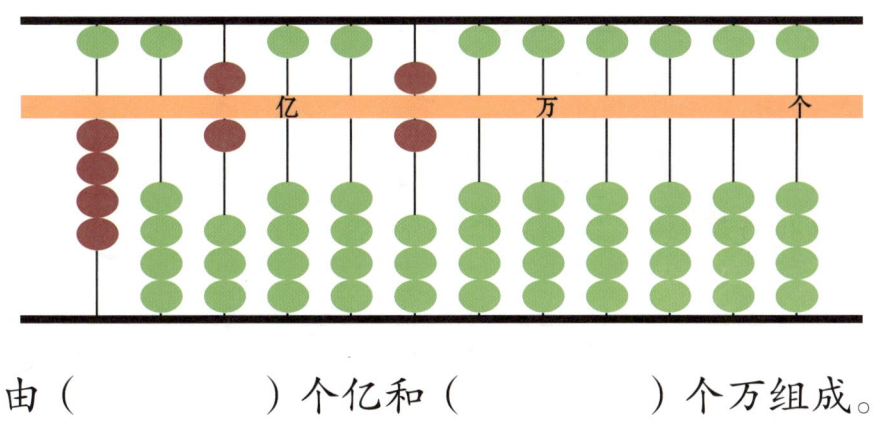

由（　　　）个万和（　　　）个一组成。

由（　　　）个亿和（　　　）个万组成。

（2）6个千万、2个万和7个十组成的数是（　　　　　）。
53040000000里有（　　　）个亿和（　　　）个万。

材料四：

7-1/8-1 读出横线上的数

2021年全球 230 个国家人口总数为 <u>7579238198</u> 人，其中中国以 <u>1395380000</u> 人位居第一，成为世界上人口最多的国家。江苏人口是 <u>84570941</u> 人，人均收入是 <u>43400</u> 元。

读作：_____

读作：_____

读作：_____

读作：_____

7-2/8-2 读出下面各数

亿级				万级				个级			
千亿	百亿	十亿	亿	千万	百万	十万	万	千	百	十	个
				1	3	0	5	4	8	9	6
					3	5	2	9	5	0	0
			1	5	0	0	4	9	5	3	6
		2	0	5	0	0	0	0	0	0	0

材料五：

9-1/10-1 写出下面各数

（1）光的传播速度大约是每秒二十九万九千八百千米。

（　　　　　　　　　）

（2）地球到太阳的平均距离大约是一亿四千九百六十万千米。

（　　　　　　　　　）

（3）

亿级				万级				个级			
千亿	百亿	十亿	亿	千万	百万	十万	万	千	百	十	个

二百零四万五千七百八十二写作：_____

三千零六亿二千零三十万写作：_____

材料六：

11-1/12-1 在算盘上拨出或在算盘图上涂出指定的数

63856385

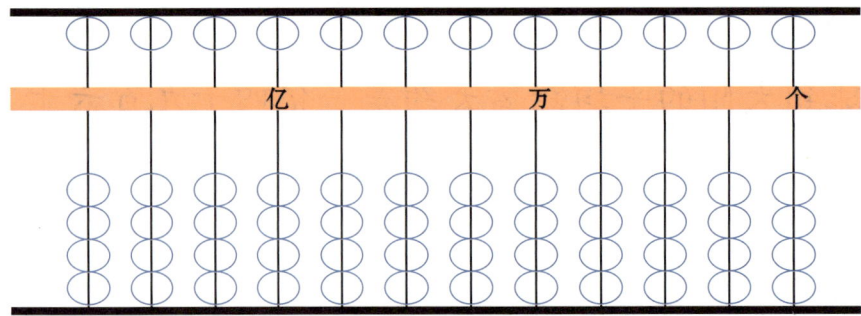

3056850

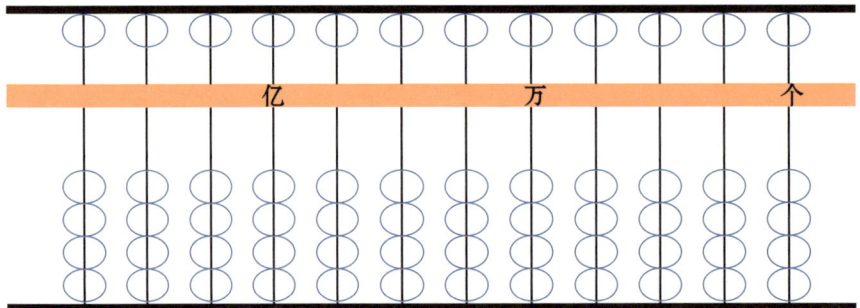

300000005

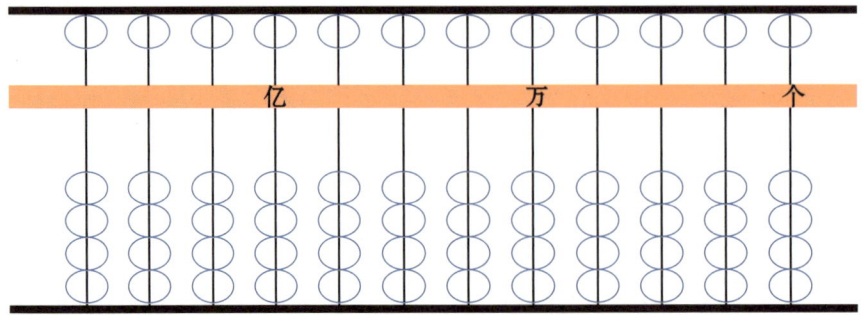

材料七：

13-1/14-1 用"万"做单位改写下面的数

370000

41000000

13-2/14-2 用"亿"作单位改写下面各数。

2500000000

680000000000

材料八：

15-1/16-1 在○里填上">""<"或"="

200400 ○ 78950   20500000 ○ 2050万

380亿 ○ 38070000000   8802000000 ○ 8082000000

15-2/16-2 把下面的数按从小到大的顺序排列

　　60亿　　　5980000000　　　609000000　　　6004000000

（　　　　）<（　　　　）<（　　　　）<（　　　　）

材料九：

17-1/18-1 读一读横线上的数，是近似数的在（　　）里画"√"

（1）北江镇去年在校的学生数是7836人。…………（　　）

（2）五星书店今年8月份购进图书约3470000册。…（　　）

（3）李晓东家的房屋面积接近160平方米。………（　　）

（4）实验小学田径队有68名队员。……………（　　）

材料十：

19-1/20-1 用"万"作单位写出下面各数的近似数。

    543000   2995400

19-2/20-2 用"亿"作单位写出下面各数的近似数。

    1980000000   536800000

材料十一：

21-1/22-1 估一估

（1）10克黄豆大约是25颗，1千克黄豆大约有（　　　）颗。5吨的黄豆大约有多少颗，在你认为合适的答案下面画"√"

25000颗	2500000颗	7500000颗

（2）10枚1元的硬币叠放在一起的高度大约是2厘米。照这样推算，1000枚1元的硬币叠放在一起的高度大约是（　　　）米。1亿枚1元的硬币叠放在一起的高度大约是多少千米？在你认为合适的答案下面画"√"

20千米	200千米	2000千米

材料十二：

23-1/24-1/25-1　口算

400×30＝　　　　　70×900＝　　　　　20×800＝

900×30＝　　　　　50×500＝　　　　　40×700＝

600×60＝　　　　　900×90＝　　　　　50×800＝

400×50＝　　　　　60×500＝　　　　　700×80＝

材料十三：

26-1/27-1 用竖式计算

$128×16$ $\qquad$ $309×26$ $\qquad$ $850×15$

材料十四：

28-1/29-1 说一说，写一写

口算700×80时，可以先算（　　）×（　　）＝（　　），再在积的末尾添上（　　）个0，就是（　　）。

30-1/31-1

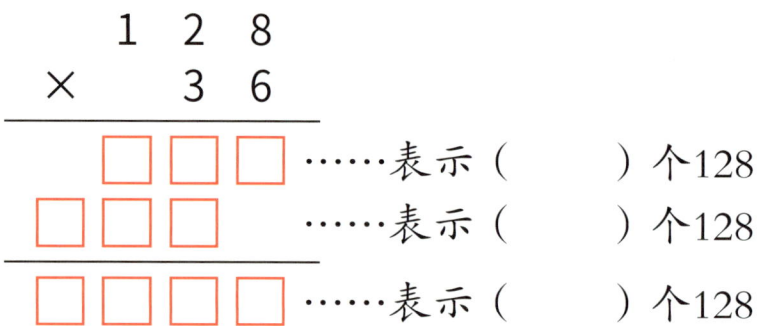

……表示（　　）个128

……表示（　　）个128

……表示（　　）个128

材料十五：

32-1/33-1/34-1/35-1　先说出题目中的数量关系，再列式计算解答问题

（1）

	梨子	苹果	橘子
单价/（元/箱）	24	（　　）	17
数量/箱	113	46	（　　）
总价/元	（　　）	828	986

（2）已知一种椅子的单价是35元/把，学校计划要买450把这种椅子，一共用去多少元？

材料十六：

36-1/37-1/38-1/39-1 先说出题目中的数量关系，再列式计算解答问题

（1）

	飞机	轿车	自行车
速度	254/秒	96千米/时	（　　）米/分
时间	25秒	（　　）	4分
路程	（　　）米	672千米	980米

（2）货车用9小时从甲城开到乙城，共行了837千米。货车的平均速度是多少千米/时？

材料十七：

40-1/41-1 说出下面三道算式积的变化规律

$7 \times 34 = 238$

$70 \times 34 = 2380$

$700 \times 34 = 23800$

42-1/43-1 根据每组第一题的算式，直接写出后两题的得数

$$\begin{cases} 46 \times 2 = 92 \\ 46 \times 20 = \\ 46 \times 200 = \end{cases} \qquad \begin{cases} 18 \times 5 = 90 \\ 18 \times 20 = \\ 18 \times 35 = \end{cases}$$

材料十八：

44-1/45-1 说一说，填一填

（1）在进行比较复杂的计算时，人们通常使用（　　　），计算器是一种（　　　）工具。

（2）

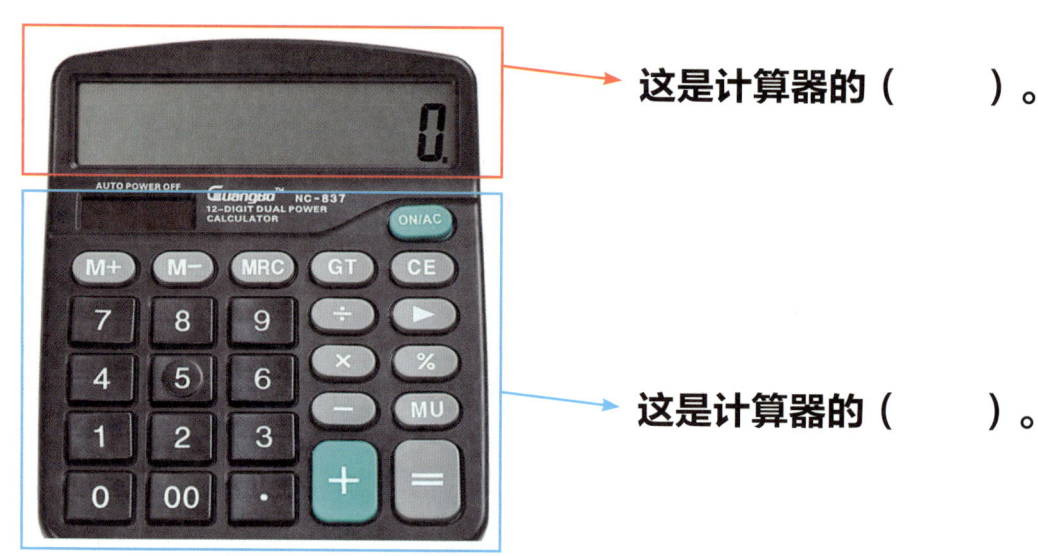

这是计算器的（　　　）。

这是计算器的（　　　）。

（3）计算器上的 ON 键是（　　　）键，计算结束后，清除数据按（　　　）键。指一指老师计算器上的开机键和消除键。

材料十九：

46-1/47-1 用计算器计算

785＋2689＝

5627－2013＝

674×342＝

41600÷128＝

48-1/49-1 用计算器计算

256＋187×391

500000－781×492

8975×（2896－1234）

132608÷（1382－486）

材料二十：

50-1/51-1 先列式，再用计算器计算

（1）某长方形广场长280米、宽230米，该广场的面积是多少平方米？

（2）四年级一班第一小组9名同学的身高如下（单位：厘米）：

140　　145　　145　　148　　145　　147　　150　　145　　149

第一小组同学的平均身高是多少厘米？

材料二十一：

52-1/53-1 根据要求计算

（1）先用计算器算出前几题的得数，再根据规律在括号里填合适的数

37×3＝

37×6＝

37×9＝

37×12＝

37×（　　）＝（　　）

37×（　　）＝（　　）

（2）先用计算器计算左边两题，再直接填写右边两题的得数

29×101＝_____　　　　73×101＝_____

54×101＝_____　　　　96×101＝_____

材料二十二：

54-1/55-1 说一说，填一填

（1）39＋87＝87＋39应用了（　　　）律。

（2）在□里填合适的数

$$28+15=\boxed{}+28$$

（3）如果用字母a、b分别表示两个加数，那么加法交换律可以写成（　　　　　）。

材料二十三：

56-1/57-1 说一说，填一填

（1）（459＋32）＋168＝459＋（32＋168）应用了（　　　）律。

（2）在□里填合适的数

125＋39＋□＝（□＋75）＋39

（3）如果用字母a、b、c分别表示三个加数，那么加法结合律可以写成（　　　　　　）。

材料二十四：

58-1/59-1 说一说，填一填

（1）48×271＝271×48应用了（　　　）律。

（2）在□里填合适的数

$$120 \times 31 = \boxed{} \times \boxed{}$$

（3）如果用字母a、b分别表示两个乘数，那么乘法交换律可以写成（　　　　　）。

材料二十五：

60-1/61-1 说一说，填一填

（1）（24×6）×5＝（24×5）×6应用了（　　　　）律。

（2）在□里填合适的数

$$45×（2×73）=（\boxed{}×\boxed{}）×73$$

（3）如果用字母a、b、c分别表示三个乘数，那么乘法结合律可以写成（　　　　　　）。

材料二十六：

62-1/63-1 说一说，填一填

（1）（48+35）×4=48×4+35×4应用了（　　　　）律。

（2）在□里填合适的数

$$128×101=128×(\boxed{}+\boxed{})$$

（3）如果用字母a、b、c分别表示三个数，那么乘法分配律可以写成（　　　　　　）。

材料二十七：

64-1/65-1 用简便方法计算

92＋74＋8   79＋65＋21

66-1/67-1 用简便方法计算

49＋68＋32   135＋201

239－128－72   323－（23＋46）

材料二十八：

68-1/69-1 用简便方法计算

25×18×4   2×93×5

70-1/71-1 用简便方法计算

7×25×4   189×50×2

材料二十九：

72-1/73-1 用简便方法计算

25×17＋25×3   23×134－34×23

25×96   17×203

材料三十：

74-1/75-1 说一说，填一填

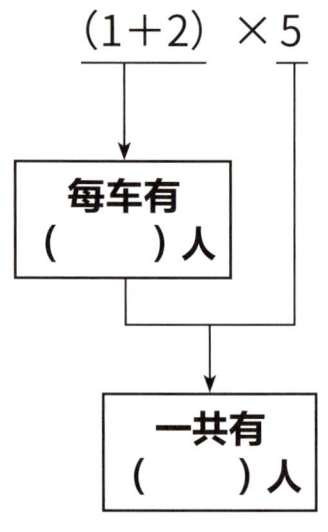

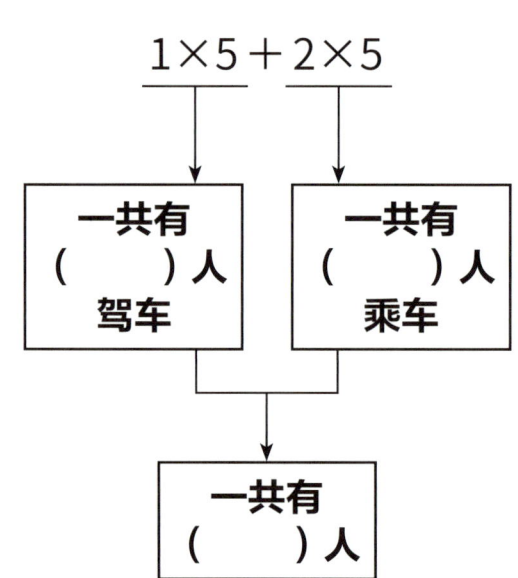

这两种方法体现了（　　　）。

A、乘法结合律　　　　　　B、乘法分配律

C、加法结合律　　　　　　D、乘法交换律

74-2/75-2 用上面的方法来计算下面的题目

（1）购买45套这样的桌椅要花多少元钱？

58 元　　　**22 元**

（2）如下图，小华和小丽同时从家出发向图书馆走去。小华每分钟走70米，小丽每分钟走65米。走了6分钟后，两人同时到达图书馆，这时小华比小丽多走了多少米？

810 米

小华家　　　图书馆　　　小丽家

材料三十一：

76-1/77-1/80-1/81-1 根据题意分析数量关系，再列式解答

学校体育器材室有篮球和足球共50个，篮球比足球多8个。篮球和足球各有多少个？

（1）你能根据题意把线段图填写完整吗？

（2）看线段图分析数量关系，想一想可以先算什么。

（3）选择一种你喜欢的方法解答

（4）用"把得数代入原题"的方法检验。

76-2/77-2/80-2/81-2 根据题意画出线段图，再列式解答

王晓东和何明买同样的笔记本，王晓东买了7本，何明买了4本，王晓东比何明多花了15元，笔记本的单价是多少元/本？

材料三十二：

78-1/79-1/82-1/83-1 根据题意画出示意图，再列式解答

（1）一个长方形菜园，宽25米，如果宽减少4米，菜园的面积就减少120平方米，原来菜园的面积是多少平方米？

（2）张叔叔家的院子是正方形的，他在新农村改造的过程中把院墙的一组对边各增加了5米，这样院子的面积增加了70平方米。张叔叔家的院子原来的面积是多少平方米？

材料三十三：

84-1/85-1 根据题意画出线段图，再列式解答

甲、乙两个港口相距300千米。一艘轮船从甲港口出发前往乙港口，已经行驶了4小时，已行的路程比剩下的路程多20千米。轮船的平均速度是多少？

图形与几何领域

材料一：

1-1/2-1 说一说，填一填

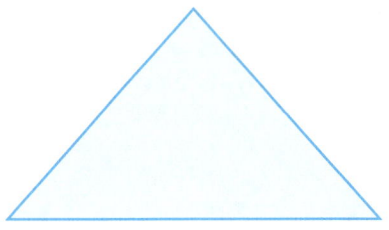

（1）三角形有（　　）条边，（　　）个角，（　　）个顶点；

（2）三角形是由（　　）条线段（　　　　）围成的图形。

1-2/2-2 判断下面图形哪些是三角形，哪些不是？为什么？

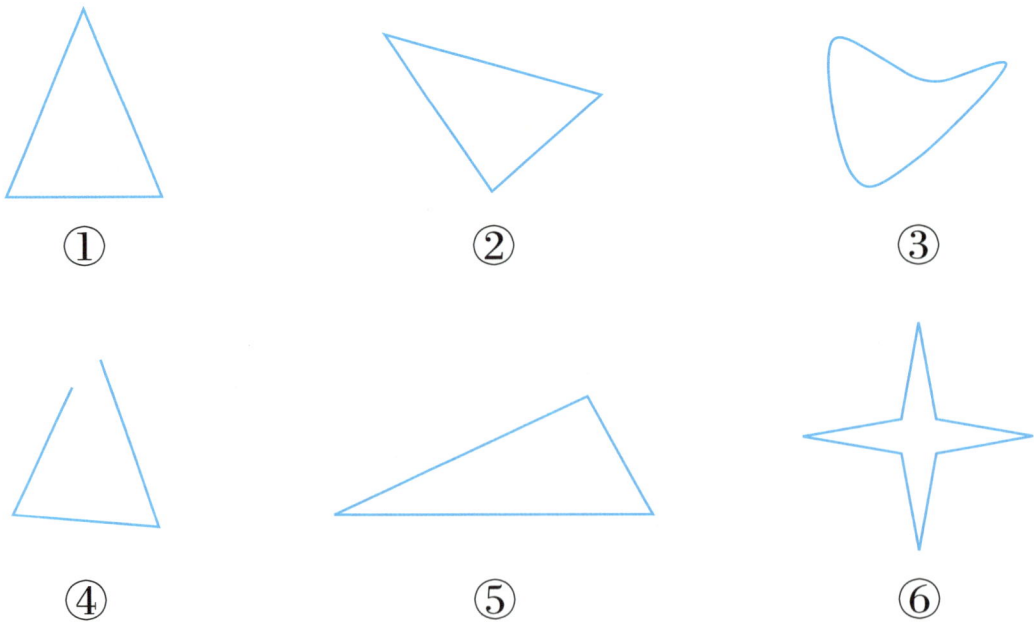

材料二：

3-1/4-1 指出三角形的底和高

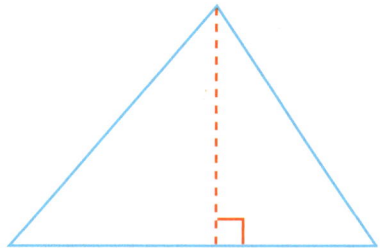

5-1/6-1 画出下面三角形的高，量出底和高各是多少毫米

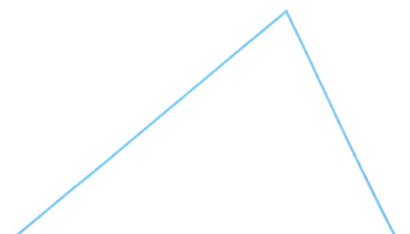

材料三：

7-1/8-1 填空

三角形任意两边长度之和（　　　　　）第三边。

7-2/8-2 下面哪组线段可以围成一个三角形？为什么？

        1cm　　　　　　　　　　2cm

        2cm　　　　　　　　　　3cm

        3cm　　　　　　　　　　4cm

材料四：

9-1/10-1 填空

（1）三角形的内角和等于（　　）。

（2）如图，三角形中∠1＝40°，∠2＝80°，∠3＝（　　）。

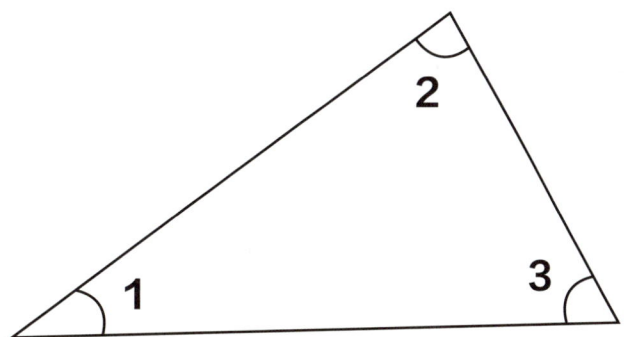

材料五：

11-1/12-1 说一说，填一填

三角形按照角的特点，可以分为锐角三角形、（　　　　）、（　　　　）。

13-1/14-1 说一说，填一填

（　　）个角都是锐角的三角形是锐角三角形；

有1个角是（　　）角的三角形是（　　）三角形；

有1个角是（　　）角的三角形是（　　）三角形。

材料六：

15-1/16-1 判断

（1）有两个角相等的三角形是等腰三角形。（　　）

（2）三条边都相等的三角形是等边三角形。（　　）

（3）有一个角是60°的等腰三角形是等边三角形。（　　）

（4）等腰三角形是轴对称图形，等边三角形不是轴对称图形。（　　）

15-2/16-2 观察下面物体的面，回答下面问题：

（1）哪个是等腰三角形，哪个是等边三角形？

（2）指出其中等腰三角形的底角、顶角以及腰和底。

（3）等腰三角形和等边三角形是不是轴对称图形？

 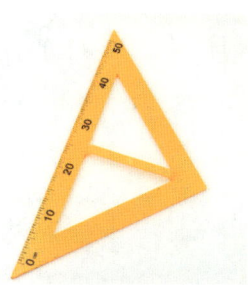 

材料七：

17-1/18-1 在方格纸上画一个平行四边形。

17-2/18-2 说一说，填一填

平行四边形有（   ）条边，（   ）个角，

两组对边分别（   ）并且（   ）。

材料八：

19-1/20-1 指出下面平行四边形的底和高

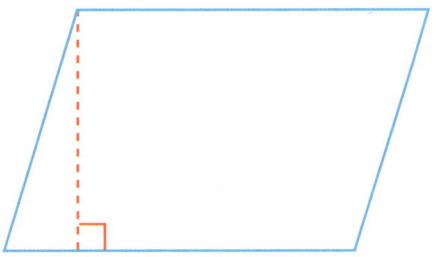

材料九：

21-1/22-1 画出下面平行四边形底边上的高，并量一量它的底和高各是多少毫米

底

材料十：

23-1/24-1 说一说，填一填

梯形是四边形，有（　　）条边（　　）个角；

它的一组对边（　　）但长度（　　），另一组对边（　　）。

25-1/26-1 下面哪个图形是梯形？如果是梯形，分别指出梯形的上底、下底和腰

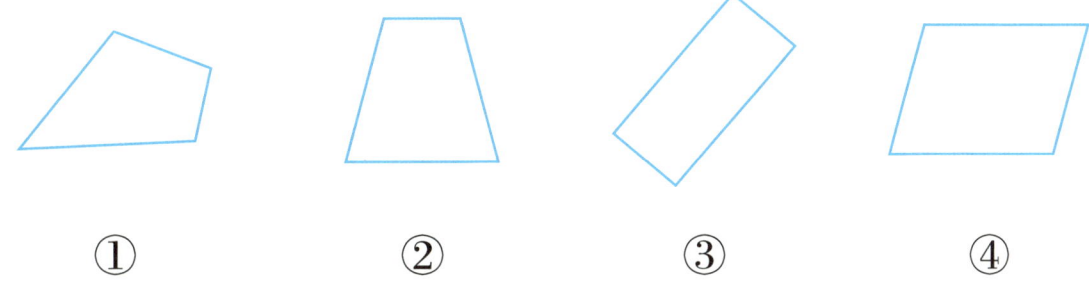

材料十一：

27-1/28-1 画出下面梯形的高，再量出上底、下底和高各是多少毫米

材料十二：

29-1/30-1 填空

等腰梯形的两个腰（　　　　　）

29-2/30-2 在方格纸上，画一个高6厘米的等腰梯形。（每个小方格的边长表示1厘米）

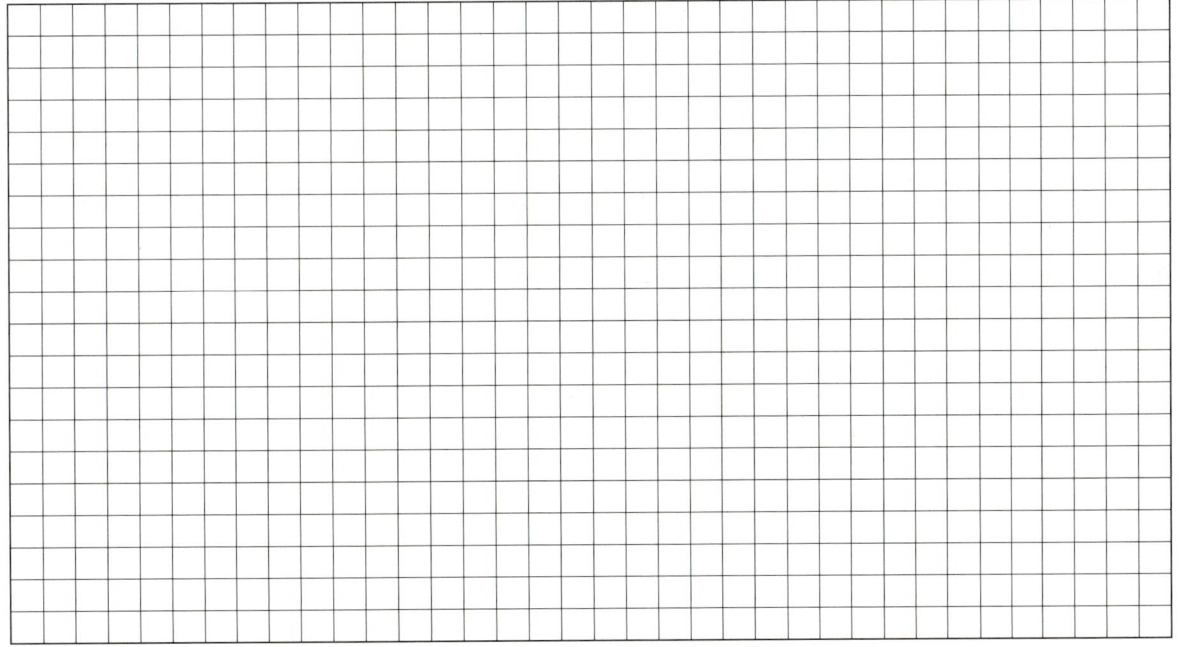

材料十三：

31-1/32-1 探索多边形内角和的规律

（1）把计算的结果填入下面的（　　）内：

三角形的内角和是（　　）

四边形的内角和是（　　）

五边形的内角和是（　　）

六边形的内角和是（　　）

（2）从上面探索四边形、五边形、六边形的内角和的过程，你可以得到多边形的内角和与边数n之间的关系吗？

多边形的内角和＝ _____

材料十四：

33-1/34-1 先画一画，再计算这个七边形的内角和，说一说你的计算方法

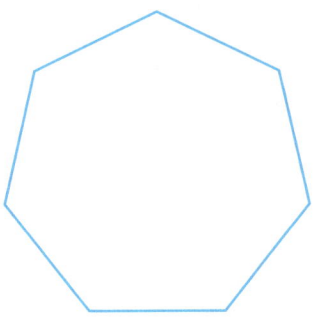

七边形的内角和是（　　　　　）。

材料十五：

35-1/36-1/37-1/38-1 指出下面的图案哪些是通过平移可以得到，哪些是通过旋转可以得到

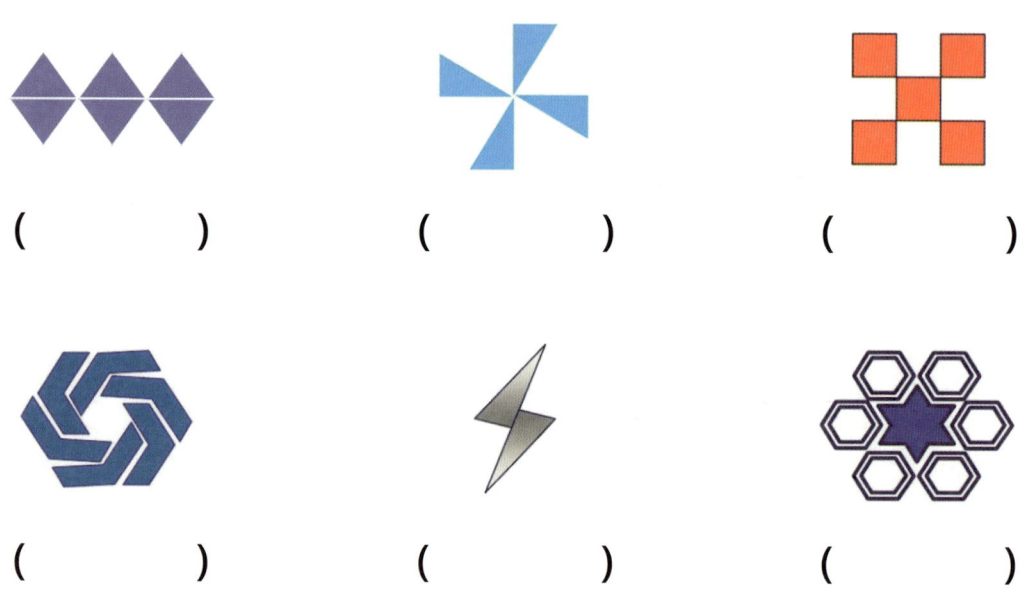

(   )   (   )   (   )

(   )   (   )   (   )

35-2/36-2/37-2/38-2 说一说，下面的小鱼图和长方形是怎样移动的

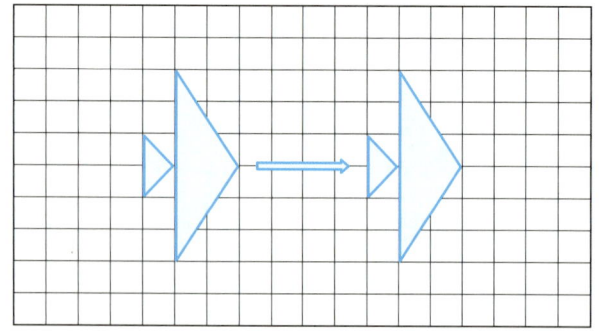 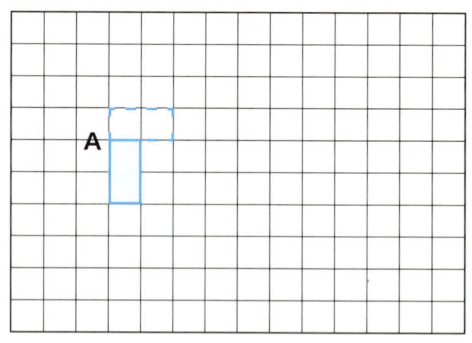

材料十六：

39-1/40-1 看图回答问题

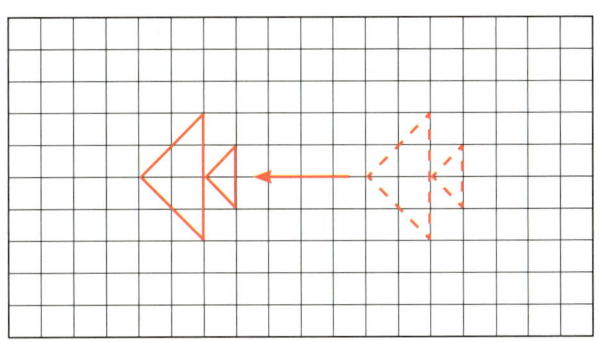

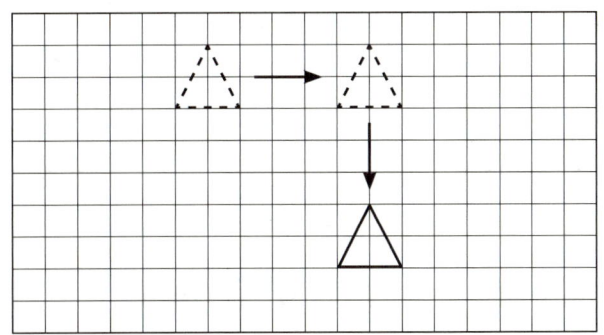

（1）小鱼图向（　　）平移了（　　）格。

（2）三角形先向（　　）平移了（　　）格，再向（　　）平移了（　　）格。

材料十七：

41-1/42-1 看图回答问题

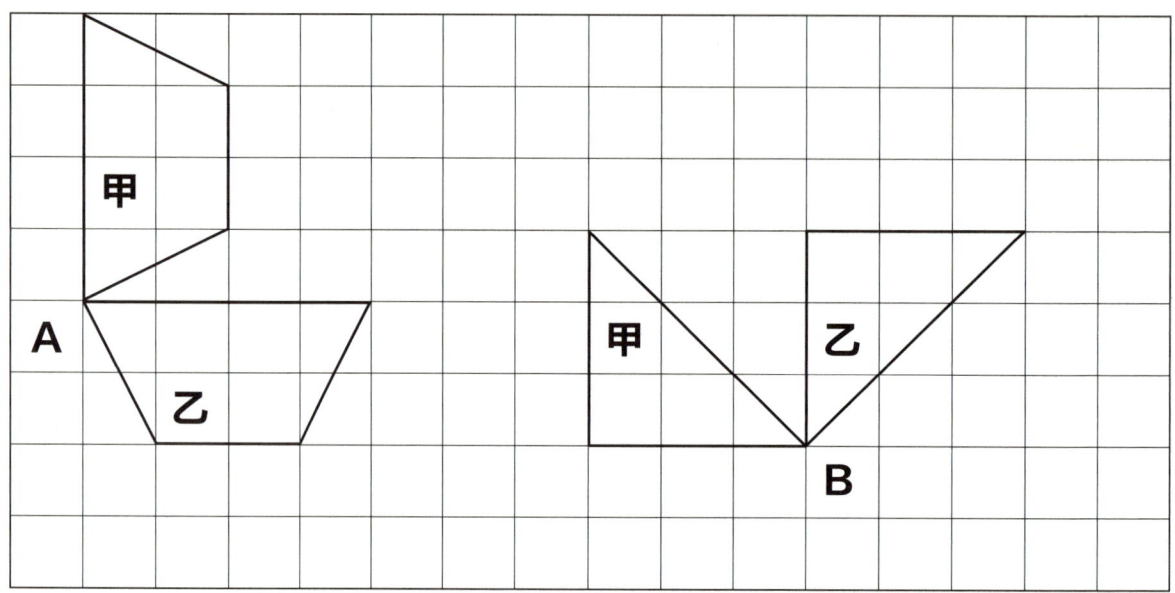

（1）梯形甲绕点A（　　）时针旋转（　　）度，就得到梯形乙。

（2）三角形乙绕点B（　　）时针旋转（　　）度，就得到三角形甲。

材料十八：

43-1/44-1 画一画

（1）将房子图向下平移4格。

（2）将小船图向左平移7格。

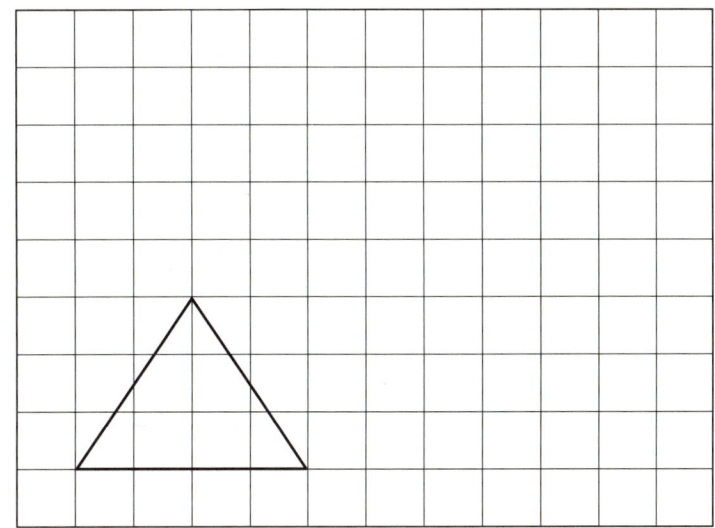

（3）将三角形先向上平移3格，再向右平移5格。

材料十九：

45-1/46-1 画一画

（1）将三角形绕点A做顺时针旋转90°。

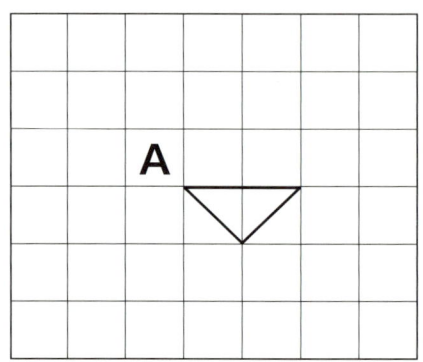

（2）将梯形绕点A做逆时针旋转90°。

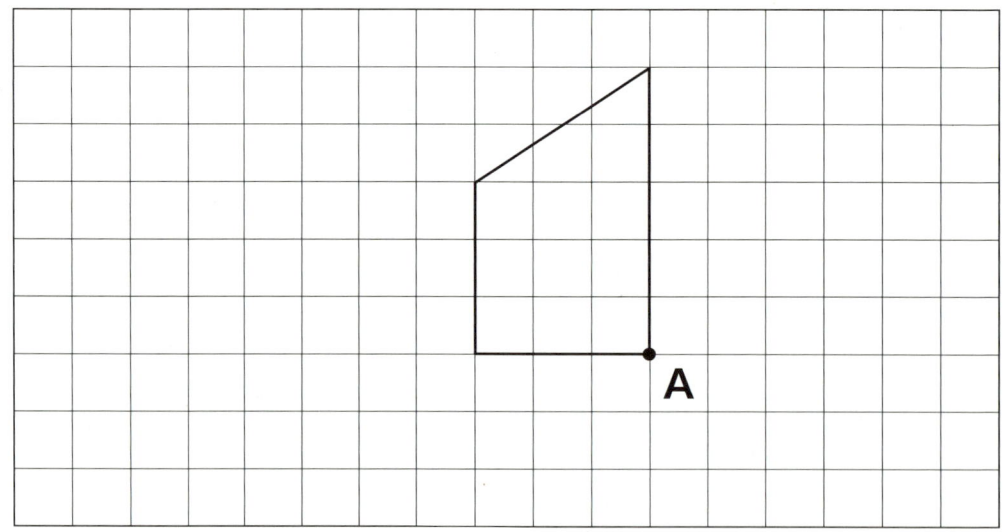

材料二十：

47-1/48-1 看图说一说，指一指

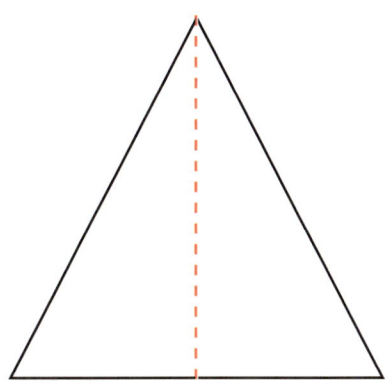 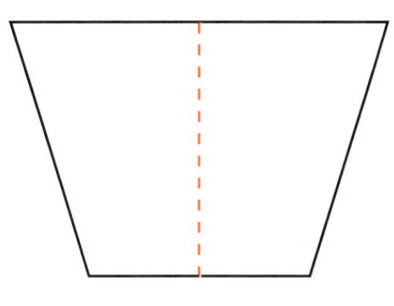

（1）一个图形沿着一条直线对折，两侧的图形能够完全重合，这个图形就是（　　　　　　），折痕所在的直线叫做（　　　　　　）。

（2）上图中的三角形和梯形都是（　　　　　　）。指一指它的对称轴。

（3）在轴对称图形中，对称轴两侧相对的点到对称轴的距离（　　　　　　）。

材料二十一：

49-1/50-1 下面哪些图形是轴对称图形，圈一圈

（1）

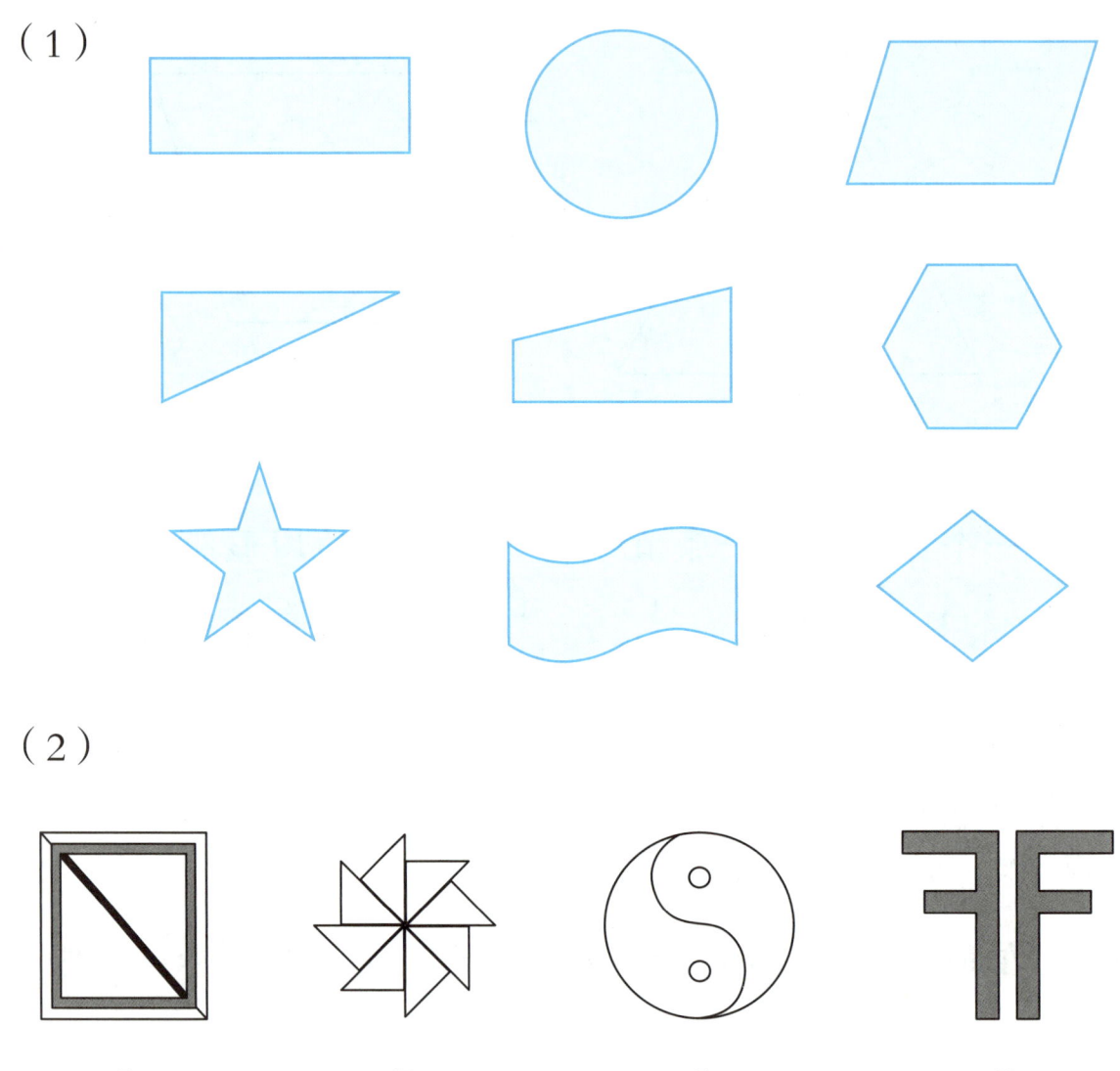

（2）

A　　　B　　　C　　　D

材料二十二：

51-1/52-1 在方格纸上画出下面轴对称图形的对称轴

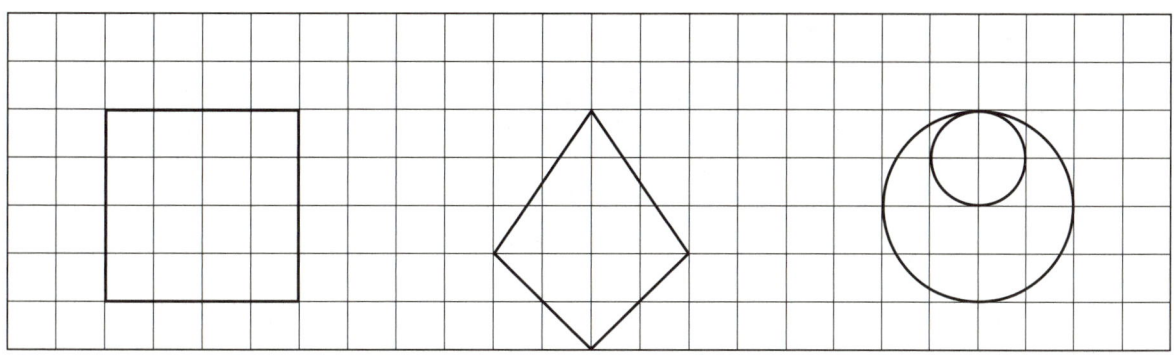

51-2/52-2 已知下面的图形是轴对称图形，请画出它们的对称轴

材料二十三：

53-1/54-1 画出下面轴对称图形的所有对称轴，数一数共有几条

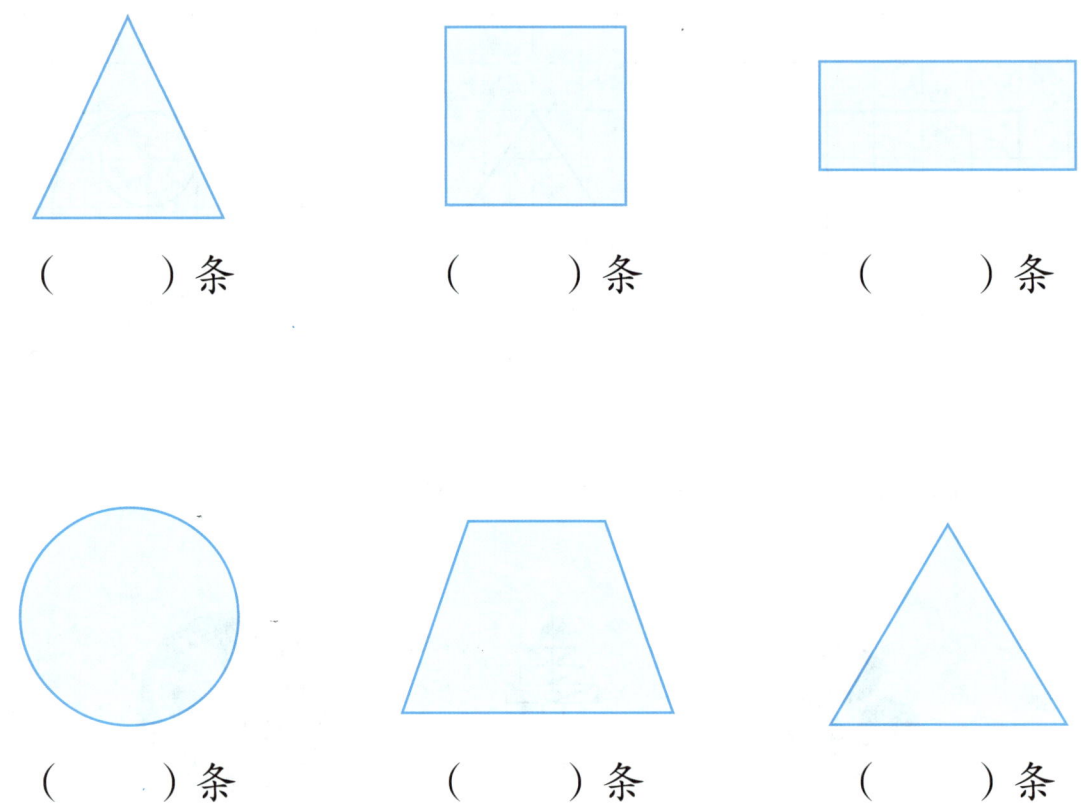

（　　）条　　　　（　　）条　　　　（　　）条

（　　）条　　　　（　　）条　　　　（　　）条

材料二十四：

55-1/56-1 分别把下面的图形补全，使它们成为轴对称图形

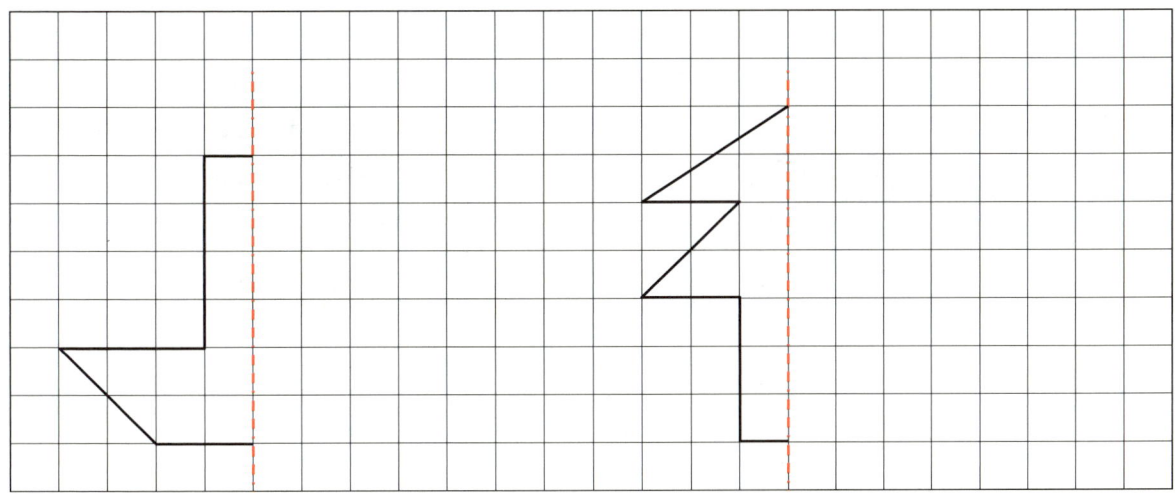

材料二十五：

57-1/58-1 用平移、旋转或轴对称分析下面图案的形成过程

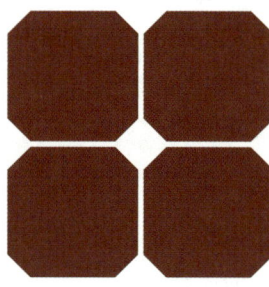

材料二十六：

59-1/60-1 结合所给图形，运用轴对称、平移或旋转的方式设计一个自己喜欢的图案（选一个图形）

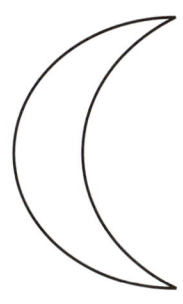 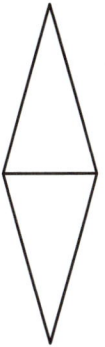

材料二十七：

61-1/62-1 看图说一说，指一指

（1）通常把竖排叫作（　　　　），横排叫作（　　　　）。

（2）指一指第1列和第1行，第2列和第5行。

(3) 小军坐在第3列第4行，请用红色标出小军的位置。

(4) 〇 在第（　　　）列第（　　　）行。

材料二十八：

63-1/64-1 说一说，写一写

（1）（3，5）表示图中第3列第（　）行的位置，（5，3）表示图中第（　）列第（　）行的位置。

（2）请用●在图中标出这两个位置。

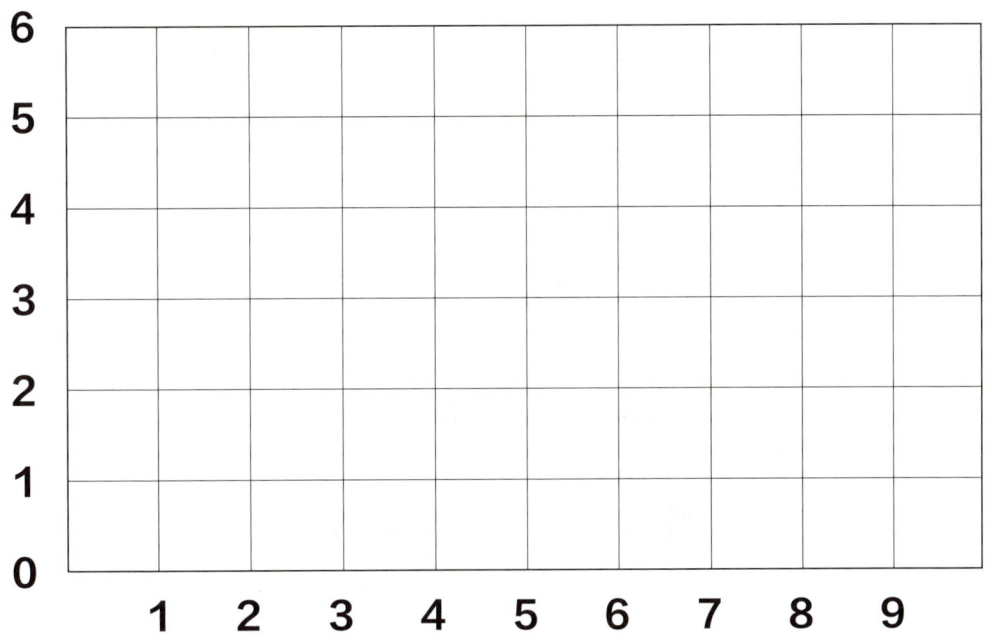

65-1/66-1 回答问题

在图中找出第2列第3行的位置，用数对表示是（＿，＿）。

先写列，再写（　　　）

材料二十九：

67-1/68-1 用数对表示物体或对应点的位置

（1）你在教室里的位置是第（　　）列第（　　）行，用数对是（__，__）。

（2）这是学校所在街区的平面图。

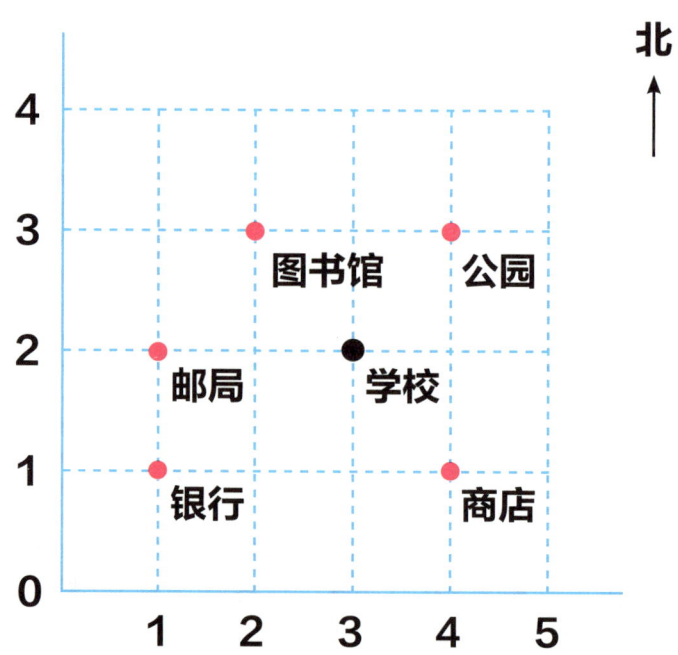

银行的位置是（__，__）　　图书馆的位置是（__，__）

学校的位置是（__，__）　　商店的位置是（__，__）

材料三十：

69-1/70-1 按要求完成任务

下面是古桥镇主要街道的平面图。明明家住在A处，超市在B处。

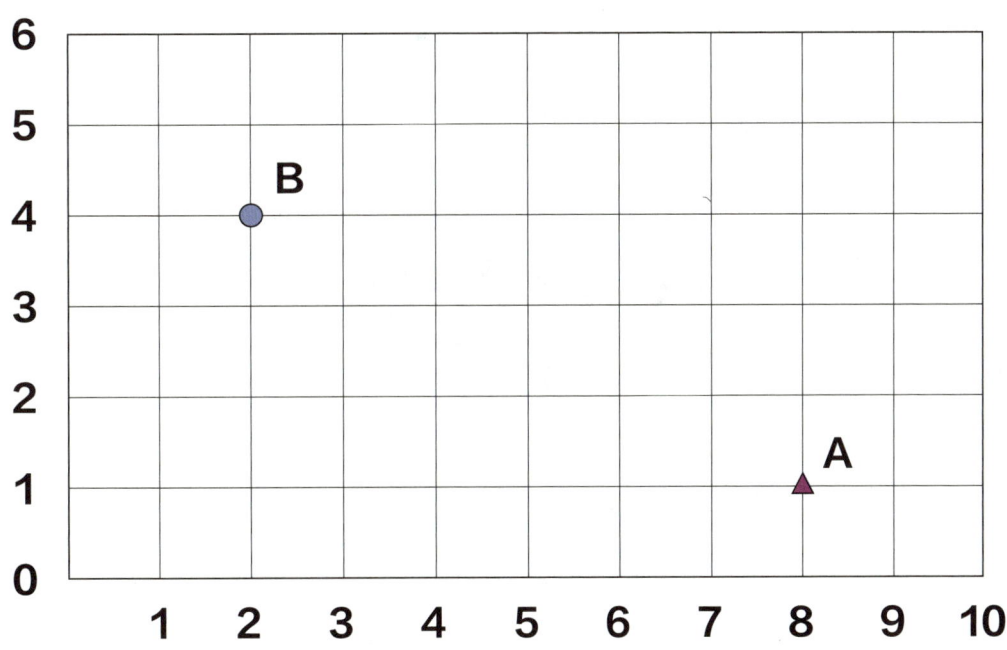

（1）用数对表示明明家和超市的位置。

（2）明明沿着"（7，1）→（7，2）→（5，2）→（5，3）→（3，3）→（3，4）"的路线去超市购物，请你画出明明行走的路线。

英语·四年级
（上册）

编写人员：
王 霞　黄永志　刘晓慧

学　　校：_____　　年　　级：_____
姓　　名：_____　　出生日期：_____
评 估 者：_____　　评估时间：_____

评估标准：

　　3分：独立完成单一知识/技能；或独立完成多重知识/技能100%。

　　2分：独立完成或在单一支持下完成多重知识/技能60%及以上；或在单一支持下完成单一知识/技能。

　　1分：独立完成或在多重支持下完成多重知识/技能20%～60%以内；或在多重支持下完成单一知识/技能。

　　0分：独立完成或在多重支持下完成多重知识/技能20%以下；或在多重支持下无法完成单一知识/技能。

听做领域

材料一：

1-1/2-1 请根据听到的读音找出对应的图片或实物

（1）服饰

　　　　A　　　　　　　　　　B

（2）饮料

　　　A　　　　　　　　B　　　　　　　　C

（3）球类

  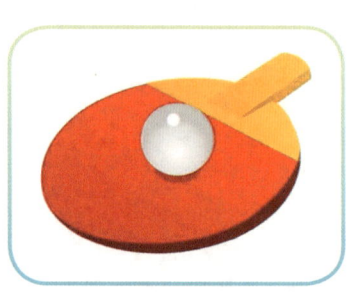

　　　A　　　　　　　　B　　　　　　　　C

（4）物体

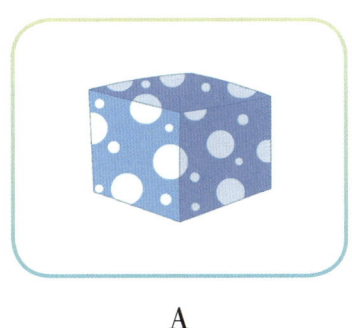
A

B

C

D

E

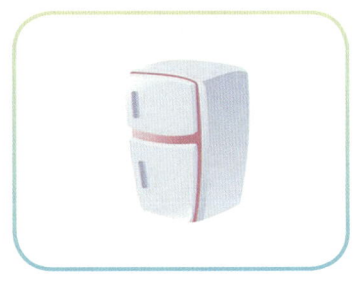
F

（5）家具家电

A

B

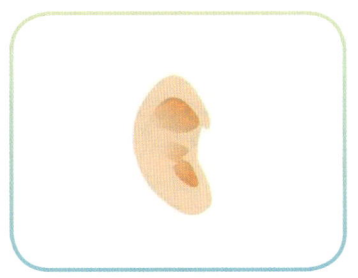
C

（6）五官

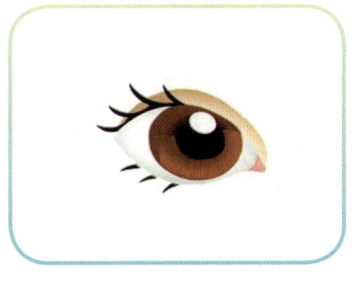
A

B

C

D　　　　　　　　　E　　　　　　　　　F

（9）数词一

A　　　　　　　　　B　　　　　　　　　C

D　　　　　　　　　E　　　　　　　　　F

（10）房间

A　　　　　B　　　　　C　　　　　D

（11）数词二

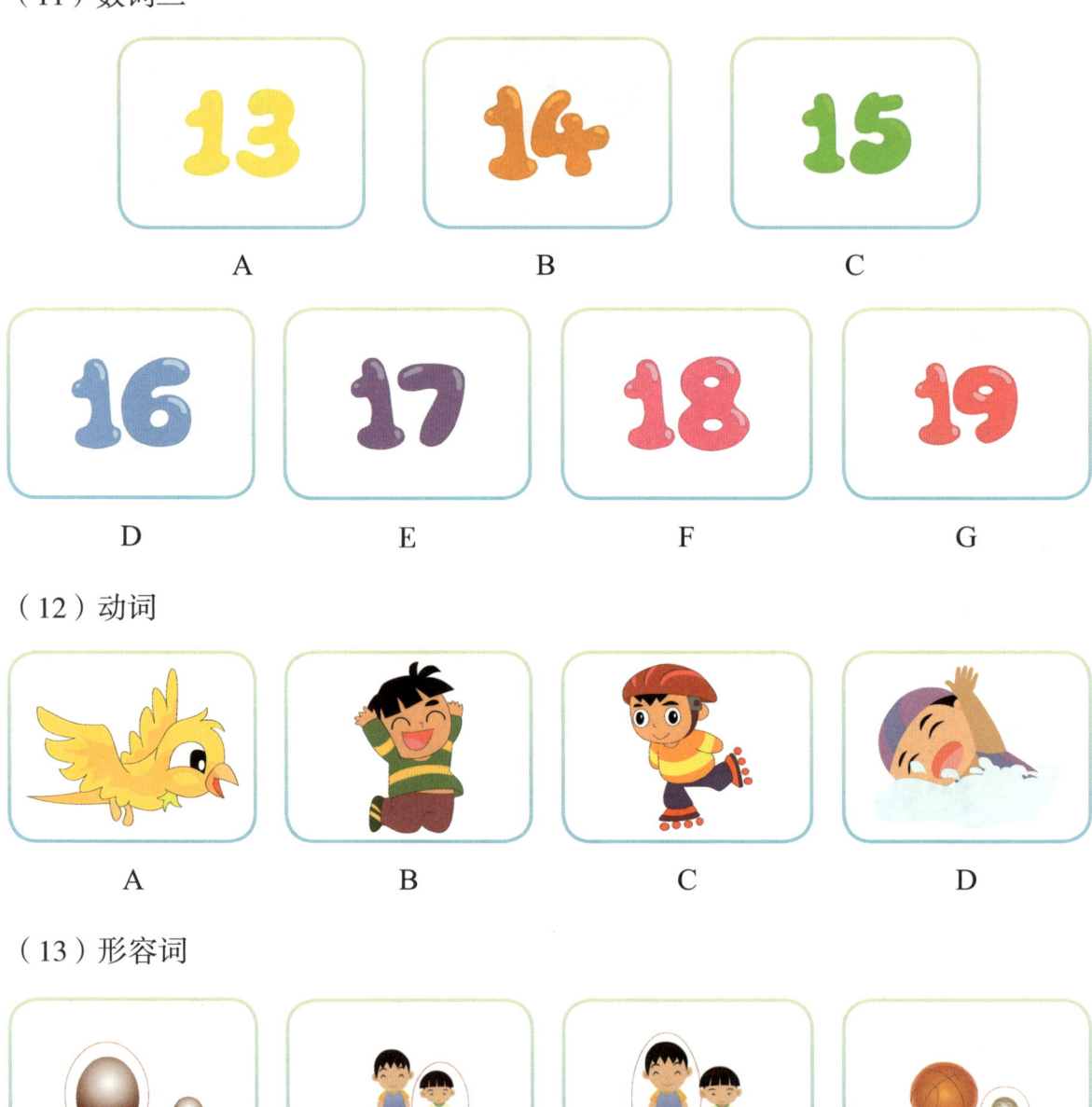

（12）动词

（13）形容词

（14）动物

材料二：

3-1/4-1 根据听到的指令做相应的动作（注：老师可根据自己常用的课堂指令进行随堂检测，以下指令仅供参照）

（1）Sit down.（坐下）

（2）Stand up.（起立）

（3）Come here.（过来）

（4）Read after me.（跟我读）

（5）Turn to page ...（打开到第多少页）

（6）Put up your hands. / Hands up.（举手）

（7）Look at the blackboard.（看黑板）

（8）Go back to your seat.（回到你的座位）

（9）Listen to me.（听我说）

（10）Open your book.（打开你的书）

（11）Copy the new words.（抄写新单词）

（12）Try again.（再试一下）

（13）Answer my question.（回答我的问题）

（14）Work in groups.（小组合作）

（15）Hands up/ down.（举手/手放下）

（16）Speak louder, please.（请说大声点）

（17）Listen carefully.（认真听）

（18）Have a try.（试一试）

（19）Pay attention, please.（请注意）

（20）One more time.（再来一次）

材料三：

5-1/6-1 根据要求做事情

（1）根据听到的对话连线

A: What would you like, Liu Tao?
B: I'd like some noodles and a glass of juice.
A: What about you, Mike?
C: I'd like a cake and a cup of coffee.
A: Would you like a sandwich, Su Hai?
D: Yes. I'd like a pie, too.
A: Would you like a sandwich, Yang Ling?
D: No, thanks. I'd like a hamburger and a glass of milk.

（2）听录音，画出相应的雪人

This snowman is fat.
His mouth is big.
His eyes are small.
His nose is long.

材料四：

5-1/6-1 根据要求做事情

（1）请根据听到的对话连线

（2）请听录音，画出相应的雪人

材料五：

7-1 根据所听故事，圈出李明喜欢的小动物

Hello, I'm LiMing.
I like cats. They're nice.
I like pandas. They're cute and fat.
But I don't like monkeys. They're naughty.

材料六：

7-1 请根据所听故事，圈出李明喜欢的小动物

说唱领域

材料一：

1-1/2-1 请看图片，说出相应的单词和词组

（1）服饰

　　　A　　　　　　　　　　B

（2）饮料

　　A　　　　　　　　B　　　　　　　　C

（3）球类

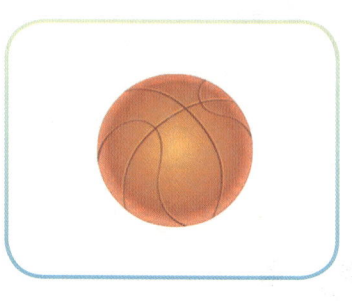　　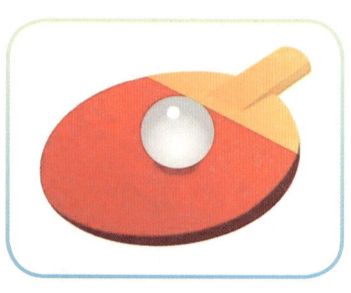

　　A　　　　　　　　B　　　　　　　　C

（4）物体

A 　　　　　　　　　B 　　　　　　　　　C

D 　　　　　　　　　E 　　　　　　　　　F

（5）家具家电

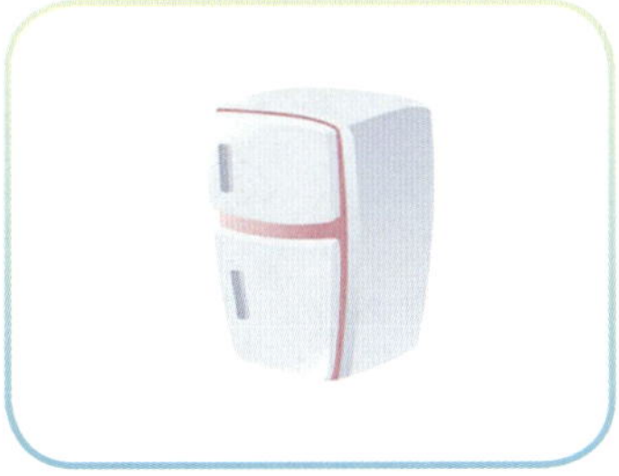

A 　　　　　　　　　B 　　　　　　　　　C

（6）五官

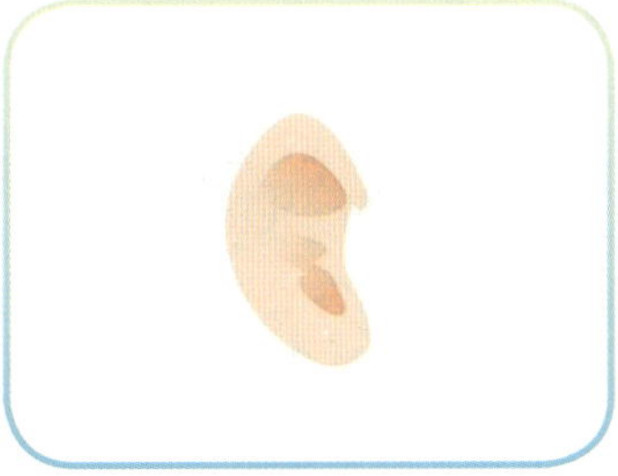

A 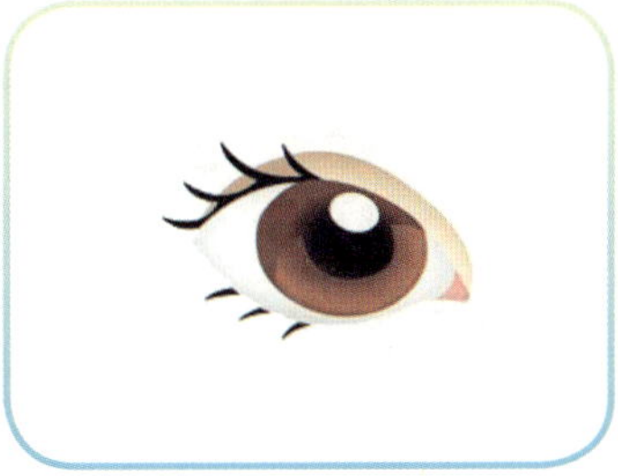　　　　　　　　　B 　　　　　　　　　C

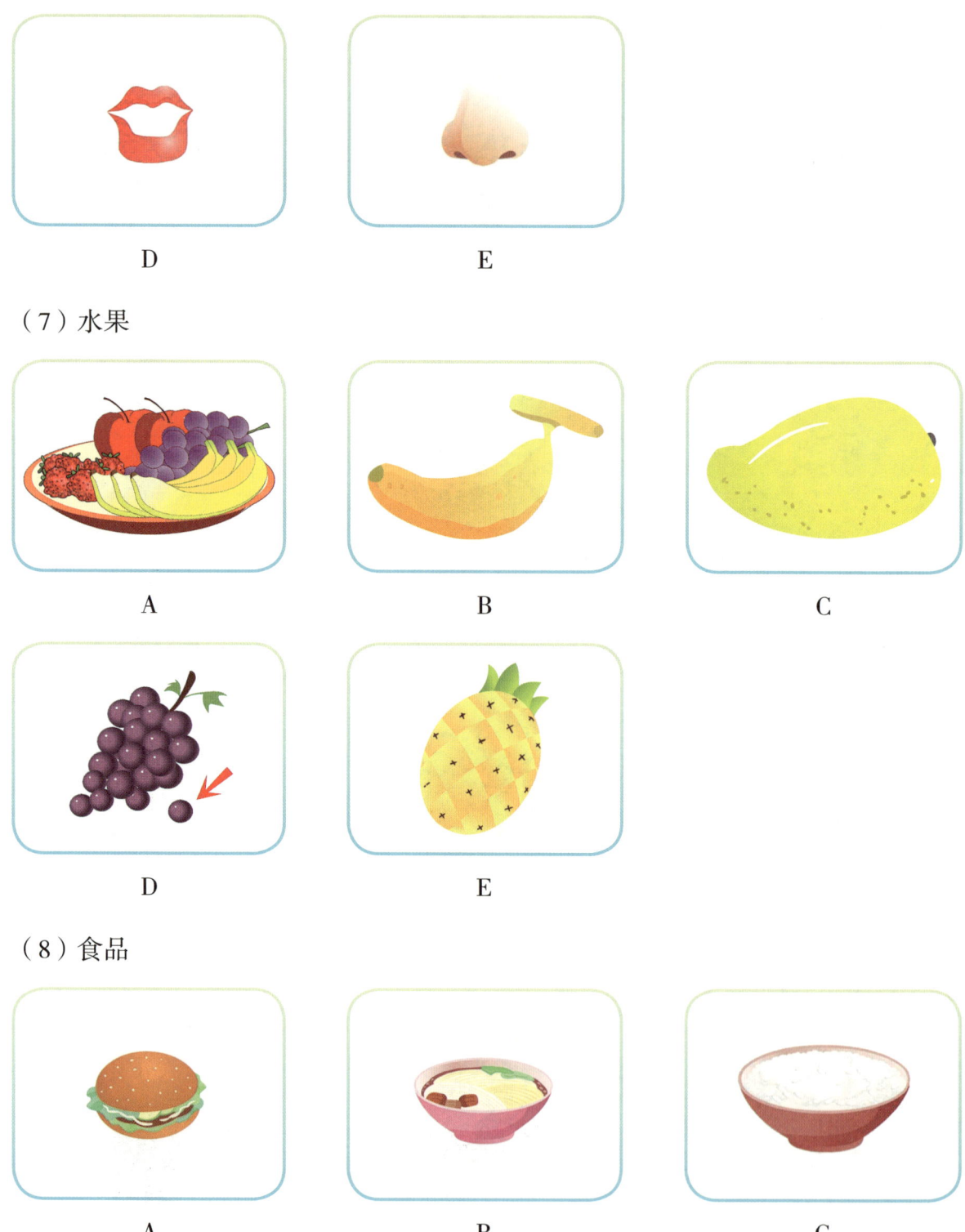

D　　　　　　　　　E

（7）水果

A　　　　　　　　　B　　　　　　　　　C

D　　　　　　　　　E

（8）食品

A　　　　　　　　　B　　　　　　　　　C

（11）数词二

（12）形容词

（13）动词

A　　　　　　B　　　　　　C　　　　　　D

（14）动物

A　　　　　　B　　　　　　C　　　　　　D

E　　　　　　F　　　　　　G　　　　　　H

（15）其他

A　　　　　　　　B

材料二：

3-1/4-1 请看图片，说出相应的句子

（1）老师请你们看这些玩具动物们，会怎么说？

（2）你问朋友是否有一些香蕉，你们会怎样问答？

（3）你问朋友是否有一个菠萝，你们会怎样问答？

（4）你给朋友一根香蕉，你们会说什么？

（5）你邀请朋友一起来做沙拉，会怎么说？

（6）你邀请朋友"看我们的水果沙拉"，你们会说什么？

（7）你会怎样称赞朋友的表演？（请至少用2种方式表达）

（8）你想看一看好朋友的新玩具，会怎么说？

（9）你想向好朋友要一个（东西），会怎么说？

（10）你和朋友谈论Mike会打篮球吗，Mike会，他篮球打得好，你们会怎么问答？

（11）刘涛不会打篮球，你鼓励他试一试，会怎么说？

（12）朋友安慰你别伤心，会说什么？

（13）你找不到自己的包了，妈妈告诉你在卧室里，你们会说什么？

（14）你找不到自己的短裙了，妈妈告诉你在客厅里，你们会说什么？

（15）朋友喊你过来看，会怎么说？

（16）小吃店里，爸爸带着你们点餐，你们会怎样问答？

（17）你点完餐，关心爸爸，反问时可以怎么说？

（18）服务员问爸爸还需要什么，会怎么问？

（19）想说"我也是"，可以怎么说？

（20）你看见这儿有一个小吃店，会怎么说？

（21）点餐时，服务员第一句会说什么？

（22）好大的蛋啊，你看到了会怎么说？

（23）你想要买鞋子，会怎么问价钱？

（24）你想要买伞，小伙伴告诉你只要19元，你们会说什么？

（25）老师夸赞你们做得好，会怎么说？

（26）你想买蝴蝶结，老板问你想要多少个，你们会说什么？

材料三：

5-1/6-1 请用正确的句型交流个人信息（注：对话需交换角色，图片仅供参照）

（1）请用下列句型谈论书包里的物品和数量

A: What do you have?
B: I have a/ an ... and some ...
A: How many ... do you have?
B: I have ...

（2）请用下列句型谈论会做什么

A: What can you do?
B: I can ... What about you?
A: I can ...
B: Can you ... ?
A: Yes, I can./ No, I can't.

（3）请用下列句型介绍自己的洋娃娃或者小动物

Look at my ... She's/ He's ...
Her/ His ... is ...
Her/ His ... are ...

材料四：

7-1/8-1 请用下列句型说一说你喜欢和不喜欢的小动物，并说明原因（注：图片仅供参照）

Hello, I'm ...
I like ... They're ...
I don't like ...

材料五：

9-1/10-1 说唱歌谣或歌曲（注：学生可以先听1遍熟悉旋律）

（1）请从下面的歌谣中任选3首说一说

Little monkey

Little monkey, in the tree,
Little dog, run with me!
Little cat, on the mat,
Little panda, cute and fat!

A

Cakes

Look at all those cakes.
One, two, three and four.
See how long it takes
For you to eat them all.

B

What would you like?

What would you like?
What would you like?
I'd like a pie.
I'd like some rice.
They're all very nice.

C

Two fat boys

Two fat boys meet in the rain.
Bow and bow and bow again.
How are you? How are you?
How are you again?

D

（2）请从下面的歌曲中任选3首唱一唱

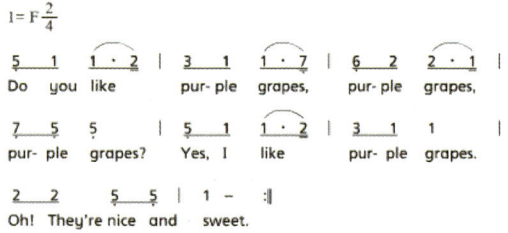

A   B

C   D

认读领域

材料一：

1-1/2-1 请根据图片或实物读出下列单词或词组

（1） animal　　　cat　　　dog　　　like

（2） cute　　　fat　　　elephant　　　panda

（3） horse　　　lion　　　monkey　　　tiger

（4） fruit　　　have　　　let's　　　make

（5）　any　　　mango　　　pineapple　　　salad

（6）　banana　　　grape　　　some　　　thanks

（7）　cool　　　how many　　　our　　　wonderful

（8）　can　　　have a look　　　sticker　　　thirteen

（9）　fifteen　　　fourteen　　　sure　　　very

（15） fly ouch sad tweet

（16） bedroom either home living room

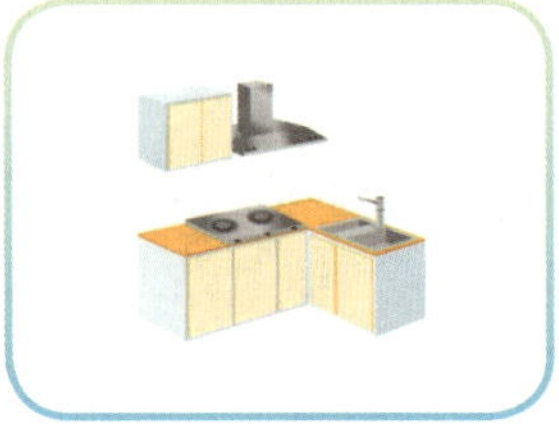

（17） clock come kitchen sofa

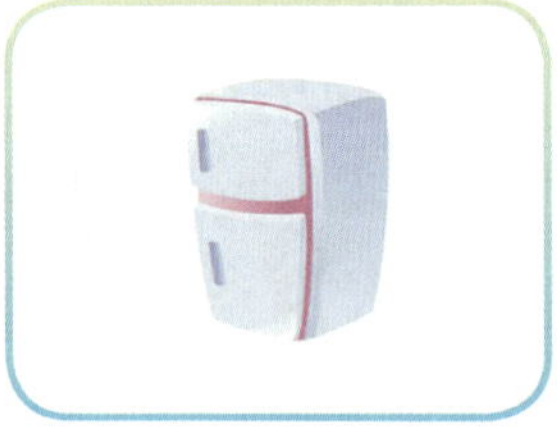

（18） bathroom fridge hungry table

（19） a glass of at hamburger snack bar

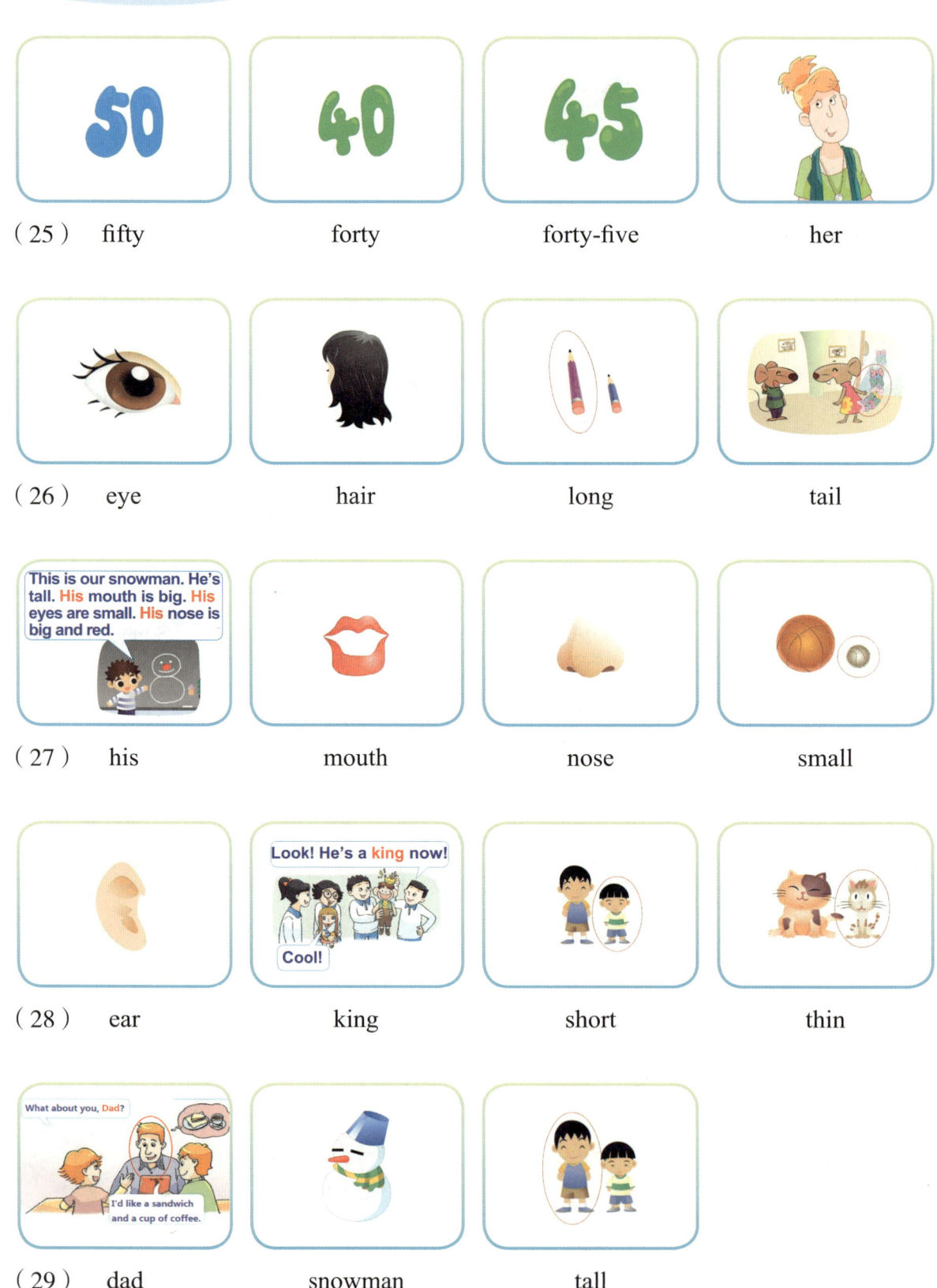

材料二：

3-1/4-1 请从课本Story time或下面的阅读材料中任选 5 篇朗读（注：课本和阅读材料不可混选）

（1）

A: Look at these toy animals, boys and girls.

B&C: Wow.

B: Look at this dog. I like dogs.

C: It's cute. I like tigers. Do you like tigers, Coco?

D: Yes, I do.

C: Do you like tigers, Ben?

C: No, I don't. I like pandas. They're cute and fat.

（2）

A: I have a mango.

B: I have a banana and an apple.

C: Do you have any grapes, Lingling?

D: No, I don't. I have some oranges.

C: Do you have a pineapple, Taotao?

E: Yes, I do. Here you are.

C: Thanks.

F: Let's make a fruit salad.

Ss: Great!

C: Look at our fruit salad.

Ss: It's nice!

（3）

A: Look at my toy cars.

B: They're nice. How many cars do you have, Tom?

A: Fifteen.

C: Do you have any toy cars, Lily?

D: No, I don't.

C: What do you have?

D: I have some dolls.

C: Can I have a look?

D: Sure.

C: How beautiful! How many dolls do you have?

D: I have thirteen dolls.

C: Can I have one?

D: Sure. Here you are.

（4）

A: Can you play football, Tom?

B: Yes, I can.

A: Nice!

A: Can Ben play football?

B: Yes, he can. He can play football very well. Look!

A: Cool! What about you, Taotao? Can you play football?

C: No, I can't.

A: Have a try, Taotao.

C: Yeah! I can play football.

A&B: Great.

（5）

A: Dad, where's my cap?

B: It's in the living room.

A: Mum, where are my new jeans?

C: They're in your bedroom, on the bed.

A: Where's my white skirt, Lily?

C: Is it in your bedroom?

A: No, it isn't.

C: Come and look, Lucy. Your skirt is in the bathroom.

（6）

A: What would you like?

B: I'd like a sandwich and a glass of juice.

C: I'd like some noodles. What about you, Mum?

A: I'd like a hamburger and a cup of coffee.

A: A sandwich, noodles and a glass of juice, please.

D: Anything else?

A: A hamburger and a cup of coffee.

D: Here you are.

A&B&C: Thank you.

（7）

A: Good afternoon. Can I help you?

B: Yes, I'd like these socks. How much are they?

C: Four yuan, please.

B: OK.

D: These shoes are very nice. How much are they?

C: They're eight yuan.

D: OK. Here you are.

A: Hi, Ben.

E: Hi. This fan is cool. How much is it?

C: It's only nine yuan.

A&C: We have twenty-one yuan , Miss Wang.

F: Well done.

（8）

A: Look at our doll.

B: She's beautiful.

C: Her hair is long. Her eyes are big.

A: Her nose and mouth are small.

B: This is our doll. His hair is short. His ears and mouth are small.

D: But his nose is big. His eyes are big too.

D: Look! He's a king now!

A: Cool!

材料三：

5-1/6-1 请阅读下面这个小故事，回答问题

（　　）A: Who's the "monster"?

　　　　B: _____.

A. 　　B. 　　C.

注：本题内容选自人民教育出版社《英语》二年级上册教科书

书写领域

材料一：

1-1/2-1/3-1 写出所听到的单词和词组

（1）动物：dog, cat, panda, horse, tiger
（2）球类：football, basketball
（3）数字：thirteen, fifteen, eighteen, twenty, thirty, forty, fifty
（4）食物：banana, coffee, tea, juice, rice, fish
（5）房间：bedroom, living room, bathroom
（6）家具：clock, table
（7）服装：shoe, sock
（8）五官：eye, ear
（9）形容词性物主代词：his, our
（10）动词：like, make, jump, skate, swim, play
（11）形容词：big, small, short, thin, tall
（12）量词：some, any, many
（13）其他：can, do, sure, at

材料二：

1-1 请写出所听到的单词和词组

（1）

（2）

（3）

（4）

（5）

（6）

（7）

（8）

（9）

（10）

（11）

（12）

（13）

材料三：

2-1 请抄写所听到的单词和词组

tall thin ear short his small

eye sock twenty thirty forty

fifty shoe big at fish rice

juice coffee tea clock table

bathroom living room bedroom

swim can skate jump football

basketball play our many sure

thirteen fifteen eighteen do

some any banana make like

tiger horse panda cat dog

材料四：

3-1 请描红下列单词和词组

tall thin ear short his small

eye sock twenty thirty forty

fifty shoe big at fish rice

juice coffee tea clock table

bathroom living room bedroom

swim can skate jump football

basketball play our many sure

thirteen fifteen eighteen do

some any banana make like

tiger horse panda cat dog

材料五：

4-1 请准确规范抄写下面的句子，注意字母的大小写和标点符号

（1）

A: I like dogs. Do you like dogs, SuHai?

B: Yes, I do.

（2）

A: Do you have any bananas?

B: No, I don't. I have some grapes.

（3）

A: How many stickers do you have?

B: I have fifteen stickers.

(4)

A: I can play basketball.

Can you play basketball, LiuTao?

B: No, I can't.

(5)

A: Where's my bag?

B: It's in your bedroom.

(6)

A: What would you like?

B: I'd like a hamburger and some milk.

(7)

A: Can I help you?

B: I'd like these shoes. How much are they?

A: Five yuan, please.

(8)

Her hair is long. Her eyes are big.

Her nose and mouth are small.

材料六：

5-1 请准确规范描红下面的句子，注意字母的大小写和标点符号

（1）

A: I like dogs. Do you like dogs, SuHai?

B: Yes, I do.

（2）

A: Do you have any bananas?

B: No, I don't. I have some grapes.

（3）

A: How many stickers do you have?

B: I have fifteen stickers.

（4）

A: I can play basketball.

Can you play basketball, LiuTao?

B: No, I can't.

(5)

A: Where's my bag?

B: It's in your bedroom.

(6)

A: What would you like?

B: I'd like a hamburger and some milk.

(7)

A: Can I help you?

B: I'd like these shoes. How much are they?

A: Five yuan, please.

(8)

Her hair is long. Her eyes are big.

Her nose and mouth are small.

材料七：

6-1 请仿照范例，准确规范写句子，注意字母的大小写和标点符号

Look at the dog. He is fat.

His ears are long. His eyes are big.

His nose is small. His tail is short.

材料八：

7-1 请仿照范例，准确规范补全句子内容

Look at the dog. He is fat.

His ears are long. His eyes are big.

His nose is small. His tail is short.

Look at the _____ . She is _____ .

Her ears are _____ . Her eyes are _____ .

Her _____ .

Her _____ .

英语·四年级
（下册）

编写人员：
王　霞　黄永志　刘晓慧

学　　校：_____　　　年　　级：_____
姓　　名：_____　　　出生日期：_____
评 估 者：_____　　　评估时间：_____

评估标准：

　　3分：独立完成单一知识/技能；或独立完成多重知识/技能100%。

　　2分：独立完成或在单一支持下完成多重知识/技能60%及以上；或在单一支持下完成单一知识/技能。

　　1分：独立完成或在多重支持下完成多重知识/技能20%~60%以内；或在多重支持下完成单一知识/技能。

　　0分：独立完成或在多重支持下完成多重知识/技能20%以下；或在多重支持下无法完成单一知识/技能。

听做领域

材料一：

1-1/2-1 请根据听到的读音找出对应的图片或实物

（1）地点

A

B

C

（2）时间词组

A

B

C

D

E

（3）疾病类名词

A

B

C

（4）季节

A

B

C

D

E

（5）动词

A

B

C

（6）go的动词词组

A　　　　　　B　　　　　　C　　　　　　D

（7）生活起居

A 　　　　　　B 　　　　　　C

D 　　　　　　E 　　　　　　F

G 　　　　　　H

（8）学科

（9）服装服饰

（10）星期

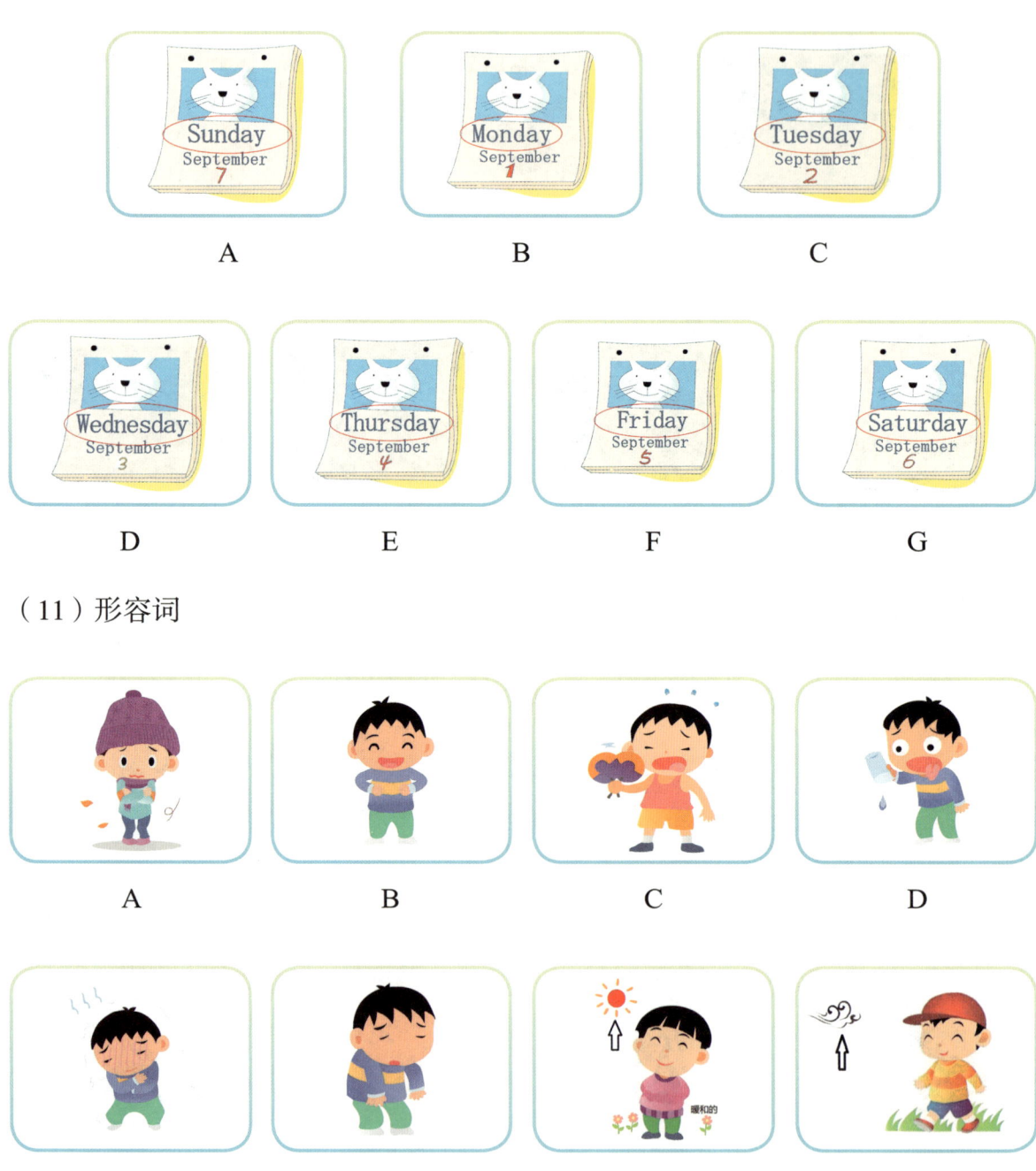

（11）形容词

材料二：

3-1/4-1 根据听到的指令做相应的动作（注：老师可根据自己常用的课堂指令进行随堂检测，以下指令仅供参照）

（1）Sit down.（坐下）

（2）Stand up.（起立）

（3）Come here.（过来）

（4）Read after me.（跟我读）

（5）Turn to page ...（打开到第多少页）

（6）Put up your hands. / Hands up.（举手）

（7）Look at the blackboard.（看黑板）

（8）Go back to your seat.（回到你的座位）

（9）Listen to me.（听我说）

（10）Open your book.（打开你的书）

（11）Copy the new words.（抄写新单词）

（12）Try again.（再试一下）

（13）Answer my question.（回答我的问题）

（14）Work in groups.（小组合作）

（15）Hands up/ down.（举手/手放下）

（16）Speak louder, please.（请说大声点）

（17）Listen carefully.（认真听）

（18）Have a try.（试一试）

（19）Pay attention, please.（请注意）

（20）One more time.（再来一次）

材料三：

5-1/6-1 根据要求做事情

（1）听录音，勾出王军一周的活动安排

Hi, I'm WangJun. I like sports very much.
On Monday and Wednesday, I play table tennis.
On Tuesday and Thursday, I play basketball.
On Friday, I have a swimming lesson.
On Saturday, I skate in the park.
On Sunday, I play football with my friends.

（2）听录音，连线，找到衣服的主人

A: Whose coat is this?
B: It's my grandfather's.
A: Whose shorts are they?
B: They're Tim's.
A: Whose sweater is this?
B: It's my grandmother's.
A: Whose jeans are they?
B: They're my father's.

材料四：

5-1/6-1 根据要求做事情

（1）听录音，勾出王军一周的活动安排

（2）请听录音，连线，找到衣服的主人

材料五：

7-1 根据所听对话，绘制刘涛一天的作息时间表

A: When do you get up in the morning, LiuTao?

B: I get up at seven o'clock.

A: When do you go to school?

B: At eight o'clock.

A: Do you have lunch at school?

B: Yes, I have lunch at eleven thirty.

A: When do you go home in the afternoon?

B: I go home at four forty.

A: When do you have dinner?

B: At six fifteen.

A: Do you go to bed late?

B: Yes, I go to bed at nine fifty.

材料六：

7-1 根据所听对话，绘制刘涛一天的作息时间表

说唱领域

材料一：

1-1/2-1 请看图片，说出相应的单词和词组

（1）交通工具

A

（2）身体部位

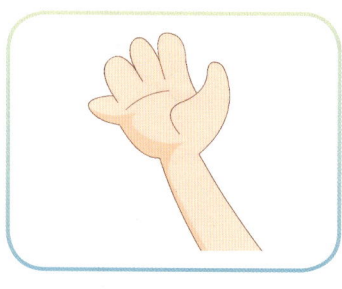

A

（3）地点

A

B

C

（4）时间词组

A

B

C

D

E

（5）疾病类名词

A

B

C

（6）go的动词词组

A

B

C

D

（7）季节

A

B

C

D

E

（8）动词

A

B

C

（9）时间

A

B

（10）生活起居

（11）学科

（12）服装服饰

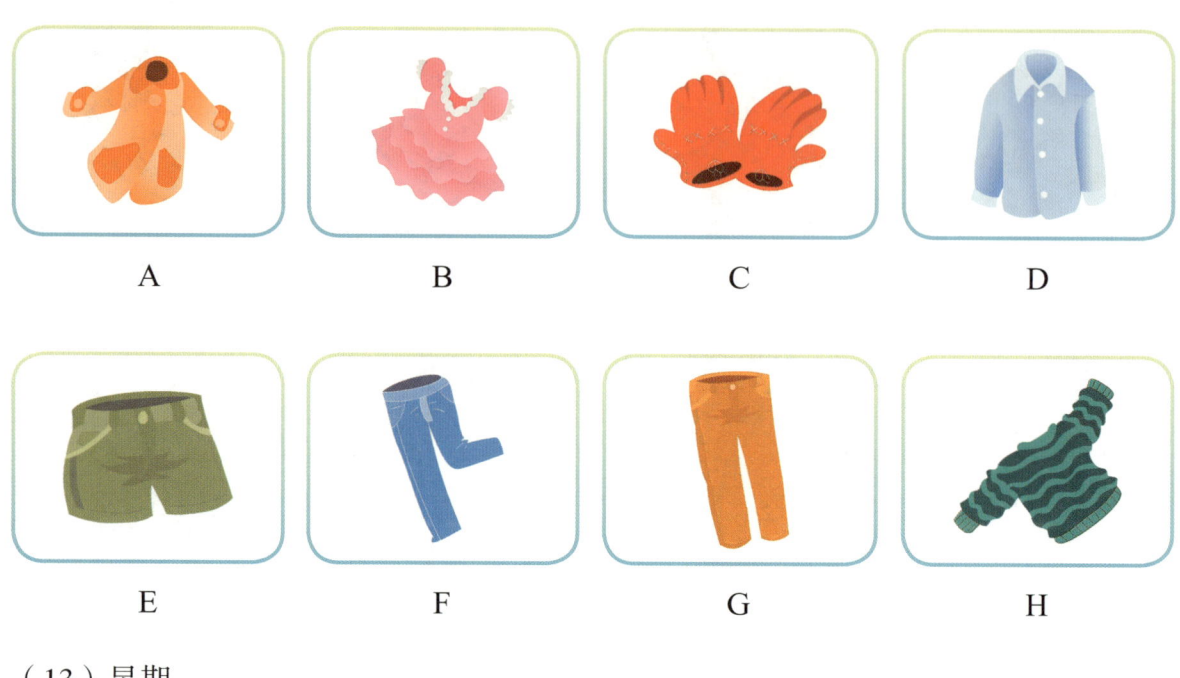

（13）星期

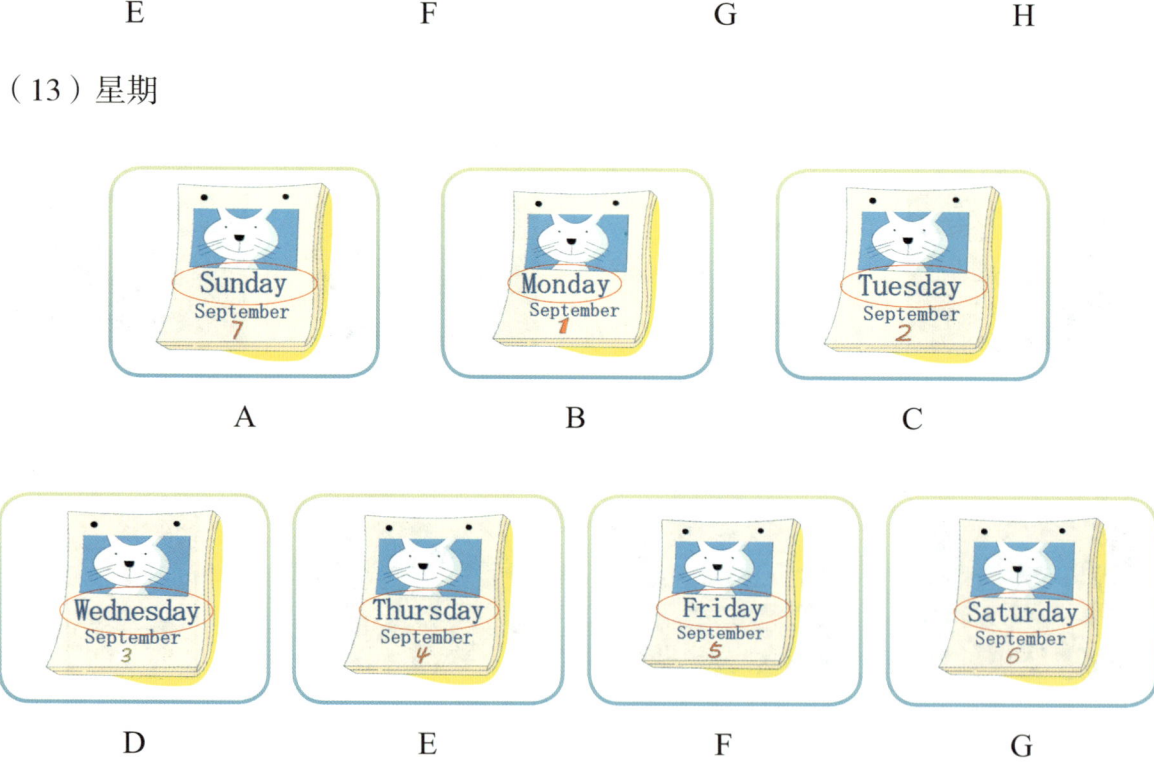

（14）形容词

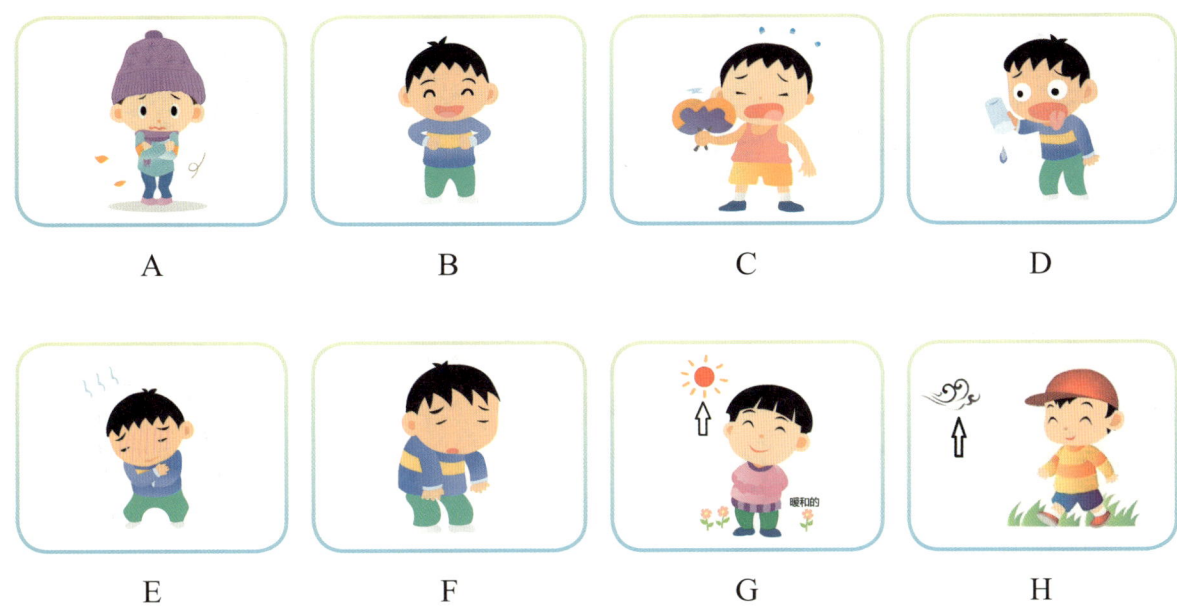

（15）其他

G

H

I

J

K

材料二：

3-1/4-1 请看图片，说出相应的句子

（1）开学了，老师欢迎学生们回到学校，会怎么说？

（2）你提醒同学们到上体育课的时间了，会怎么说？

（3）想知道今天星期几，可以怎样问答？（注：可根据实际情况问答）

（4）你因为今天有一场足球比赛，拒绝了朋友的邀请，会怎么说？

（5）你告诉刘涛"她也要上游泳课"，刘涛感慨"太可惜了"，会怎么说？

（6）你提议周六去打乒乓球，因为"我们周六不上课"，会怎么说？

（7）你提议在这儿画画，我很赞成，可以怎么说？（请至少用3种方式表达）

（8）你觉得画它们很容易，会怎么说？

（9）你觉得画这个很难，但是可以试一试，会怎么说？

（10）你鼓励朋友再试一试，会怎么说？

（11）今天是个好天气，你会怎么说？

（12）你告诉朋友"我的裙子太短了"，朋友建议"试一下这一条"，会怎么说？

（13）朋友告诉你"你的裤子太长了，试一下这一条"，可以怎么说？

（14）想知道这些是谁的手套，你和朋友可以怎样问答？

（15）你觉得裙子很漂亮，想知道这是谁的裙子，可以和朋友怎样问答？

（16）你猜测地上的东西是一个球，我也这么认为，会怎么说？

（17）你的手受伤了，会怎么说？

（18）爸爸喊你过来吃一个派，会说什么？

（19）你想喝些水，会跟妈妈怎么说？

（20）你想去睡觉，会怎么说？

材料三：

5-1/6-1 用正确的句型交流个人信息（注：对话需交换角色，图片仅供参照）

（1）请用下列句型谈论作息时间（至少说2组动词词组）

A: When do you ... ?
B: I ... at ...
或者
A: What time do you ... ?
B: I ... at ...

（2）请用下列句型说一说自己一天的活动

（注：至少5句，至少有一句加上 usually）

　　My day
In the morning, I ... at ...
In the afternoon, I ... at ...
In the evening, I ... at ...

My timetable	
7:00	Get up
7:15	Have breakfast
7:30	Go to school
8:00~4:30	Have lessons
4:45	Play football
5:00	Go home
8:30	Go to bed

（3）请用下列句型谈论看到的物品

A: What can you see?
B: I can see a/ an ...
　　I can see some ... What about you?
A: I can see a/ an ...
　　I can see some ...

（4）请演一演：用下列句型谈论身体状况

A: What's the matter?

B: I'm ...

A: Here's ... for you./ Have a good rest. ...

B: Thank you.

（5）请想一想，演一演：感冒发烧了，如何打电话请假

A: Hello, this is ... speaking. May I speak to Miss/ Mr ... ?

B: Hello, this is ...

A: Miss/ Mr ... . I can't come to school today.

B: What's the matter?

A: I have ...

B: ...（很抱歉听到这个消息）. Take care.

材料四：

7-1/8-1 用所学的句型表达简单的感觉和情感（注：对话需交换角色，图片仅供参照）

（1）请用下列句型讨论课程表，说一说自己喜欢的学科和每天的课程

A: What subjects do you like?
B: I like ... What about you?
A: I like ... It's ...
　　What lessons do you have on ... morning/ afternoon?
B: We have ...

（2）请用下列句型说一说自己喜欢的季节

It is ...（季节）
It is ...（天气）
I ...（活动）
I ...
I like ...

材料五：

9-1/10-1 说出正确的问候语

（1）在比较正式的场合朋友见面打招呼，会说：

（2）晚上睡觉之前会说：

（3）熟人见面，互相询问身体状况，会说：

A: How are you?
B: ... What about you?
A: ...

（4）道别时，表达"明天见"，会说：

材料六：

11-1/12-1 说唱歌谣或歌曲（注：学生可以先听1遍熟悉旋律）

（1）请从下面的歌谣中任选3首说一说

Whose cake is this?

Oh, Chris! Oh, Chris!
Whose cake is this?
It's my cake.
Let's eat it by the lake.

A

Doctor Wu

Hello, may I speak to Sue?
This is Sue. How are you?
I have a cold, and a fever too.
Well, go and see Doctor Wu!

B

Are you ill?

My baby Bill
Is sitting still.
If you're ill,
Take this pill.

C

Subjects

Music, Music, they like Music.
Chinese, Chinese, you like Chinese.
English, English, we all like English.

D

（2）请从下面的歌曲中任选3首唱一唱

What can you see?

A

When do you get up?

B

A sunny day

C

Days of the week

D

认读领域

材料一：

1-1/2-1 请根据图片或实物读出下列单词或词组

（1）　school　　　　see　　　　　subject　　　　timetable

（2）　Art　　　　　Chinese　　　　Maths　　　　　PE

（3）　fun　　　　　go to　　　　　music　　　　　science

（4）　afternoon　　lesson　　　　 Monday　　　　 playground

（5）after school	go	match	Wednesday

（6）Saturday	Sunday	today	Tuesday

（7）Friday	get up	Thursday	when

（8）day	every	go to school	usually

（9）have lunch	in the morning	in the afternoon	play football

（10）go home　　have dinner　　homework　　watch TV

（11）at night　　drawing　　go to bed　　in the evening

（12）draw　　flower　　park　　them

（13）boat　　difficult　　easy　　river

（14）again　　hill　　lake　　try

（25）come to school　　　　may　　　　　　Mrs　　　　　　speak

（26）　cold　　　　　　cough　　　　　　fever　　　　　headache

（27）at school　　　　　hear　　　　　　take care

材料二：

3-1/4-1 请从课本Story time或下面的阅读材料中任选5篇朗读（注：课本和阅读材料不可混选）

（1）

A: Welcome back to school, class.
Ss: Nice to see you, Miss Wang.
A: Nice to see you too. This is our new timetable.
We have English, Chinese, Maths, Art, PE, Music and Science.

B: What subjects do you like, Tom?
C: I like Chinese and English.
D: Me, too.
B: What about you, Lingling?
E: I like Maths. It's fun.
B: Oh! It's time for PE.
D: Let's go to the playground.

（2）

A: Hi, Ben. Let's go and play table tennis.
B: What day is it today?
A: It's Thursday.
B: Sorry, I have a basketball match today.

A: Hi, Mary. Come and play table tennis.
C: Sorry, I have an Art lesson.
A: What about Lily?
C: She has an Art lesson too.
A: What a pity!
C: What about Saturday? We don't have any lessons on Saturday.
A: Great.

（3）

I get up at seven. I usually go to school at seven thirty. I have three lessons in the morning. I have lunch at eleven twenty.

I have three lessons in the afternoon. 1 play basketball at four and do my homework at four forty. I go home at five fifty.

1 usually have dinner at six thirty and watch TV at seven fifteen. I go to bed at nine every day.

（4）

A: Let's draw some pictures here.

B: Good idea!

A: What can you see over there?

B: I can see a lake and some trees.

A: Can you draw them?

B: Sure. It's easy.

B: This is the lake and these are the trees.

A: Well done.

A: Can you see the boat on the lake?

B: Yes.

A: Can you draw it?

B: It's difficult, but I can try.

A: Is this a boat?

（5）

In spring, it is warm. We fly kites. We go boating. We like spring.
In summer, it is hot. We eat ice creams. We go swimming. We like summer.
In autumn, it is cool. We have picnics. We go climbing. We like autumn.
In winter, it is cold. We make snowmen. We go skating. We like winter.

（6）

A: Look at my coat, Lily. It's too small.
B: Yes. Try this, Coco.
A: All right.
A: Your jeans are too short, Lily. Try these.
B: OK.

A: Now, let's go to the party.

C: Look at Lily's shoes, Lingling.
D: They're so big. Whose shoes are these, Lily?
B: They're my grandpa's.
B: Whose skirt is this, Lingling?
D: It's my cousin's.
B: It's so beautiful.
D: Thank you.

（7）

A: Come and have a cake, Ben.

B: Thanks, Mum, but I'm not hungry. I'm thirsty.

B: Can I have some water, Dad?

C: Here you are.

B: Thank you, Dad.

C: What's the matter, John? Are you ill?

B: No, but I'm tired. I want to go to bed.

A&C: Good night, dear.

B: Good night, Mum and Dad.

（8）

A: Hello. This is Lingling speaking. May I speak to Miss Wang?

B: Hello, Lingling. This is Miss Wang.

A: Hello, Miss Wang. I can't come to school today.

B: What's the matter?

A: I have a cold and a cough.

B : I'm sorry to hear that. Take care, Lingling.

A: Thank you, Miss Wang.

B: Hello, this is Miss Wang speaking.

A: Hello, Miss Wang. This is Lingling.

B: How are you now?

A: Fine, thanks.

B: Great. Can you come to school tomorrow?

A: Yes, I can.

B: See you tomorrow, Lingling.

A: See you, Miss Wang.

材料三：

5-1/6-1 请阅读下面的小故事，回答问题

（　）1.Does Mr Crow like his clothes?

　　A. Yes　　　　B. No

（　）2.What colour are Mr Crow's clothes at last?

　　A. Blue　　　B. Black　　　C. Red　　　D.Yellow

注：本题内容选自人民教育出版社《英语》二年级下册教科书

书写领域

材料一：

1-1/2-1/3-1 请写出所听到的单词和词组

（1）课程：subject, Chinese, Maths, Art, Music
（2）星期：Sunday, Monday, Tuesday, Wednesday, Thursday, Friday, Saturday
（3）季节：season, spring, summer, autumn, winter
（4）服装：dress, coat, shirt, sweater
（5）地点：park, school, river, lake
（6）动词：see, draw, hear
（7）形容词：warm, hot, cool, cold, thirsty, ill, tired, happy
（8）其他：lesson, usually, homework, flower, them, boat, party, hand, water, may
（9）词组：in the morning, in the afternoon, in the evening, get up, go to school, go home, watch TV, take care, at school

材料二：

1-1 请写出所听到的单词和词组

（1）

（2）

（3）

（4）

（5）

（6）

（7）

(8)

(9)

材料三：

2-1 请抄写所听到的单词和词组

hear may happy tired ill water

hand thirsty sweater shirt coat

party dress cold winter cool

autumn summer spring warm hot

season lake river boat draw

flower them park homework see

usually Monday Wednesday Friday

Saturday Sunday Tuesday Art

Thursday subject lesson Chinese

Maths Music school get up

go to school go home watch TV

take care at school in the morning

in the afternoon in the evening

材料四：

3-1 请描红下列单词和词组

hear may happy tired ill water

hand thirsty sweater shirt coat

party dress cold winter cool

autumn summer spring warm hot

season lake river boat draw

flower them park homework see

usually Monday Wednesday Friday

Saturday Sunday Tuesday Art

Thursday subject lesson Chinese

Maths Music school get up

go to school go home watch TV

take care at school in the morning

in the afternoon in the evening

材料五：

4-1 请准确规范抄写下面的句子，注意字母的大小写和标点符号

(1)

A: What subjects do you like?

B: I like Chinese and Maths.

(2)

A: Let's go and play table tennis.

B: What day is it today?

A: It's Wednesday.

B: Sorry, I have a football match today.

(3)

A: When do you get up in the morning?

B: I get up at seven.

(4)

A: Can you draw the flowers?

B: Sure. It's easy.

(5)

In spring, it is warm. We fly kites.

We go boating. We like spring.

(6)

A: Whose gloves are these, Su Yang?

B: They're my father's.

(7)

A: Are you ill?

B: No, but I'm tired.

(8)

A: What's the matter?

B: I have a cold and a fever.

材料六：

5-1 请准确规范描写下面的句子，注意字母的大小写和标点符号

（1）

A: What subjects do you like?

B: I like Chinese and Maths.

（2）

A: Let's go and play table tennis.

B: What day is it today?

A: It's Wednesday.

B: Sorry, I have a football match today.

（3）

A: When do you get up in the morning?

B: I get up at seven.

（4）

A: Can you draw the flowers?

B: Sure. It's easy.

(5)

In spring, it is warm. We fly kites.

We go boating. We like spring.

(6)

A: Whose gloves are these, Su Yang?

B: They're my father's.

(7)

A: Are you ill?

B: No, but I'm tired.

(8)

A: What's the matter?

B: I have a cold and a fever.

材料七：

6-1 请仿照范例，准确规范写句子，注意字母的大小写和标点符号

I'm Kate. I'm a girl.
Look at my yellow dress.
I get up at seven.
I like Chinese and Music.
I have a brown dog.

I'm Jack.

材料八：

7-1 请仿照范例，准确规范补全句子，注意字母的大小写

I'm Kate.I'm a girl.
Look at my yellow dress.
I get up at seven.
I like Chinese and Music.
I have a brown dog.

I'm Jack. I'm a _____ .

Look at my _____ .

I go to school _____ .

I like _____ .

I have _____ .